가족 대화법

부부 행복·가정 화목의 지혜

최규련 지음

신정

머리말

모든 인간관계가 그러하듯이 가족관계가 원만하려면 대화가 원활하게 되어야 한다. 요즈음처럼 급변하는 사회에서는 가족 구성원 간에 세대차와 가치관의 차이, 취향의 차이로 인한 의견충돌과 갈등이 많아질 수밖에 없고 이를 해소하기 위한 최선의 방법은 가족 간에 대화이다. 그러나 많은 사람들이 가족 간에 대화가 필요하고 중요하다는 것을 알지만 갈등이 발생하고 여러 문제에 부딪쳤을 때 어떻게 대화로 풀어내는지를 모르고 자기에게 익숙한 방식대로 대처하는 과정에서 의견 차이와 갈등과 오해가 더 심화되고 관계가 깨지는 일이 빈번하게 발생하고 있다. 최근 대중매체에서 부부갈등을 비롯한 가족갈등을 다루는 프로그램이 늘어나고 여러 상담센터에 가족상담 요청이 늘어나는 것도 이런 현상과 무관하지 않다.

저자는 대학교와 상담센터에서 수십 년간 가족상담을 강의하고 수많은 부부들과 가족들을 상담하면서 가족 간에 대화하는 방법을 훈련하는 것이 가족문제 해결을 효과적으로 돕고 관계회복에 절실히 필요하다는 생각을 하게 되어 1996년 부부대화법 프로그램을 도입하였고, 그간 수많은 부부들과 가족들에게 상담세션과 교육을 통하여 적용하며 상당히 긍정적인 효과를 볼 수 있었다. 이런 경험을 바탕으로 일반에게 보급하고자 십여 년 전에 부부대화법 책을 펴냈었고 독자들로부터 많은 호응을 받았는데 그중에 의외로 많은 사람에게서 부부간에 대화법 외에 자녀와의 대화법, 시부모와의 대화법을 알려달라는 요청을 받았다. 그에 따라 이 내용들을 대폭 보강하고 또 배우자, 자녀, 시부모, 처가부모 등 가족과 여러 상황에 적절하게 대처하는 데 유용한 상황별 대화법과 대화와 관련된 여러 정보들을 추가하여 이 책을 출판하게 되었다.

이 책은 결혼을 앞둔 성인남녀와 부부들이 행복한 결혼생활을 하고, 자녀에게 긍정적인 영향을 미치는 좋은 부모가 되며, 또한 사랑받는 며느리, 사위가 되는데 도움이 되는 소중한 지혜를 담고 있다. 많은 사람들이 이 책을 읽고 깨달은 것들을 가족관계에 적용하여 행복한 부부, 존경받는 부모, 사랑받는 며느리/사위로서 성공적인 삶을 가꾸어 가시기를 기대한다. 그리고 대화법을 실제 생활에서 효과적으로 실천하려면 대화법 워크숍에 직접 참여하셔서 훈련을 받는 기회를 가지시길 추천한다.

이 책을 펴내도록 도움을 주신 분들게 감사의 마음을 전하고 싶다. 먼저 부부 대화법 지도자로, 그리고 지도자 훈련가로 활동할 수 있도록 도움을 주신 채규만 교수님께 감사드린다. 그리고 피드백을 주신 독자들과 대화법 프로그램에 참석하셨던 많은 부부들, 지도자 훈련을 받으신 많은 분들, 그리고 늘 사랑과 이해로 함께 해온 남편을 비롯한 가족에게도 심심한 감사를 드린다. 그리고 무엇보다도 내 삶의 반석이 되시는 사랑하는 주님께 이 책을 바친다. 아울러 어려운 상황에서 대화문화의 확산이라는 사명감을 가지시고 책을 출판하도록 기회를 주신 도서출판 신정의 최용구 사장님과 직원에게도 깊이 고마움을 표한다.

2012년 9월

저자 씀

차례

Part 01

행복한 가정생활

01 사랑과 결혼생활

02 행복한 가정생활의 유익

03 결혼생활 신화와 통념

04 행복한 가정생활 조건

05 감성지수와 행복

06 양성평등과 행복

07 결혼생활 유형

Chapter 01

사랑과 결혼생활

사랑이란

결혼하는 사람들에게 왜 결혼하느냐 물으면 '둘이 사랑하니까 평생 같이 살고 싶어서'라고 답하는 경우가 많다. 많은 사람들은 결혼하는 배우자와 검은 머리 파뿌리 되도록 함께 인생길을 걸어갈 것을 기대한다. 결혼생활은 부부간에 사랑하고 사랑받으며 성숙한 사랑을 가꾸어가는 것이므로 사랑의 개념을 이해할 필요가 있다.

사랑은 추상적인 개념으로 사회심리학자인 Erich Fromm은 '사랑은 받는 것이 아니라 주는 것이고, 수동적인 상태가 아니라 적극적인 행동'이라고 하였다. 또 성경에서는 사랑에 대해 다음과 같이 묘사하고 있다.

사랑은 오래 참고 온유하며 교만하지 아니하며, 무례히 행치 아니하며 자기의 유익을 구하지 아니하며 성내지 아니하며 악한 것을 생각하지 아니하며, 진리와 함께 기뻐하고 모든 것을 참으며 모든 것을 믿으며 모든 것을 바라며 모든 것을 견딘다(고린도전서 13:4~7 축약).

사랑이 있으면 긍휼과 자비와 겸손과 온유와 오래 참음을 옷 입고, 누가 누구에게 불만이 있거든 서로 용납하며 피차 용서하고…(골로새서 3:12~13 축약).

우리가 말과 혀로만 서로 사랑하지 말고 행함과 진실함으로 하자(요한1서 3:18 축약).

흔히 남녀 간의 사랑은 두 사람을 결혼으로 이끄는 본능인 동시에 결혼생활을 유지시키는 토대라고 한다. Sternberg(1986)는 [그림 1]과 같이 사랑의 세 요소로 친밀감(intimacy), 열정(passion), 헌신(commitment)을 제시하였다. 친밀감은 '따뜻함, 좋아함, 편안함, 마음이 통하는 일치감, 온화함, 이해와 신뢰감'을 경험하는 것이다. 친밀감을 나타내는 10가지 징표로는 '상대방의 행복을 기원 / 함께 있을 때 편안함을 느낌 / 상대방을 존중하는 마음 / 어려울 때 상대방이 옆에 있어주기를 기대 / 상대방을 이해 / 상대방으로부터 정서적 지지를 받기 / 상대방에게 정서적 지지 주기 / 속 깊은 대화나누기 / 자신과 자신의 것을 상대방과 나누고 싶음 / 자신의 삶에서 상대방이 차지하는 비중이 큼' 등이 있다. 열정은 '매력과 도취, 낭만적 감정, 몰입, 뜨거움과 활기, 성적 끌림과 욕정, 황홀감' 등을 느끼는 것이다. 헌신은 '사랑을 행동으로 나타내는 의지, 결심, 인내, 책임, 격려와 도움, 이타적 행동하기' 등이다. 두 요소씩을 조합하면 사람의 유형이 세 가지가 되는데 친밀감과 열정이 합해진 것이 낭만적 사랑이고, 친밀감과 헌신이 합해지면 동료적 사랑이 되며, 열정과 헌신이 합해지면 맹목적 사랑이 된다. 부부가 성숙한 사랑을 한다는 것은 이 친밀감과 열정과 헌신의 세 가지 요소가 균형을 이루는 것이다.

사랑의 열정 요소는 결혼으로 이끄는 힘을 가지는 것으로 사랑하는 사람에 대해서 무엇이든지 긍정적으로 해석하고 의미를 부여하며, 상대방을 이상화하여 생각하는 특성을 갖고 있다. 과학자들은 이러한 사랑의 열정이 지속되는 기간을 최장 3년으로 보고 있다. 결혼한 부부 대부분은 사랑의 콩깍지가 벗겨지는 유효기간인 3년이 지나면 배우자의 단점과 고쳐야 할 점이 눈에 보이고 의견충돌과 갈등으로 고통을 겪는 현실에 맞부딪친다. 이 시기야 말로 친밀감과 헌신의 요소가 추가된 새로운 차원의 사랑을 해야 하는 '진짜' 결혼생활이 시작되는 것이다.

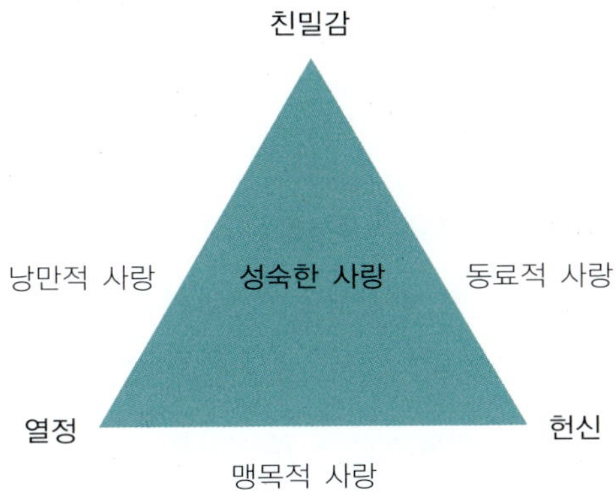

[그림 1] 사랑의 삼각이론

사람마다 선호하는 사랑의 유형이 다르고 그에 따라 배우자의 애정표현에 대한 기대와 애정표현 방식도 각각이다. 어떤 아내는 낭만적 사랑을 선호하는 반면 그 남편은 헌신적인 사랑을 선호하여 엇박자를 이루는 경우가 있다. 이러면 아내와 남편은 서로 상대방이 자신을 사랑하지 않는다고 생각하여 불만이 쌓일 수가 있다. 그러므로 부부간의 사랑에도 서로 다른 유형이 존재한다는 것을 인식하고 상대방의 말과 행동의 마음속 정서적 동기를 이해하고 맞춰주면서 자신의 기대를 표현하는 것이 부부 맞춤형 사랑을 만들어가는 방법이다.

Check 01 우리 부부의 주관적인 사랑유형은 어떠한가

전체 100% 중에서 현재 상태	열정_______%	친밀감_______%	헌신_______%	사랑유형_______사랑
장래 바라는 것	열정_______%	친밀감_______%	헌신_______%	사랑유형_______사랑

또한, 부부는 성장과정에서 사회문화적으로 다르게 경험하고 학습하기 때문에 상대방의 특정행동에 비중을 두어 사랑으로 인식하고 기대한다고 한다. Gray(2008)와 Leman(2010)은 사랑을 느끼는 방식이 성별로 다른 점을 설명한다. 즉 남성들이 아내에게 원하는 세 가지는 존경받고, 필요한 존재가 되고, 충족감을 느끼는 것이며 구체적 행동으로는 성적욕구 충족, 동반적 여가활동, 아내의 매력적인 외모, 휴식, 신뢰와 존경, 인정받는 것이라 한다. 한편 여성들이 남편에게 원하는 세 가지는 애정 및 관심, 솔직한 대화, 헌신이고 구체적 행동으로는 부드러운 표현, 경청과 감정이해, 솔직함, 개방성, 경제적 부양, 가족에게 헌신이라고 한다. 이처럼 성별로 사랑에 대한 기준이 다른 점을 고려하면서 배우자가 선호하는 사랑의 유형과 원하는 사랑표현 방법을 파악하여 사랑을 표현하는 것이 중요하다. 만약 서로 사랑받는다고 느끼는 방법을 모른 채 자기식으로 열심히 사랑하면 모두 만족하지 못하고 결혼생활에 불협화가 생기게 된다.

그러므로 배우자가 선호하고 좋아하는 방식의 사랑표현 방법을 정확하게 알고 또 자신이 좋아하는 사랑표현 방식을 나누어야 서로 지속적으로 눈높이에 맞는 사랑표현을 할 수 있고 두 사람의 공동 사랑계좌에 '사랑'이 쌓일 수 있다. 부부가 공동 사랑계좌에 꾸준히 저축하면 그만큼 깊은 사랑을 느끼고 친밀한 관계가 되며, 살아가면서 혹시 문제가 생기더라도 사랑의 잔고가 넉넉하여 문제를 훨씬 쉽게 해결하게 된다.

결혼이란

결혼이란 개인적 측면에서 성년이 된 남녀 두 사람의 인격적 · 신체적 · 정서적 · 경제적 결합을 의미하고, 사회적 측면에서는 부부가 사회적으로 적법한 방법으로 기본적

단위인 가족을 형성한다는 의미가 있다. 결혼이라는 제도는 인류가 존재해 온 이래 시대와 사회문화에 따라 다양한 모습을 지니지만, 공통으로 정상적인 성인이 되는 통과의례로 간주된다. 그러나 사회가 급격하게 변함에 따라 이러한 필수적인 통과의례 의미가 선택적인 계약관계로 바뀌면서 독신주의와 비혼자가 증가하고 있고, 불행한 결혼을 이혼으로 끝내는 사람들이 늘어나고 있다. 특히 우리나라 젊은 사람들과 여성들 사이에서 여러 이유로 남성들보다 더욱 결혼이나 자녀출산에 대해 수동적이거나 부정적인 가치관을 갖고 있으며 이혼에 허용적인 경향을 보인다.

어떤 사람들은 21세기 결혼과 가족은 지배적 가치인 개인주의와 시장원리에 의하여 다양해지고 불안정해질 것으로 전망한다. 즉 남녀가 결혼하더라도 사랑의 약속이 영원한 것이 되지 못하고, 결혼이 울타리라기보다는 굴레로서 더 작용하게 되면 결혼하지 않고 독신을 고수하거나 동거나 이혼을 하게 되는 것이다. 그래서 독신자, 동거자, 이혼과 재혼이 흔하여질 것이고 정형화된 결혼생활과 가족형태가 많이 줄어들 것이라고 한다.

그러나 아직도 여전히 많은 사람은 이성을 만나 사랑하고 결혼하고 아이 낳고 평범하게 일상적인 가정을 꾸리는 것이 행복으로 가는 길이라고 생각한다.

주변의 부부들을 보면 결혼의 동기를 '사랑하니까'라고 당연한 듯이 말한다. 물론 사랑이 결혼의 토대가 된다. 그러나 사랑만이 행복한 결혼생활을 보장해주지 않는다. 사랑은 감정이고 변하기 쉬우며, 깨지고 사라지기 쉽다. 사랑은 이성에게 끌려서 결혼까지 가게 하는 원동력이자 에너지이지, 사랑해서 당연히 행복하게 사는 것이 아니다. 그러므로 사랑해서 결혼을 하면, 결혼은 새로운 사랑을 가꾸는 출발점이 되는 것이다. 어떤 부부들은 '행복하려고' 결혼한다고 한다. 그리고 결혼 후 자신이 행복하기 위해서는 배우자가 어떻게 하는가에 달려 있다고 생각하여, 자신이 바라는 대로 배우자가 행동하지 않을 때 실망하게 되고 애정이 식었다든지 성격차이가 심해졌다고 생각한다. 불화가 많은 부부는 서로 상대방을 가리키며 "당신 때문에 내가 힘들다. 당신을 만나서 내 인생이 망가졌다."라고 말한다. 즉 어려움을 겪는 대부분의 부부들은 배우자가 자신을 사랑하거나 존경하지 않고 배우자가 할 일을 제대로 하지 않기 때문에 불행하다고 느낀다.

그러나 이런 생각들은 개인적으로 결혼에 대한 환상이 있거나 또는 몇십 년간 결혼생활을 한 사람만이 깨닫게 되는 결혼의 본질을 정확히 모르는 데서 비롯된다. 또한, 현대사회가 생활조건이 더 풍성해진 만큼 욕구도 상대적으로 높아져 현실에 불만이 많아지고, 사람들의 심리가 자기중심적이 되어 양보, 타협하면서 더불어 살아가는 노력을 하는 것이 자기희생으로 간주하는 분위기도 작용하기 때문으로 생각된다.

사실상 결혼의 본질은 혼자로는 불완전한 남성과 여성이 만나서 서로 의지하고 힘든 것을 도와주고 모자라는 부분을 채워주면서 마음이 통하는 동반자로 성장해가는 것이라 할 수 있다. 즉 부부가 똑같아지는 것이 아니라 각자의 다른 점들이 조화를 이루고 '우리'라는 의식과 경험을 나누며 각자의 발전과 성장을 향하여 함께 하는 과정이 결혼생활의 본질인 것이다. 따라서 사랑이 결혼의 동기는 될 수 있지만 두 사람이 함께 계속 결혼생활을 영위하기 위해서는 사랑만으로는 부족하다. 사랑과는 전혀 별개의 것들(존중, 신뢰, 이해, 공감, 협동 등)이 결혼생활을 원만하게 유지하는 데 결정적인 역할을 한다.

결혼하면 행복해져야 한다고 생각하는 사람들은 결혼생활에서 의견충돌이나 갈등이 생기면 결혼이 잘못되었다 생각하여 좌절하고 일찍 결혼생활을 포기하거나 실망감과 불안감으로 고통을 겪는다. 그러나 부부간의 의견충돌이나 갈등이 발생할 때 자신과 상대방을 더 잘 이해하는 기회로 삼고, 고통스럽지만 함께 극복하는 과정에서 부부 각자는 성장할 수 있게 되는 것이다.

상담실에 비친 불화하는 부부들은 의견충돌이 생길 때 어떻게 상대방의 얘기를 경청하고 자기주장을 해야 하는지 몰라서 작은 갈등이 확대되어 있고 상대방에게 상처받았다고 생각하는 모습이 공통적으로 발견된다. 또 불화하는 남편들은 아내가 늘 착해서 남편에게 서비스와 내조를 잘하고 남편의 말에 순종하고 시집식구에게 잘해주기를 기대하면서, 자신은 아내를 인격체로 존중하지 않거나 문제를 회피하고 또는 가장의 권력을 남용하여 아내와 자녀를 힘들게 하는 자기중심적인 모습을 보인다. 또 불화하는 아내들도 남편을 바꾸려고 열심히 설득하거나 또는 남편에게 모든 책임을 지우면서 자신의 책임은 회피하고, 또 남편의 부족한 점을 무시하고 이해하지 않으며, 자기 의사를 분명하게 표현하지 못하는 경우가 많다.

그러므로 검은 머리 파뿌리 되도록 행복한 결혼생활을 오래 하려면 남성과 여성 모두 결혼의 진정한 의미를 인식하고 물질적 준비와 더불어 심리적 준비를 해야 하며, 상호 존중과 이해와 공감, 협동하는 방법 등을 습득하여야 할 것이다. 요즈음 일부 교회와 성당에서 결혼식을 하기 전에 결혼예비교육을 수강하게 하거나 지역 건강가정지원센터와 상담센터 등에서 결혼예비교육 프로그램을 개설하는 것은 매우 바람직한 일이다. 이에서 더 나아가 군에서도 제대를 앞둔 사람들에게 취업에 필요한 교육 외에 결혼준비교육과 대화법교육을 시행하는 것이 필요하다고 본다. 그래서 많은 사람이 준비된 부부로서 결혼생활을 하게 될 때 우리나라의 많은 가족문제와 자녀문제가 예방되리라 믿는다.

참고 01

부부 백년해로 헌장

1. 참는 것이 이기는 것이다. 인내하며 다툼을 피하라.
2. 칭찬에 인색하지 말라. 칭찬은 귀로 먹는 보약이다.
3. 웃음과 여유를 갖고 대하라.
4. 서로를 존중하고 기쁘게 하라.
5. 사랑을 적극 표현하라.
6. 같이 즐기는 오락과 취미를 만들라.
7. 금연, 절주하고 건강을 지켜라. 건강한 부부는 관계도 건강하다.
8. 서로 지나치게 의존하지 말라. 적당히 따로 하고 적당히 함께 하라.
9. 매년 혼인 갱신 의식을 하라.
10. 부부 프로그램에 적극 참여하라.

출처: 여성가족부 부부의 날 제정위원회(2004. 5. 21).

Chapter 02

행복한 가정생활의 유익

부부의 개인적 유익

사람은 관계를 통하여 행복을 느끼기도 하고 고통을 경험하기도 한다. 특히 많은 시간을 같이 보내야 하는 부부는 두 사람 사이의 관계가 어떠한가에 따라 삶에 필요한 에너지를 얻을 수도 있고 아니면 심각한 고통을 겪게 될 수 있다. 부부가 사랑하고 협동하며 살 때 불화하고 사는 부부보다 개인적으로는 만병의 근원인 만성적인 스트레스를 경험하지 않기 때문에 신체적·정신적으로 건강하고 활력이 넘치게 되어 에너지를 생산적인 활동에 사용하게 된다. 가정이 화목하고 평안할 때 모든 일이 잘되고 성취된다는 가화만사성(家和萬事成)이라는 말도 같은 맥락에서 이해된다.

해외의 연구들(Olson, Olson-Sigg, & Larson, 2011; Smith, 2006; Waite & Gallagher, 2000)에서 부부가 친밀한 관계를 유지하는 경우 독신이나 이혼한 사람, 사별한 사람 같이 정서적으로 고립된 사람보다 장수한다는 보고가 있다. 즉 부부가 행복하게 지내는 경우 배우자로부터 정서적 지지를 받고 규칙적인 식사와 건강관리를 하게 되어서 심혈관질환을 예방하며 면역체계의 기능을 강화시키고 스트레스와 정신적 충격을 개선하여 신체적 · 정신적 질환이 예방되고, 질환을 앓더라도 쉽게 회복한다는 것이다. 하루 20분의 노력을 충실한 결혼생활에 쏟아 부으면 그 시간만큼 체력증진을 위해 운동하는 것보다 세 배의 면역력을 얻는다는 보고도 있다(Gottman & Silver, 2002). 반면 부부간의 불화가 오래가면 부부는 우울증을 겪지만, 부부관계가 회복되면 우울증이 곧 사라지는 일들을 흔히 볼 수 있다. 또한, 부부가 심하게 다투면 스트레스 호르몬이 상승하고 면역력이 저하되어 협심증 발병률이 두 배 높아지며 고혈압이나 심장병 등이 생기게 된다. 또한 피부질환의 회복이 늦고, 정신적 억압으로 폭력행위, 낭비벽, 음주, 약물남용 등이 나타나고, 우울증을 10배 높아져 자살시도와 생명을 위협하는 일이 생김으로써 수명이 4년이나 단축된다고 한다(Gottman & Silver, 2002).

대부분의 가족상담이론과 결혼생활연구에서도 부부가 화목하고 사랑하며 살 때, 각자의 정서가 안정되고 감사한 마음과 긍정적 사고와 자존감이 높아져서 자신과 상대방을 소중히 여기며 활력 있고 건강한 삶의 에너지를 갖게 된다고 한다. 그 결과 이 부부들은 불행한 결혼생활을 하는 부부에 비해 우울증, 각종 신경성 질환, 만성적인 스트레스로 인한 암, 알코올문제, 자살, 각종 사고와 더불어 부부싸움과 가정폭력, 이혼을 예방할 수 있는 것으로 밝혀졌다.

자녀의 유익

아동발달이론과 가족체계이론 및 실증연구들에서 밝혀진 것은 부부가 사랑하고 행복하게 살 때 부모역할도 협동적으로 수행하게 되어 그 자녀는 정서가 안정되고 긍정적 자아상과 자아존중감을 갖게 된다는 것이다. 또한 기초적인 인성과 정서, 사회성이 건강하게 발달함은 물론 에너지를 자신의 일에 집중하게 되어 잠재력을 충분히 발휘하는 생산적인 삶과 원만한 대인관계, 그리고 행복한 가정생활을 할 수 있다고 한다. 여러 연구(Aronson & Huston, 2004; Coleman & Widom, 2004; Gottman & Silver, 2002)에서 부모가 친밀하고 협동적인 가족의 자녀는 학교적응과 정서안정성, 집중력, 학업성취, 교우관계, 인성 등에서 부모가 불화하거나 이혼한 가정의 자녀에 비해 바람직하고 긍정적인 결과가 나타나 사회에서 훌륭하게 자기 몫을 해내는 사람으로 성장하고, 미혼모가 될 가능성이 낮으며 화목한 결혼생활과 건강한 가정생활을 하며 좋은 부모가 된다고 한다.

한편 가족상담이론과 상담사례에서 보면 어린 시절 부모의 불화, 폭력, 술문제, 외도문제가 있거나 부모 한쪽 또는 양쪽과 긍정적 상화작용이 결여된 채 자란 자녀, 그리고 거부당하고 차별받고 자란 자녀는 정서적으로 불안정하고 더 낮은 삶의 질을 경험할 가능성이 더 높다. 그리고 이들은 부모와 다른 삶을 살기 위해 애를 쓰지만, 부모의 그늘에서 벗어나지 못하고 부모의 모습을 반복하거나 또 다른 문제를 일으키게 된다. 흔히 문제가 많은 가정에서 자라게 되면 그 자녀에게 보이지 않는 부정적인 힘이 작용하여 정서불안, 주의산만, 학교부적응, 인성문제, 교우관계문제, 성적부진은 물론 정서장애, 행동장애를 보이는 자녀로 성장하게 된다(Olson et al., 2011). 이들은 성장한 후에도 결혼생활과 부모역할을 하는데 어려움을 겪고, 또 그 자녀에게 부정적인 영향을 전수하여 역시 부모와 비슷하게 불행한 결혼생활과 가족문제로 고통을 겪게 되는 것이다.

노부모의 유익

노후의 행복은 본인의 건강상태, 경제적 조건 외에 자녀와의 관계에 크게 의존한다. 부부가 행복할 때 가정이 평안하고 노부모와 같이 살든 따로 살든 함께 자식 노릇을 다 할 수 있다. 부부가 마음이 맞아서 같이 협조적으로 노부모를 잘 모시고 돌봐 드리고 자녀를 조부모와 가깝게 지내게 하는 것이 노부모에게 기쁨이 되고, 자녀에게는 어른 공경을 배우는 기회가 된다.

만약 부부가 불화하고 관계가 위태하면 노부모에게 물질적으로 공경한다 해도 노부모의 마음은 불편할 수밖에 없고 제대로 효도할 수 없다. 또한 문제가 심각해져서 부부가 헤어지는 경우 노부모의 마음은 충격과 슬픔으로 힘들어지고, 이에 더하여 노부모에게 어린 손자녀의 양육을 맡기는 경우엔 노부모를 더욱 고통스러운 상황으로 내몰게 된다.

사회적 유익

가족에 관한 구조 기능적 관점에서는 가족을 사회의 축소판으로 간주하여 가족이 고유한 기능인 애정과 정서안정의 기능, 자녀양육의 기능 등을 잘 수행하면 사회는 안정되고 건강해지고 발전한다고 한다. 이 점에서 부부가 화목하고 부부로서, 부모로서 기능을 잘 수행하면 가족은 안정되고 건강해지는 결과, 가족원 개개인의 역량과 직업에서의 생산성도 높아지는 것이다. 최근 대기업이나 공기업에서 직원들을 위한 가족친화 프로그램으로 부부세미나를 개최하거나 부부관계 증진, 부부 대화법 훈련을 진행하는 일이 있다. 이는 우리 사회도 이제 부부가 화목하고 안정된 관계가 되어야 직장에서 업무능력도 개발되고 업무의 생산성도 높일 수 있음을 인식하게 된 징표로 보인다. 외국의 연구(Olson et al., 2011)에서도 부부가 친밀하고 협동적인 관계일 때 직장에서 긍정적인 태도로 업무를 소중하게 여기고 의욕적으로 열심히 일하며 대인관계에서도 자신감을 가짐으로써 같은 직종에서도 수입이 많은 것으로 보고된다.

또한 선진국의 통계에 따르면, 아침 키스를 받고 출근하는 남편들의 연봉은 그렇지 않는 남편들에 비해 20%나 높았다고 한다. 가정이 행복한 사람은 직장에 대한 만족도가 높을 뿐만 아니라 이직률도 낮기 때문이다. 즉, 가정과 직장이 균형과 조화를 이룰 때 자신의 능력을 충분히 발휘하고 인정받을 수 있다는 것이다. 이렇듯 부부가 사이좋게 지낼 때 가족해체와 가정폭력, 각종 자녀문제, 약물남용 등을 예방할 수 있기 때문에 부부불화나 이혼으로 야기되는 가족문제와 자녀문제 대처에 투입될 인적・물적인 사회적 비용을 상당 부분 절감하는 효과가 있는 것이다.

그러므로 결혼생활은 완벽한 한 쌍의 남녀가 만나서 장미꽃 정원 속에서 사는 것이 아니라 완벽하지 못한 한 쌍의 남녀가 만나 인생 여정의 험한 골짝 길 속에서 서로의 차이를 즐기고 채워주며 성장하는 과정이라고 할 수 있다. 행복한 결혼생활을 하는 부부는 개인적 자아존중감과 자신감, 건강이 좋아짐은 물론 좋은 부모가 될 수 있고 자녀가 훌륭하게 성장하고 행복하게 살아가며 노부모에게 제대로 효도를 하고, 직장에서도 유능하게 능력을 발휘하여 일과 가정에서 성공적인 삶을 살아감으로써 사회발전에도 기여하는 것이다.

참고 02

갱년기증상, 노화가 아니라 남편 탓? "별거 하라"

여성이 갱년기장애를 극복하려면 남편과 '싸우거나 별거하라'는 전문가의 조언이 나왔다. 일본 갱년기장애 권위자 이시쿠라 교수(오오사카대학 대학원 의학계)가 31일 발표한 바에 따르면 "여성 갱년기의 원인은 '남편의 폭언'이 노화 다음으로 나타났다"며 "그 치료법은 남편에 대한 화를 삭이는 것이 아니라 '싸우거나 별거'를 통해 적극적으로 대처해야 완치할 수 있다"는 것이다.

이전까지 여성의 갱년기는 신체적 노화에 따른 여성만의 문제로 받아 들여졌으나 대부분 '남편의 폭언' 등에 따른 정서적 상실감이 작용한다는 것. 갱년기는 주로 50세 전후 5년 간 발병되지만 치료에는 10년이 걸린다는 것이 이시쿠라 교수의 임상 견해다.

이시쿠라 교수는 남편들에게 "부인의 갱년기 증세가 부인만의 문제라고 생각하면 오산"이라며 "'사랑싸움'이나, '단기간 별거'를 자연스럽게 받아 들여 아내가 치료가 될 수 있도록 협조하라"고 요구했다.

그 해결책의 첫 조건은 '사랑싸움'이다. 미국 미시간 대학 의료팀이 192쌍의 부부를 17년 간 추적 조사한 결과 분노를 참는 부부는 분노를 표출하는 부부보다 사망률이 2배가 높았다. 응어리로 만들지 말고 말다툼이 생기더라도 터트려 스트레스를 줄이는 것이 바람직하다.

이도 어려울 경우 '짧은 별거'를 권했다. 별거한 여자는 만사 제쳐 두고 친구를 만나서 놀고, 2~3일씩 여행도 하라고 권했다. 이때 남편이 "뭐가 불만이야"라고 싫어해도 강행해야 이혼이라는 극단적 상황에 이르지 않는다고 했다. 갱년기 증상은 정신적 파탄이라는 결론이다.

출처: 국민일보(2012. 1. 31).

Chapter 03

결혼생활 신화와 통념

결혼생활 신화

대개 결혼생활에서 어려움을 겪는 사람들을 보면 결혼생활과 배우자에 대하여 비현실적 기대(신화)를 갖고 있어 심각한 불화로 이어지는 경우가 많으므로 부부 각자가 결혼생활에 대한 신화를 점검하여 벗어나려 노력하는 것이 결혼생활에 도움이 된다.

배경과 조건이 적당하면 결혼생활은 행복하다

대부분의 사람이 배우자의 조건에 대해 질문하면 성격을 중요하게 본다고 말하지만 실제로 배우자를 선택할 때 비중을 두는 것은 배우자의 직업, 경제력, 외모이고 최근에는 부모의 재력과 배경 등이 추가되어 대개 물질적인 후광효과를 중시하는 경우가 많다. 실제로 결혼생활에서 직업, 경제, 외모도 무시할 수 없지만 이보다 더 중요한 것은 사람의 됨됨이와 성격, 가치관의 조화이고 성숙한 사랑을 할 능력이다. 그런데도 외적 조건과 배경만 서로 맞으면 결혼해서 정이 들고 사랑하게 될 것으로 생각하여 정작 중요한 것을 놓치는 우를 범하는 경우가 있다. 요즈음 상담사례에서 집안 배경이나 외적 조건만 보고 내적인 면의 조화를 고려하지 않은 채 결혼했다가 곧 깨어지는 부부들을 종종 볼 수 있다. 과거에는 결혼이라는 제도가 울타리처럼 개개인을 보호하여 개인에게 정체감과 소속감을 주었고 남녀의 역할은 고정되었기 때문에 조건에 맞춰서 결혼하면 무난하게 살 수 있었다. 그러나 오늘날처럼 다양한 가치관이 혼재하고 온갖 지식이 범람하는 정보화 사회에서는 부부간의 정서적 결속과 유대감을 기반으로 지속적인 의사소통을 통한 갈등해결 노력이 없으면 결혼생활이 삐걱거릴 수밖에 없다. 즉 급변하고 불확실하며 스트레스가 많은 현대사회에서는 위기를 대처할 만한 친밀감과 정서적 유대감, 의사소통 능력이 특히 중요해진 것이다.

여성이 남성보다 화목한 가정생활을 만들어갈 책임이 더 있다

전통적으로 남성은 돈을 열심히 벌어야 하고, 여성은 자녀를 잘 기르고 따뜻한 가정을 만들어 나갈 책임이 있다고 생각하는 사람들이 많다. 그래서 예전부터 집안이 잘되고 번창하려면 현모양처 아내, 착한 며느리가 들어와야 한다고 한다. 이런 관점을 갖게 되면 여성이 하기에 따라서 결혼생활의 행불행이 좌우된다고 생각하여, 만약 결혼생활에 어려움이 있거나 자녀문제와 가정불화 심지어는 집안에 우환이 있어도 아내, 며느리 탓을 하게 되는 것이다. 이것은 전통 농경사회에서 유교 중심의 가부장제도의 부산물일 뿐이다. 현대사회는 남성과 여성의 역할이 성별에 따라 고정되어 있지 않고 상황에 따라 융통성 있게 변할 수 있으며 역할을 공유하는 방향으로 가고 있다.

그러므로 행복한 결혼생활, 자녀양육, 화목한 가정생활은 여성만의 몫이 아니고 남성들도 같이 공유할 책임이 있다. 동시에 가계부양역할도 예전처럼 남성 한 사람의 몫이 아니고, 상황에 따라 여성이 할 수도 있고, 공동분담할 수도 있다. 이처럼 남성과 여성이 같이 일하고, 같이 쉬고, 같이 즐기고, 같이 부모 노릇을 하는 등 협동적 구조로 살아가야 현대사회에서 남성과 여성의 일-가정 양립이 가능해지고 자기계발이 가능해지는 것이다. 물론 가족 관련법에서 명시된 양성평등 정신과 실제 사람들의 생활은 간격이 있고 그 편차는 개인과 가정에 따라 차이가 있지만, 행복한 가정생활은 부부가 같이 협조적으로 만들어 가야 한다는 것에는 대다수 사람이 동의하고 있다. 이렇게 될 때 부부간에 평등성과 공평성이 향상되고 여성들의 결혼기피 현상도 해소될 수 있을 것이다.

부부가 사랑하면 갈등이 없다

많은 신혼부부가 사랑하며 사는 부부는 잘 싸우지 않고 갈등도 없으리라는 기대를 하고 결혼생활을 시작한다. 그러나 이것은 환상이다. 예를 들면 아내는 남편이 언제까지나 나를 사랑한다고 했으니까 내가 기대면 항상 넓은 가슴으로 포용하고 받아주고 내 편이 되어 줄 것으로 생각한다. 또 남편은 아내가 착하고 마음이 따뜻하니까 언제까지나 이해하고 믿어줄 것이라 기대한다. 그래서 조그마한 의견차이로 두 사람이 다툴 일이 있게 되고, 기대한 대로 상대방이 해주지 않으면 실망과 좌절감과 분노를 느끼고 어떤 때는 배신감을 느끼기도 한다. 그 결과 부부 사이에 사소한 갈등이나 견해차가 생기면 이런 환상을 가진 사람일수록 더 못살겠다고 생각하여 헤어짐을 먼저 제안하는 경우가 많다.

그러므로 결혼생활을 하는 동안 아무리 서로 사랑한다 해도 의견충돌이나 갈등, 문제를 겪지 않을 수 없음을 알아야 한다. 즉 결혼생활이란 내가 원하는 상황만 존재하고 항상 기쁨과 일치만 있는 것이 아니라 갈등과 고통도 있다. 그리고 고통과 시련과 갈등을 공감어린 대화로 나누면 줄어들고 없어진다. 따라서 결혼생활에 부딪치는 갈등이나 문제는 관계에 역기능적으로 작용하는 것만이 아니고 어떻게 대처하느냐에 따라 상대방에 대해 더 깊게 이해하게 되는 기회가 될 수 있고, 자신의 단점을 보완하며 인격이 성숙해지는 결과를 가져올 수 있다. 즉 부부가 생활하면서 자연스럽게 발생하는 갈등과 문제를 사랑을 토대로 지혜롭고, 협동적으로 해결해 나갈 때 부부가 같이 성장하고 행복하게 지낼 수 있다.

부부 사이에 똑같이 주고받고 옳고 그름을 밝혀야 한다

내가 배우자에게 한 가지 해주면 배우자도 나에게 똑같이 한 가지 해줄 때 문제가 없다는 것이다. 이는 사회교환이론에서 나온 관점으로 부부간에 한쪽이 너무 손해 보거나 너무 얻는 것이 많아지면 균형이 깨어져서 관계가 지속될 수 없다는 것인데, 실제 결혼생활에서 많이 발견되고 부부가 서로 상대방에게 똑같이 해주어야 잘 산다는 상식과 일치되는 것이다. 과거 전통사회의 결혼생활은 여성들에게 일방적인 희생과 인내, 복종을 강조하여 여성들이 오랜 기간 억눌리고 자기 주장을 하지 못하는 불균형적인 삶을 살아왔다. 이제 그런 영향으로 중년여성들이 〈엄마는 뿔났다〉라는 TV 드라마처럼 그동안 몇십 년간 뒷바라지하던 식구들과 집안일에서 벗어나 자유로워지고자 하는 욕구들이 표출되어 별거나 이혼하는 일들이 발생하고 있다. 또 요즈음 여성만큼은 아니지만 몇몇 남성들도 아내의 위압적인 힘에 눌려서 할 말을 못 하고 가정에서 자기 위치를 찾지 못한 불만이 쌓이면 역시 갑작스럽게 가출하거나 외도, 별거를 요구하기도 한다. 이처럼 장기간에 걸친 불평등하고 불균형적 결혼생활은 가정불화의 요인이 될 수 있다.

그러나 그렇다고 해서 현실적으로 항상 공평한 결혼생활이 가능하기는 어렵다. 결혼생활을 하다 보면 두 사람의 여러 욕구가 동시에 충족될 수 없을 때 서로 합의해서 한쪽이 상대방을 위해 자신의 욕구를 보류하고 일정 기간 희생할 때가 있고, 또 어떤 경우에는 상황이 역전될 수 있으며, 주는 대로 곧바로 받지 못할 수도 있다. 결혼생활에서 무슨 일이든지 즉각적인 보상과 결과를 기대하는 것은 결혼생활을 더 악화시키고 성급한 결론에 이르는 지름길이 될 수도 있다. 헌신과 희생, 인내 같은 덕목들은 단기간에 돌아오는 결과가 부족해도 두 사람이 합의하여 장기적인 균형을 맞추기만 한다면 두 사람 모두 만족스럽고 풍부한 결혼생활을 할 수 있다. 예를 들면 부부가 여러 이유로 추구하고자 하는 자기개발을 동시에 하기 어려울 때 한 사람이 먼저 일자리를 잡고 생계를 책임지고, 다른 한 사람은 그동안 자기개발에 노력하여 원하는 위치에 이르게 되면 다시 그 사람이 상대방의 자기개발을 뒷바라지하여 서로의 성장을 돕는 것이다.

또한, 상당수의 부부는 무엇이든지 시시비비를 가려 사실관계를 명백히 밝혀야 한다는 생각을 한다. 그러나 남편 입장에서 보면 남편이 옳지만, 아내 입장에서 보면 아내가 옳기 때문에 부부 중 누가 더 잘했고, 누가 더 잘못했는지 따지는 것은 두 사람 사이의 관계만 악화시키는 파괴적인 싸움일 뿐이다. 대개 잘 싸우는 부부들은 상대방이 자신의 옳은 점과 합리적인 생각을 인정해주지 않고 자신을 무시하고 비난한다고 부부가 똑같이 원망과 서운함을 표현하는데, 이는 결말이 날 수 없는 소모전이다. 부부는 각자 자기 유익을 추구하고 서로가 판단과 평가를 위해 존재하는 것이 아니라 공동체로서 공존과 발전을 추구하고 서로 이해하고 용납하기 위해 존재하는 것이다.

자녀가 생기면 부부 사이가 좋아진다

이런 주장이 전혀 허무맹랑한 것은 아니다. 실제 자녀는 부모에게 책임감을 부과하고 부부로서 연결점과 유대감을 갖게 하며 부모로서 기쁨과 삶의 의미를 경험하게 한다. 그래서 어떤 아내는 남편이 가정에 충실하지 못하고 남편역할을 제대로 이행하지 않을 때 남편의 마음을 잡기 위해 자녀를 낳으려고 생각하기도 한다. 그 결과 남편이 가정에 충실해지는 경우도 있으나 반대로 자녀 때문에 오히려 부부 사이가 더 나빠지는 경우도 있다. 자녀는 부모에게 스트레스와 부담을 주고 부부간에 싸우는 요인을 추가시키는 측면도 있다. 그래서 결혼기간에 따른 결혼만족도의 변화를 조사한 연구에서 신혼기에 가장 만족도가 높고, 자녀를 낳으면 만족도가 감소하기 시작해, 자녀가 10대일 때 가장 낮아지고 그후 자녀가 독립하면서 다시 결혼만족도가 상승하는 것으로 보고되고 있다. 단지 자녀 때문에 부부 사이가 좋아지고 활력이 생긴다는 것은 인생의 희로애락을 느끼는 살아있는 공동체가 아니라 자녀를 매개로 공동의 목적을 달성하기 위해 결합한 이익단체의 성격을 가지게 된다. 그러므로 여러 국내외 연구에서 밝혀진 것은 자녀의 존재 자체가 부모 사이를 좋게 하거나 행복을 증진시키지는 않지만 부모의 이혼을 억제하거나 보류시키는 약간의 효과가 있다고 본다. 실제로 부부상담사례에서 자녀가 있는 부모들이 자녀가 없는 부모들보다 이혼을 쉽게 결심하지 못하는 경우가 많다. 그러므로 부부 사이가 좋으냐, 나쁘냐는 자녀의 존재가 영향을 주는 것이 아니고 부부 자신의 태도와 행동에 달려있다.

개인의 문제와 외로움은 결혼하면 사라진다

통상적으로 결혼하면 개인의 외로움과 심리문제가 해결되고 미혼자보다 안정되는 점이 있다. 그러나 모든 개인의 심리문제와 외로움이 결혼생활을 통해 해소되거나 치유되는 것은 아니며 개인 자신이 감당해야 하는 부분들도 있고, 또 어떤 경우는 개인적 문제가 배우자의 지지와 이해 부족으로 더 악화될 수도 있다.

예를 들면 성인아이(adult child)라는 말이 있는데 이는 사회적인 연령은 성인이 되었으나 정서적, 관계적 연령은 아직 미숙한 사람을 일컫는다. 이 사람은 대부분 성장기에 좋지 않은 가정환경의 영향을 받은 희생양으로 가정에서 사랑과 인정을 받아보지 못하고 분노와 억울함을 억압하고 살아온 사람에게서 많이 발견된다. 이들은 작은 일에도 주위 사람이 자기를 비난할 것이라는 두려움과 피해의식, 열등감이 많으며 자기표현을 하거나 다른 사람을 이해하는 능력이 부족하다. 또 이들은 자신을 방어하는 데 급급하여 남을 배려하지 못하고 자기중심적이고 남에게 베푸는 면과 여유가 부족하다. 그리고 분노조절과 협상, 스트레스 관리 면에서 기술이 부족하여 대인관계가 원만하지 못하고 친구도 적다. 이런 상태가 심하면 우울장애, 불안장애 등의 신경장애를 나타내기도 한다. 대부분의 성인아이는 배우자와의 관계가 원만하기 어렵고 배우자의 대응적인 반응을 유발하기 때문에 서로 깎아내리고 무시하며 서로의 결점을 극대화하는 악순환이 계속된다. 이런 사람은 배우자가 따뜻한 지지자가 되어 사랑으로 돌보고 배려하면 조금 개선될 수 있지만, 그렇지 않는 경우 본인이 심리치료를 받는 것이 필요하고 그 배우자도 치료를 필요로 하는 경우가 많다.

그러므로 결혼생활 자체가 모든 개인의 정서적 안정과 정신건강에 긍정적 영향을 주는 것은 아니고 결혼 전 개인의 정신건강 수준과 더불어 배우자와의 관계 질, 개인의 대처능력 등이 복합적으로 영향을 주는 것이다.

결혼생활에서 초기의 열정은 점점 식는다

대부분 신혼기가 지나면 서로에 대한 신비감과 감격, 낭만의 감정이 줄어들고 시간이 지날수록 덤덤해진다. 그래서 결혼 15년이 지났는데도 아직도 배우자를 보고 싶고 열정적으로 사랑하는 일은 매우 드문 현상이라고 생각한다. 그래서 우리 사회에서 중년 남녀가 다정하게 손을 잡고 가고 남자가 여성에게 친절하게 대하면 둘은 애인 사이이지 부부 사이는 아니라고 생각하기도 한다. 정말 그럴까? 그러나 주위에 보면 그런 애인 같은 부부들이 간혹 있다. 그들은 보통 부부와 달리 남편과 아내가 계속 서로에게 관심을 갖고 배려와 자상함을 보여주며 다정한 관계유지에 헌신하는 것을 관찰할 수 있다. 그러므로 결혼한 부부 모두는 다 시간이 지날수록 자동으로 덤덤하게 지내는 것이 아니고, 부부가 얼마나 사랑을 가꾸고 친밀감을 위해 노력하는지에 따라 두 사람 사이는 달라질 수 있다.

부부간의 대화나 원만한 성생활로 부부 갈등은 없어진다

대화와 성생활이 결혼생활에 매우 핵심적이고 중요한 요소임에는 틀림이 없고 대화 단절과 성생활 문제가 해결되면 부부 사이가 좋아지는 경우가 많다. 많은 연구결과와 임상사례에서 대화를 많이 하고 성생활에 만족하는 부부들은 갈등을 적게 느끼고 행복한 결혼생활을 하는 것으로 나타났다. 반면 갈등을 겪고 불화하는 부부들은 대화가 통하지 않고 성생활도 부진한 경우가 대부분이다. 그러나 어떤 경우에는 대화를 열심히 하고 성생활에 어려움이 없는데도 결혼생활의 갈등이 없어지지 않는 경우도 있다. 예를 들어 배우자의 성격장애나 정서장애, 습관문제, 신체적 질병, 친척과 관련된 갈등, 직업과 관련된 갈등, 경제문제 등은 부부 사이의 대화로 해결되기 어렵고 원만한 성생활만으로 해결될 성질이 아니다. 이런 문제는 각각 적절한 대처방법을 선택해야 하고 전문가의 도움이 필요한 경우도 있다.

남성과 여성이라는 젠더차이가 부부갈등의 원인이다

John Gray의 《화성에서 온 남자, 금성에서 온 여자》라는 책에 의하면 남자와 여자는 생래적으로 다른 별에서 왔기 때문에 서로를 완전히 이해할 수 없다고 하고, 이로 인해 모든 부부는 갈등을 겪는다고 한다. 물론 이러한 젠더차이가 갈등의 원인으로 불화하는 부부들에게 부분적으로 작용하기도 한다. 그러나 많은 부부들은 이러한 젠더 차이보다는 개인별 차이가 갈등의 직접적 원인이 되는 경우가 대부분이다. 즉 남성이라고 해서 모든 남성이 똑같은 특성을 보이고, 또 여성이라고 모든 여성이 똑같은 것은 아니기 때문이다. 그리고 행복하게 지내는 부부들의 관계에서는 이러한 젠더차이가 영향을 미치지 않고 서로의 차이를 인정하고 보완하는 것을 볼 수 있다. 그러므로 이처럼 젠더차이를 극단적으로 강조하는 사고는 부부들에게 잘못된 정보를 주는 신화라 하겠다.

결혼생활 통념

다음의 결혼생활 통념은 결혼생활에 관한 올바르지 않은 단순화된 길잡이로서 통념이 진실이라고 믿는 사람들을 도달 불가능한 방향으로 노력하게 하여, 좌절과 실망감으로 고통을 겪고, 쉽게 포기하고 성급한 결론을 내리게 하는 위험한 신념체계이다. 행복하고 성공적인 결혼생활을 위해서는 결혼생활에 대한 잘못된 관점인 통념을 스스로 검토하고 멀리 던져버리는 것이 필요하다.

부부 불화는 실패한 결혼생활?

부부가 오손도손 살아야 성공적인 결혼이라고 전제하고 부부 불화는 서로 맞지 않는 사람이 같이 살기 때문에 발생하는 것이므로 실패한 결혼생활이라고 생각하는 사람들이 많다. 그러나 대부분의 부부들은 갈등과 불화를 겪는다. 불화는 어느 부부에게나 예외 없이 거쳐야 하는 통과의례와도 같다. 부부 불화는 학력, 경제수준, 배경, 직업과 상관없이 무차별적이다. 서로 다른 인격체인 남자와 여자가 만나서 공동생활을 하면서 늘 의견이 맞고 충돌하지 않으면 오히려 이상한 것이다. 불화가 발생할 때 결혼생활에 대한 관점을 다르게 가져볼 수 있다. 예로, 결혼을 성장과 성숙으로 가는 과정으로 묘사하는 치료자도 있다. 성장하고 성숙해지기 위해서는 '성장통'을 겪어야 한다. 그러므로 불화는 정상적인 결혼생활이고 성숙한 관계로 가는 불가피한 과정이다. 그에 따라 예상치 못한 불화를 겪는 경우에 잘못 만났다고 성급하게 생각하거나 배우자를 탓하기 전에 불화를 자기변화와 성숙의 기회로 삼는 것이다. 진정 결혼생활에 성공하는 부부는 갈등과 문제가 없고 불화를 겪지 않는 것이 아니라 갈등과 문제로 인한 고통을 인격적 성숙과 서로에 관한 깊은 이해의 기회로 생각하고 노력한다.

사랑이 식어서 싸운다?

많은 부부는 사랑하는 배우자가 내 마음을 몰라주고 내 편이 되지 않아서 그것을 쟁취하기 위해서 싸우는 일이 많다. 많은 유아가 즐겨 읽는 안데르센동화나 전래동화에서 보면 여러 어려움 속에 사랑하는 왕자와 공주를 만나 결혼하고 행복하게 잘 살았다는 결말을 보여준다. 그러므로 사랑하면 행복하게 살고 사랑이 식으면 싸움과 불화가 시작된다고 믿는 것이다. 그러나 싸우는 부부들은 사랑이 식어서 싸운다기보다 서로 사랑하기 때문에 사랑하는 배우자가 자기 마음을 알아주고 자기를 이해하여주기를 바라는 것이 있어서, 그리고 사랑하지만 서로를 잘 몰라서 자기식으로 배우자가 행동하지 않는 것을 고쳐서 자기가 원하는 결혼생활을 하려고 나름대로 노력하는 방법으로 싸우는 것이라 하겠다.

배우자가 바뀌어야 문제가 해결된다?

상담실을 찾는 많은 부부들은 배우자가 바뀌면 문제가 해결된다고 생각하고 그동안 배우자를 변화시키기 위해 책이나 신문기사를 건네기도 하고 주변 사람에게 조언을 부탁하는 등 열심히 노력했다고 하며 배우자에게 잘 얘기하거나 야단을 쳐서 배우자를 바로 잡아주기를 상담자에게 요청한다. 이처럼 배우자를 변화시켜서 결혼생활을 바꾸려는 사람들은 배우자를 변화시키려는 노력이 성과가 없으면 불안해지고, 자신의 생각과 해결방식이 정당하다고 확신하기 때문에 더욱 배우자가 바뀌도록 밀어붙인다. 그러나 이런 방법으로 문제에 접근하면 바뀌기를 원하는 배우자는 전혀 바뀌지 않고, 그럴수록 더욱 관계는 악화되고 갈등은 깊어지게 된다. 이럴 때 다음의 질문이 자신을 이해하고 발견하는 데 도움이 된다. "왜 배우자의 특정한 말이나 행동을 도저히 참을 수 없는 걸까? 그걸 참을 수 없고 신경이 거슬리는 이유가 내가 살아온 환경과 과거경험과 관련이 있는 것일까?" 이 질문에 대한 대답은 자신이 살아온 역사와 마음속 생각, 감정을 살펴서 발견할 수 있다. 그리고 깨달은 것을 배우자와 나누면서 자신이 바뀌어야 한다.

배우자가 내 모든 욕구를 충족시켜 주어야 한다?

상담실에 온 부부들이 공통적으로 호소하는 것은 자신이 배우자에게 바라는 것이 간단하고 어려운 것이 아닌데도 배우자가 따라주지 않아 고통스럽고 결혼을 잘못한 것 같다는 것이다. 그래서 다른 사람하고 결혼했으면 행복했을 텐데 이상한 사람을 만나서 불행하게 되었고, 결혼을 후회한다고 한다. 어떤 사람은 상대방에게 속아서 결혼하였다고 생각하는 경우도 있다. 대부분의 사람들은 자신도 의식하지 못한 채 어릴 적

충족되지 않았던 욕구를 배우자가 충족시켜줄 것으로 바라고 배우자가 자신의 욕구를 만족하게 해주지 않으면 깊은 상처를 받는다. 즉 문제는 부부가 자신의 이런 욕구를 자각하지 못하거나 혹은 배우자가 그것을 채워주기를 무의식적으로 기대한다는 것을 알지 못한다는 것이다. 그러므로 자신의 행복이 배우자가 하기에 달렸다고 생각할수록 배우자를 원망하거나 비난하여 더 관계가 악화할 가능성이 많아지는 것이다.

그러나 자신의 행복은 배우자에게 달린 것이 아니고 자신이 만들어가는 것이다. 결코, 배우자라도 나의 숨겨진 욕구를 모두 채워줄 수 없다. 부부는 서로의 부족한 점을 채워주고, 연약한 점을 도와줄 수 있지만, 서로를 대신하여 인생을 살 수는 없다. 자신 스스로 내적 만족감과 충실함을 가지기 위해서 노력할수록 배우자에 대한 기대도 줄어들고 그럴수록 내가 원하는 행동을 하도록 배우자를 조종하려는 압박감에서 벗어날 수 있다. 그렇게 되면 자기 행동에 대해 책임을 지는 자율적인 삶이 가능해지고, 상황이 좋지 않을 때도 배우자를 원망하거나 비난하여 상황을 더 악화시키기보다는 자신의 개선노력 방향을 찾아가기 때문에 좋은 결과를 가져오고 관계가 쉽게 회복될 수 있다.

자녀 중심의 가정생활이 행복한 가정을 만든다?

가정의 우선순위가 가족들의 삶에 매우 큰 영향을 미친다. 자녀 중심의 가정생활이 행복한 가정을 만든다고 믿는 부부들은 자녀가 우선이므로 자녀교육을 위해 물심양면으로 힘을 쏟게 되고 결혼생활과 부부관계는 우선순위에서 밀려난다. 우리 사회는 가정마다 자녀의 성적향상과 좋은 대학에 진학하는 것을 우선순위로 보고 부모가 희생적으로 경제적 부담을 지고 다른 가족원의 행동을 제약하면서 기러기 가족으로 사는 것까지 감수하는 경우가 있다. 반면 학교는 물론 가정에서 자녀들의 인성발달과 정서안정, 행복과 정신적 풍요로움에는 크게 관심을 갖지 않고 경쟁력만을 요구하기 때문에 자녀의 좌절감과 스트레스는 심화되고 정서장애와 행동문제가 증가하며 심지어는 자살을 감행하는 일까지 발생하고 있다.

그러나 가정의 우선순위가 부부에게 있을 때 부부가 행복하게 되고, 부부가 행복할 때 부모역할을 제대로 할 수 있으며 그럴 때 자녀도 인성이 건강하게 발달하고 정서가 안정되어 건강하고 행복한, 성공적인 삶을 영위할 수 있는 것이다. 만일 부부 사이가 소원해지거나 깨지게 되면 자녀에 대한 양육과 인성교육, 노부모 부양을 위한 부모의 공조가 어려워지고 가족의 모든 기능수행에서 협조가 되지 않아 가정이 위태하게 되는 것이다. 부부 중심의 가정생활이 될 때 행복한 결혼생활이 가능하며, 이를 기반으로 자녀를 비롯한 전체 가족원의 행복과 건강한 성장이 가능해진다.

성격이 다르면 행복해질 수 없다?

부부간에 사랑해서 결혼하지만, 같이 살다 보면 그동안 몰랐던 성격차이가 드러난다. 이때 상대방이 나와 다르다고 서로 비난하여 부부간에 싸우고, 불화를 피하려 헤어질 생각을 하는 부부들이 상당수 있다. 부부가 서로 다르다는 것을 성격차이로 생각하여 성격을 바꿀 수 없으니까 불화할 수밖에 없고, 원만한 결혼생활이 불가능하다고 속단하는 것이다.

그러나 성격차이로 인한 고통을 호소하는 부부들의 불만사항을 들어보면 연애할 때 자신에게 없는 점을 상대방이 갖고 있을 때 상반된 성격에 매력을 느꼈음을 알게 된다. 부부가 서로의 다른 점에 끌려 결혼하였으면서 서로 다르다는 점 때문에 고통을 겪는 것은 두 사람의 차이점을 협동적 삶의 소중한 자원으로 활용하지 못한 결과이다. 원래 사람은 완전하지 못하여 장단점이 있고, 모든 사람은 각각 다르게 창조되었다. 사람은 서로 상반된 점 때문에 결혼하여 부족한 점을 보완해주고 채워주면서 같이 살게 되어있다. 부부간의 차이로 인한 갈등은 상대방을 있는 그대로 존중하거나 인정하지 않고 내 입장에서 상대방을 통제하고 무시하는 것에서 비롯된다. 그러므로 부부가 서로 달라서 불행하게 사는 것이 아니고 성격이 달라도 얼마든지 행복해질 수 있다. 부부가 서로 다른 것을 건설적으로 활용하면 서로의 장점과 단점이 조화를 이루어 인생의 동반자로서 팀워크를 이루며 행복하게 살 수 있다. 즉 성격이 다른 것을 이유로 상대방을 비난하거나 갈등하기보다는 서로의 차이를 인정하고, 상대방의 장점을 세워주면서 상대방의 부족함을 채워주고 협동적인 관계를 이루며 살아갈 때 부부 모두 성장하고 행복하게 되는 것이다.

이혼하면 재혼해도 실패한다?

통계에 의하면 초혼자보다도 재혼자의 이혼율이 높다고 한다. 그러므로 이혼하고 재혼하는 사람은 다시 이혼할 확률이 높다는 말도 전혀 잘못된 것은 아니다. 그러나 재혼자들은 모두 불행해지고 다시 결혼에 실패하리라는 것은 지나친 오해이고 통념이다. 이혼한 사람 중에서 이혼의 요인을 통찰하여 이혼을 자기변화와 자기성숙의 기회로 활용하고 충분한 시간을 갖고 재혼을 준비한 사람은 행복하고 성공적인 결혼생활을 할 수 있다. 즉 과거의 경험에서 배우면 성공적인 재혼생활을 하게 되지만 과거의 경험에서 배우지 못하면 다시 과거의 실수를 반복하고 고통을 겪게 된다.

자녀는 부모의 결혼생활을 그대로 답습한다?

많은 사람은 부모가 평화롭게 살고 큰 불화가 없었던 가정에서 성장한 자녀는 부모의 결혼생활에 대한 기억이 내면화하여 원만한 결혼생활을 하지만, 부모가 불화하고 이혼한 가정에서 성장한 자녀는 좋은 결혼생활 모델을 갖지 못하여 부모의 결혼생활을 답습한다는 신념을 갖고 있다. 실제로 자녀가 성장하면서 관찰한 부모의 결혼생활이 자녀의 결혼생활을 위한 청사진이 되고, 이를 바탕으로 결혼생활 모델이 형성되는 면이 있다. 여기에서 문제는 결혼생활에 대해 갖고 있는 자신의 모델과 배우자의 모델이 차이가 있을 수 있고 현재 결혼생활에 어느 쪽 부모를 모델로 하느냐, 그리고 어느 쪽의 영향력이 더 강하게 작용하느냐 때문에 부부가 싸울 수도 있다. 또 부모가 좋은 모습으로 살지 못했다고 생각하는 자녀들은 부모를 거울삼아 정반대로 살려고 최선을 다하여 제대로 사는 경우도 있다. 예로 알코올문제가 있거나 폭력문제가 있어서 불화하는 부모의 자녀 모두가 부모와 똑같이 사는 것은 아니고 그중 많이 노력하는 자녀는 더 성숙하고 모범적인 결혼생활을 하는 일도 있다. 또한 부모의 결혼생활이 완벽하게 보였을지라도, 현재 배우자와의 결혼생활에서 그 모델이 반드시 효과적인 것이 아닐 수도 있다. 그러므로 부모가 원만한 결혼생활을 할 때 자녀들이 모두 똑같이 원만하게 결혼생활을 하지 않을 수도 있는 것이다. 부부는 양쪽 부모의 결혼생활이 주는 영향을 인식하면서 부부 모두에게 만족스러운 결혼생활을 위해 창조적으로 청사진을 그리는 방법을 발견하고 행동화하는 노력이 더 중요하다.

부부는 일심동체이다?

부부는 모름지기 마음이 하나가 되고 서로에게 완벽하게 적응하여 한 몸처럼 살아가야 한다는 말을 결혼식에서 많이 듣는다. 많은 부부가 서로에게 동화되어 밀착된 관계를 만들어 가면 언젠가는 하나가 될 수 있다는 희망을 품는다. 그래서 이들은 사랑하는 사람과 하나가 되기 위해 각자의 독립성을 포기하고, 배우자를 통한 행복을 꿈꾸고 배우자를 위해서 존재하며 배우자 없이는 살아갈 수 없다고 믿는다. 그러나 이것은 착각이다. 일심동체가 되기 위해 자신의 개인적 욕구를 포기하고 배우자를 떠나서는 삶의 의미를 찾지 못하게 되면 배우자에게 집착하게 되고, 배우자와의 안정된 관계가 깨질까 불안감이 작용하여 서로를 속박하게 되는 결과, 원하는 행복한 결혼생활과는 멀어지게 된다. 그러므로 부부가 된다는 것의 의미는 서로의 개성과 독립성을 존중하고 인정하면서 함께 하는 시간을 즐기고 각자 자기실현과 성장을 위해 능력을 개발하도록 돕는 것임을 깨닫는 것이 중요하다. 즉 배우자란 문자 그대로 내 인생의 동반자일 뿐이고 나 자신의 욕구를 희생하면서 내 인생을 걸고 의지할 대상이 아님을 알아야 한다. 그래야 부부가 인생의 짐을 나눠 갖고 더불어 살면서 어려울 때면 서로의 곁을 지켜준다는 믿음 위에 자신의 행복과 평화는 자신이 지켜야 할 몫이 되고 자율적인 삶을 살아갈 수 있다. 이는 Kahlil Gibran의 다음 〈결혼에 대하여〉라는 시에서 잘 나타난다.

참고 03

결혼에 대하여

너희는 함께 태어나 영원히 함께할 것이다.
죽음의 하얀 날개가 너희의 날을 갈라놓는 때에도,
그렇다. 너희는 침묵하는 신의 생각 속에서조차 함께 할 것이다.

하지만, 너희 둘 사이에 거리를 두어라.
그래서 저 하늘의 바람이 너희 둘 사이에서 춤추게 하여라.
서로 사랑하되, 사랑이 구속되게 하지는 마라.

오히려 영혼과 영혼의 두 언덕 사이에서 바다가 출렁이게 하여라.
서로의 잔을 채워주되, 같은 잔으로는 마시지 마라.
서로에게 빵을 나눠 주되, 한 빵으로는 먹지 마라.

함께 노래하고 춤추며 기뻐하되, 각자 홀로 있게 하여라.
현악기의 현들이 각자 홀로 있지만 한 음악을 울리듯이,

서로에게 심장을 주되, 내맡기지는 마라.
오로지 인생의 손길만이 너희의 심장을 움켜쥘 수 있도록,

서로 함께 서 있되, 붙어 서 있지는 마라.
신전의 기둥들도 서로 떨어져 서 있고,
참나무와 사이프러스 나무도 서로의 그늘에선 자라나지 않거늘.

출처: Gibran, k. (1976). pp. 16-17.

Chapter 04

행복한 가정생활 조건

우리 사회의 급격한 변화에 따라 핵가족화가 가속화되고 최근에는 1인~2인으로 구성된 전자가족(electronic family), 기러기가족, 다문화가족, 재혼가족 등 다양한 가족형태가 증가하며 가족원 간의 정서적 지지 기능이 중요시되고 있다. 또한, 현대 가족은 유교적 윤리규범의 잔재와 함께 평등주의, 물질만능주의, 업적주의, 감각주의, 이기주의, 쾌락주의 등이 혼재된 가치관을 보인다. 이러한 변화과정에서 젊은 세대와 나이가 든 세대 간에, 남성과 여성 간에 가치관 차이가 나타나게 되어 가족원 간에 갈등소지가 되고 가정불화의 요인이 되고 있다. 이러한 가정 안과 밖의 여러 요인의 영향으로 가족원들은 과거보다 훨씬 많은 스트레스와 긴장, 갈등을 안고 살고 있다.

이처럼 복잡하고 스트레스가 많은 사회일수록 사람들은 편안하고 행복한 가정생활을 기대한다. 행복한 결혼은 부부간에 의견 차와 갈등, 불안이 적고, 부부 상호 간에 정서적 욕구가 충족되어 일체감과 결속감, 친밀감, 만족감을 느끼게 되는 상태이다. 여러 연구보고와 실제 부부상담과정에서 발견되는 행복한 결혼과 가정생활의 조건을 일곱 가지로 정리하면 다음과 같다.

결혼생활과 가족에 헌신하기

결혼생활과 가정생활은 일상생활을 공유하는 공동체이다. 사람들은 무엇을 중요하게 여기느냐에 따라 시간과 에너지를 그곳에 투입하고 헌신하게 되어있다. 결혼생활과 가족에 헌신하는 것은 개인의 가치관과 목표의 우선순위를 결혼생활과 가족에 두고 시간과 에너지를 이에 투입하여 행복을 위해 노력을 하는 것이다. 요즘 개인 중심적인 사회에서 자신의 욕구와 이득에 집중하게 되고 만일 교환가치가 작고 고통과 어려움이 있을 경우에는 곧바로 관계를 포기하고 마는 경우가 많아졌다. 그러나 이런 사회일수록 배우자와 가족을 소중히 여기고 그들과의 관계에 헌신하여 크고 작은 노력을 다하는 것이 가족행복을 위해 필수적이다. 이를 위해 마치 농부처럼 때에 맞춰 밭에 씨를 뿌리고 가꾸는 수고와 함께 농작물이 자라서 열매가 맺히기를 기다리는 인내가 있어야 하는 것이다. 예를 들면 남편과 아내는 일과 친구, 취미, 확대가족보다 배우자와의 친밀한 관계에 우선순위를 두고 집안일, 경제, 자녀지도 등을 상의하고 협조적으로 분담하며 자기에게 주어진 책임에 충실해야 한다. 그리고 모든 가족원은 서로 도와가며 가정 내 자신의 역할을 협동적으로 감당하여야 한다. 이런 과정에서 가족원 각자는 성장하고 행복해지는 것이다.

서로 배려하고 존중하기

부부끼리, 또 가족원 서로 간에 배려하고 존중하는 것은 원만한 결혼생활과 가족관계를 유지하는 데 필수요소이다. 모든 인간관계에서 상대방으로부터 배려와 존중을 받을 때 자신의 자존감과 가치감이 증대하고 긍정적인 반응을 하게 되어 있다. 이처럼 부부간에, 부모자녀 간에 상대방을 가치 있는 존재로 여기고 배려할 때 흔히 상대방에게서 발견되는 단점과 결점에 대해 실망하거나 화를 내는 일이 적어지므로 관계에 독소로 작용할 수 있는 부분들이 약화되고 없어져서 관계가 잘 유지되는 것이다. 그 결과 부부간에, 가족원 간에 배려와 존중의 선순환이 이루어져 관계는 더욱 긴밀해지고 견고해질 수 있다.

감사와 사랑을 표현하기

사소한 일상적인 것에 감사하고 서로 격려하며, 긍정적인 눈으로 감사와 사랑을 표현한다. 배우자나 자녀를 있는 그대로 너그럽게 받아들이고 지금 이 순간을 감사하고 적극 표현할 때 웃음꽃이 피고 생기 있는 가족이 된다. 고마움과 사랑을 느끼는 순간을 지나쳐버리고 표현을 하지 않게 되면 풍부한 정서적 교감을 나눌 좋은 기회를 놓치게 되는 것이다. 부부끼리 또는 부모자녀 사이에 일상의 사소한 일들을 칭찬하고 감사를 표현하게 될 때 삶에 생동감이 넘치고 긍정적인 감정과 용기가 되살아나 어려움을 딛고 다시 일어서게 하는 원동력이 되어준다.

서로 이해하기 위해 대화하기

배우자나 가족원과 마음을 나누는 대화를 하는 것은 가족 행복에 필수적이다. 이렇게 소통하는 부부와 가족이 될 때 상호 간에 생길 수 있는 오해와 갈등이 줄어들고 불만과 불편함이 해소되며, 서로 이해하는 영역이 커지고 자신의 인격이 존중받게 됨에 따라 자신의 가치감과 존재감이 높아져서 부부간에 또는 부모자녀 간에 친밀감과 유대감이 깊어지며 결국 행복감이 높아지게 되는 것이다. 그러나 이렇게 소통하고 대화하는 능력은 자연히 습득되지는 않으므로 필수적인 대화조건을 갖추고 대화 기술을 배우고 익혀야 한다.

문제해결능력 활용하기

어떤 부부나 크고 작은 갈등이 있고, 어떤 가정이나 문제가 있다. 중요한 것은 갈등과 문제없이 사는 것이 아니라, 크고 작은 갈등과 문제들이 발생할 때마다 잘 해결하고 풀어내는 능력을 어떻게 활용하는가이다. 예를 들어 부부간에 의견차이나 갈등이 있을 때는 적당한 시간과 장소를 정해 차분하게 대화를 하여야 한다. 싸울 일이 있을 때는 인신 공격적인 말이나 자존심을 상하게 하는 말을 하지 않아야 되고 과거의 실수나 다른 문제는 얘기하지 말아야 한다. 행복한 가족은 문제가 생기면 좌절감과 분노, 실망감, 불안을 조절하여 파괴적인 결말을 피해 가면서 이성적으로 대화를 통하여 해결책을 탐색하는 과정을 거치며, 적극적으로 갈등을 극복하고 문제를 해결한다. 그리고 싸움 후에 화해하는 방법을 잘 활용하여 갈등과 문제를 풀어가는 과정을 통해 부부 사이가, 또 가족원 사이가 더 굳건히 다져지게 된다.

함께 즐기고 기념하기

부부가 행복하게 지내려면 함께 즐길 수 있는 취미활동과 여가활동이 있어야 하고, 가능한 한 부부 둘만의 외출이나 여행을 정기적으로 가지며 친밀감을 증진시키는 노력을 하여야 한다. '늘 웃음과 유머가 있고, 서로 즐겁게 해주려고 노력하는 가족은 불화가 없다'는 속담이 있다. 가족과 함께하는 시간 – 예로 같이 운동하거나 같이 음식을 만들어 먹거나, 같이 산책하고, 같이 운동경기나 공연을 보러 가고, 같이 노래하고 게임을 하고, 같이 여행하는 등 – 을 자주 가지는 일은 가족의 결속과 유대감을 높이고 행복한 추억을 만들 수 있다. 이렇게 부부와 가족이 함께 웃고 활동하면 몸도 건강해지고 정서적으로 소통되어 관계만이 아닌 정신적 건강에도 유익을 준다. 실제로 웃음은 면역력을 기르고 암세포를 비롯한 스트레스 호르몬의 활동을 늦추고 심혈관 기능을 강화시키며, 노화를 억제하는 등 정서안정과 신체건강에 도움을 준다. 그래서 예부터 '한 번 화를 내면 더 늙어지고 한 번 웃으면 더 젊어진다(一怒一老 一笑一少)'라고 하는 말이 일리가 있는 것 같다.

또한, 부부만의 의식 – 예로 외출할 때 배웅하기, 귀가할 때와 잠자리에 들기 전에 포옹하기, 점심시간을 이용해 전화나 문자를 주고받기, 매일 저녁 배우자의 발을 마사지하기, 부부동반 여행하기, 부부세미나 참석하기 – 을 계속 유지하는 것은 결혼생활에 활기를 불어넣고 부부 사이의 친밀감과 행복을 높이는 좋은 방법이다. 그리고 가족 모두 생일, 결혼기념일, 입학, 졸업, 성년식 같은 특별한 날 의식을 정하여 정성스럽게 축하하고 기념해주면 가족원의 결속이 커지고 가족행복이 증진된다.

공통의 가치관과 신앙을 공유하기

부부는 서로 마주 보지 않고 같은 방향으로 함께 나가는 관계이다. 행복한 가족은 가족원 전체가 공동의 삶의 목표와 가치관을 공유하고 서로 힘을 모아서 목표실현을 위해 노력한다. 가족원 모두가 행복하고 성장하기 위해서는 겸손, 정직, 사랑, 봉사 같은 가치관과 인생의 의미와 꿈들을 공유하여야 한다. 그럴 때 부부의 결합은 견고해지고, 결혼생활과 가정생활은 풍성해지며 생산적인 삶을 만들어가게 된다. 또한 현대사회를 살아가기 위해서는 많은 역경과 어려움을 이겨내는 탄력성과 강한 정신력이 필요한데 부부와 가족이 같은 신앙생활을 하고 신앙을 공유하게 되면 좌절과 스트레스에 대처하는 탄력성이 개발되고 정신력을 강화시키는 정서안정이 됨으로써 성공적인 결혼생활과 가정생활을 할 수 있게 된다.

그리고 부부와 가족이 우리끼리만 행복하고 풍성하게 사는 것을 추구하는 가족 이기주의에서 벗어나 이웃, 소외그룹, 환경, 낙후된 국가의 문제에 관심을 확장시키고, 이웃과 공동체에 긍휼과 사랑을 베풀며 봉사하고 살아갈 때 가족의 인격은 성장하고 그 사회에 긍정적인 영향을 미치게 되는 것이다. 옛말에도 부모가 베풀고 살 때 그 자손이 잘된다고 한다. 부부가 부지런히 성실하게 일하고, 가진 것에 자족하며 축적된 것들을 이웃을 섬기는 데 활용한다면 행복한 가정과 성공적인 자녀를 세울 뿐만 아니라 존경받는 가문을 만들게 되는 것이다. 경주시 교동에 있는 최부자집(300년 12대 동안 만 석 재산을 유지하고 9대에 걸쳐 진사를 배출한 명문가)의 가훈은 공동체를 배려하는 가치관을 보여주는 대표적인 예이다.

참고 04

경주 최부자집 가문의 육훈(六訓)

1. 절대 진사 이상의 벼슬을 하지 말라.
   권력을 탐하고 높은 벼슬에 올랐다가 당쟁에 휘말려 집안의 화를 당할 수 있다.
2. 재산은 1년에 1만 석 이상을 모으지 말라.
   지나친 욕심은 화를 부른다. 일만 석 이상의 재산은 이웃에 돌려 사회에 환원했다.
3. 나그네를 후하게 대접하라.
   누가 와도 넉넉히 대접하고 인정을 베풀어 모든 사람에게 인심을 얻었다.
4. 흉년에는 남의 논, 밭을 매입하지 말라.
   흉년 때 먹을 것이 없어서 남들이 싼값에 내놓은 논밭을 사서 없는 자를 착취하여 그들을 원통케 해서는 안 된다.
5. 가문의 며느리들이 시집오면 3년 동안 무명옷을 입혀라.
   내가 검소 절약하며 어려움을 알아야 다른 사람의 고통을 헤아릴 수 있다.
6. 사방의 백리 안에 굶어 죽는 사람들이 없게 하라.
   특히 흉년에는 양식을 풀어라.

출처: 경주시 교동 최부자집 가훈.

참고 05

감사 예찬

감사만이 꽃길입니다.
누구도 다치지 않고 걸어가는 향기 나는 길입니다.
감사만이 보석입니다.
슬프고 힘들 때도 감사할 수 있으면
삶은 어느 순간 보석으로 빛납니다.
감사만이 기도입니다.
기도 한 줄 외우지 못해도 그저 고맙다 고맙다 되풀이하다 보면
어느 날 삶 자체가 기도의 강으로 흘러
가만히 눈물 흘리는 자신을 보며 감동하게 됩니다.

이해인

Chapter 05 감성지수와 행복

감성지수란

감성지수는 EQ(Emotional Quotient)를 번역한 말로 지능지수(IQ)보다도 인간의 행복, 건강, 성공을 좌우한다고 하여 주목받고 있다. 감성지수에 대해 구체적인 개념을 처음 제시한 사람은 1990년 예일 대학의 Peter Salovey와 뉴햄프셔 대학의 John Mayer 박사이다. 이들에 의하면 감성지수는 다음의 5가지 능력을 의미한다.

첫째로 자신의 감정을 자각하고 인식하는 능력이다. 사람은 자신의 감정이 어떠한지를 정확하게 알아야 자신의 상황과 문제를 제대로 인식하게 되고 직면하려는 시도를 하게 된다. 그럴 때 다른 사람도 그 사람의 감정을 정확하게 알아서 대처하게 되는 것이다. 자기 감성의 움직임을 잘 인식할 때 감정의 지배를 받지 않고 의사결정이나 문제해결을 잘하며 적절한 대처를 할 수 있고, 반사적으로 대응해서 오는 실수를 막을 수 있다.

둘째로 자신의 감정이 고조되는 것을 조절하는 능력이다. 감정조절능력이 부족하면 계속 그 감정에 빠져 일상생활에 지장을 받을 뿐만 아니라 다른 사람과의 잦은 싸움과 분노폭발, 폭언, 폭력 등을 유발하여 주변 사람과의 관계가 나빠지고 불화하게 된다.

셋째로 자신에게 동기를 부여하는 능력이다. 특히 좌절과 어려움 속에서 인내하고 극복 노력을 하게 하는 힘이다. '난 성공할 수 있다. 이런 일쯤은 얼마든지 극복할 수 있다.'라고 생각하는 자기 효능감이 작용하는 결과, 낙관적 태도와 끈기, 희망, 자신감을 갖게 되는 것이다.

넷째로 다른 사람의 감정을 인식하는 능력이다. 즉 다른 사람이 무엇을 느끼고 무엇을 원하는지를 파악하는 공감능력이다. 어릴 때 다른 사람으로부터 감정적 측면이 무시당했거나 상황적으로 감정을 표현할 수 없어서 억압하였거나 부모가 공감을 해주지 않은 경우에 공감능력이 개발되지 않고 정서가 불안정하게 된다.

다섯째로 대인관계를 잘 유지하는 능력이다. 이는 다른 사람을 잘 배려하여 마음을 편안하게 해주고 다른 사람에게 긍정적 기대를 하며, 남의 얘기를 잘 들어주고 자기표현을 잘하는 능력이 포함된다.

그러므로 감성지수가 높은 사람은 대부분 정서적 안정감이 있고, 긍정적이고 적극적이며 책임감이 있고 윤리적이다. 또한 다른 사람을 배려할 줄 알고 다른 사람과 화합을 이루며, 남의 얘기를 경청하고 우호적이다.

감성지수와 결혼 행복

감성지수와 결혼생활은 어떤 관계인가? 한마디로 감성지수가 높으면 결혼 행복도는 증가한다. 세계적인 물리학자이고 머리가 좋기로 소문난 아인슈타인은 지적인 면에서는 뛰어난 업적을 이루었지만, 가정생활은 원만하지 못하여 결국 아내와 자녀가 그를 떠났다. 아인슈타인은 지능지수는 높았지만, 감성지수는 낮았음을 보여주는 실례라 하겠다.

남편과 부인은 일치감과 친밀감, 열정 등 사랑의 감정으로 결합한 관계로 결혼생활동안 일상을 공유하면서 계속 여러 감정을 교환하게 되어있다. 그들은 상호 간에 감정의 일치를 경험할 때 행복감을 느끼지만, 감정의 균열을 극복하지 못할 때 긴장과 불만을 느끼게 된다. 물론 결혼생활 행복에 경제 요인과 친척 요인, 성생활, 자녀 요인 등도 영향을 주지만 무엇보다 부부간의 상호작용, 즉 의사소통 과정에서 교환되는 감정적, 심리적 상태가 더 큰 영향을 주게 되어 있다.

최근에 부부간에 감정을 교환하고 소통하는 방식과 의도에서 성별차이가 있는 것으로 밝혀졌다. 대체로 남성은 대화에서 정보를 주고받는 것에 중점을 두고, 문제를 성공적으로 해결하고 능력을 인정받기를 원하지만 감정을 나누는데 서툴고, 내면의 개인적인 부분을 표현하기를 어려워한다. 만약 아내가 자기의견과 상반된 주장을 하면 남편들은 비난받는다 생각하여 모욕감을 느끼고, 이것을 감추려고 일부러 냉담해지거나 무심한 척, 회피하는 등의 방어적 태도를 보인다. 반면 여성은 대화에서 감정을 나누는 것에 중점을 두고, 친밀감과 연결감을 추구하고 감정을 이해받기를 원한다. 만약 남편이 기대했던 행동을 하지 않으면 아내들은 무시당한 것으로 받아들여 실망감과 분노로 남편을 비난하고 남편을 바꾸려 잔소리와 간섭을 한다. 그 결과 아내는 남편에게서 세심한 감정을 이해받지 못하여 불만을 느끼게 되고, 남편은 아내의 감정적 욕구와 비난에 무력감과 위축감을 갖게 되어 부부 사이에 갈등이 발생하는 것이다. 어느 부부나 성격차이와 의견차이가 발생할 수 있고 갈등을 겪는다. 이때 감성지수가 높은 부부는 상호 간에 인격을 존중하면서 상대방 입장에서 이해하고, 이성적으로 대화할 수 있어서 협동적으로 갈등을 해결할 수 있다.

그러므로 감성지수는 대화하기 위한 토대로 작용한다. 부모의 감성지수가 높을 때 자녀의 감성지수도 저절로 높아지게 되고 감성지수가 잘 개발되면 건강하고 성숙한 삶을 살 수 있다. 그러므로 부부가 행복하고 좋은 부모가 되려면 감정을 나누고 소통하는 데 따른 성별차이를 잘 이해하여 배우자의 관심사와 기대에 맞춰가는 노력이 필요하며 동시에 부부 각자의 감성지수를 높이는 노력이 필요하다. 감성지수를 높이는 방법으로는 다음 여러 가지가 있다. 즉, 평소에 자기감정을 잘 알아차리고 감정을 적절히 표현한다. 그리고 부정적인 감정 특히 분노와 불안, 두려움을 잘 조절하고, 긍정적인 감정으로 바꾸는 연습을 한다. 그리고 상대방의 감정을 정확하게 파악하는 연습과 상대방 입장에서 느끼고 이해하는 공감능력을 발달시키는 연습을 한다.

Check 02 배우자와의 관계에서 나의 감정지수는 얼마일까?

※ 다음 각 문항의 내용에 대한 자신의 상태에 해당하는 점수를 보기에서 골라 기입하시오.

0점: 전혀 그렇지 않다　1점: 그렇지 않다　2점: 그런 편이다　3점: 항상 그렇다

_____**01**. 나는 배우자가 상처받지 않도록 말을 조심한다.

_____**02**. 나는 감정을 스스로 잘 조절할 수 있다.

_____**03**. 내가 노력한 만큼은 분명히 성취할 수 있다고 믿는다.

_____**04**. 일이 잘 안되더라도 쉽게 포기하지 않고 다시 도전한다.

_____**05**. 나는 가끔 배우자의 입장에서 생각하기도 한다.

_____**06**. 배우자의 수고를 생각하는 때가 가끔 있다.

_____**07**. 화가 날 때 큰소리를 내거나 심한 말을 한 적이 있다.

_____**08**. 배우자의 행동이 마음에 들지 않을 때 곧바로 지적하는 편이다.

_____**09**. 배우자가 나를 실망시키면 화를 내기보다는 어떤 사정이 있나 생각한다.

_____**10**. 배우자가 나를 화나게 하면 상대방이 기분 상하지 않게 내 상태를 잘 표현하는 편이다.

_____**11**. 힘든 상황에도 낙관적인 태도를 갖는다.

____**12**. 나는 배우자에게 감사와 칭찬의 말을 자주 한다.

____**13**. 화가 나면 물건을 던지거나 폭력을 쓴 적이 있다.

____**14**. 자신의 장단점을 잘 알고 단점을 고치려고 노력한다.

____**15**. 나 자신과 대화를 자주 한다. (잘했어, 수고했어, 어떻게 할까?, 그만하자 등)

____**16**. 성격이 차분하고 침착하여 어려운 상황에도 감정에 휘둘리지 않는다.

____**17**. 평소 배우자의 기분이나 감정에 대해 잘 파악하는 편이다.

____**18**. 배우자의 기분을 같이 느낄 수 있다.

____**19**. 배우자의 행동이 이해가 안 될 때 상황을 파악하고 이해하려고 한다.

____**20**. 배우자가 내 의견에 반대하거나 내 요구를 거절할 때 나도 모르게 화가 많이 난다.

채점 7번, 8번 13번, 20번은 역채점(0점은 3점, 1점은 2점, 2점은 1점, 3점은 0점).
다른 문항들은 원래 점수로 채점하여 합산

해석 점수합계 결과
15점 이하: 많은 노력을 요함.
16~40점: 노력을 요함.
41~50점: 우수한 편임.
51점 이상: 매우 우수한 편임.

Chapter 06

양성평등과 행복

젠더차이

결혼생활과 가정행복을 위해 여러 노력을 하는 과정에서 젠더차이와 성역할을 이해하는 것이 필요하다. 왜냐하면, 부부는 남성과 여성이라는 다른 성이 결합한 관계로 역할이나 욕구, 지향점에서 차이가 나고 같은 상황에서 다른 생각과 감정을 가짐으로써 갈등의 소지가 많아 질 수 있기 때문이다.

먼저 남성과 여성의 공통점과 차이점은 어떤 것이 있는지 알아보자. 남성과 여성은 공통적으로 인간으로서 기본적인 생존, 안전, 사랑 및 소속감, 자존감, 자아실현의 욕구를 지니고 지적인 능력과 감성적 능력, 심리적 특성을 공통적으로 갖고 있다. 그리고 지능, 창의성, 기계적 학습능력, 성적인 반응, 협동성, 지배성, 수줍음, 경쟁성 등에서 남녀 간에 차이가 없다고 한다.

일반적인 남성과 여성의 차이점으로 남성은 신체적 크기와 신체적 힘, 수학적 능력, 시각 및 공간능력, 대근육 운동에서 우수하고 공격성과 활동성이 더 발달된 반면, 여성은 언어능력, 질병에 저항능력, 촉각의 민감성, 손재주 같은 소근육 운동, 양육성, 사회성, 공감능력 등이 더 발달되어 있다. 그러나 이러한 젠더차이에는 개인차가 있고 또 성별 사회화의 차이에 기인하는 면이 있음을 고려하여야 한다. 즉 모든 남성이 다

건장하고 공격적이며 달리기 등의 운동을 잘하고, 모든 여성은 다 온화하고 부드럽고 손재주가 있는 것은 아니다. 젠더차이는 그런 특질을 가진 사람이 남성이나 여성 중에 많다는 것을 의미하는 것이므로 배우자를 이해함에서 참고할 사항이지 무조건적인 판단 기준이 되는 것은 아니다.

양성평등과 결혼 행복

성역할(gender role)은 성별에 따라 그 사회에서 여성으로서 또는 남성으로서 기대되고 습득되는 성향, 태도, 특성, 행동을 의미하며, 여성과 남성은 어떻게 행동하고 어떤 특성이 있어야 한다고 규정지어진 기준이다. 전통적으로 남성의 성역할 특성은 결단력이 있고, 모험적이며, 강하고 자기주장이 강하며, 지배적이고, 독립적, 진취적이다. 반면 전통적인 여성의 성역할 특성은 이해성이 있고 수줍어하고 남을 잘 배려하며, 부드럽고 자애롭고, 감성적이며 인정이 많고 동정심이 많으며, 의존적이다.

전통 사회에서는 남녀별로 이런 전형적인 성역할 특성이 기대되어왔지만 다양한 가치관이 혼재되고 급변하는 현대사회에서는 유능성과 적응력이 있는 사람이 요구되고 있기 때문에 전통적인 성역할 특성은 유용하지 못하게 되었다. 실제로 남녀의 역할공유와 양성평등이 시대적 주류가 되기 때문에 전통적인 성역할 특성보다는 양성적 특성이 남녀 모두에게 바람직한 것으로 여겨지고 있다. 요즈음 광고에서도 체력과 실력에서는 강하고 아내와 가족에게는 부드러운 남성이 매력적으로 비치고, 여성의 모습도 남을 잘 배려하면서 자기주장을 하며 독립적인 모습이 바람직한 것으로 묘사되고 있다. 양성적인 사람은 사회에서 규정하는 남자다운 특성이나 여자다운 특성에 따라야 한다는 강박관념을 갖지 않고 자신의 진정한 자아를 표현할 수 있다. 그러므로 양성적인 사람은 알코올 중독자가 없고 정신건강이 좋으며 자신감과 생활만족도가 높은 것으로 알려졌다.

우리 사회는 가치관과 생활양식이 급변하고 고학력자가 많으며 경쟁력과 적응력이 중시되기 때문에 남성과 여성 모두 일과 가정에서 갈등을 느낀다. 남성은 자신의 남성다움을 수입액과 직업에서의 지위에서 찾으려고 하므로 심한 경쟁과 긴장을 느낄 수밖에 없고, 직장을 가정보다 우선시하는 데서 가족의 돈을 벌어오는 기계로 기능하게 되는 결과, 가족관계에서 소외될 수 있다. 여성도 교육수준이 높아지면서 사회참여와 경제활동 욕구가 많아져 결혼과 일을 양립하고 싶어한다. 그러나 취업이 쉽지 않고 결혼 후에는 여러 이유로 가사와 자녀양육을 직장일과 함께 감당하기 힘드므로 결혼을 미루고 출산을 피하게 된다. 그에 따라 우리나라는 자살률과 저출산율이 OECD 국가 중 1위를 점하여 국가문제로 부각되고 있는데, 그 대책으로 양성평등한 가정생활을 지원하는 사회시스템 구축과 아울러 개인적인 노력이 필요하다.

그러므로 현대사회에서 스트레스를 덜 겪고 행복한 가정생활을 하기 위해서는 양성성과 역할공유, 양성평등의 방향으로 나가야 한다. 실제 여러 연구에 의하면 부부가 양성성과 역할공유, 양성평등의 관계일 때 결혼생활 행복도가 증가하고 원만한 가정생활을 하는 것으로 밝혀졌다. 양성평등과 결혼생활의 특징은 다음과 같다.

첫째, 남편과 부인이 역할공유를 한다. 즉 부부가 집안일과 살림살이, 자녀양육, 가계부양, 재정관리 등을 성별로 분리해서 담당하기보다 상황과 능력에 따라 유연하게 담당하고 공유하는 것이다.

둘째, 부부가 재산과 통장 등을 공동명의로 하거나 동등한 대표권과 관리권을 인정하며, 가정 내 모든 의사결정에 함께 참여하는 것이다.

셋째, 부부가 서로 인격을 존중하고 소통하는 대화 문화를 정립하는 것이다.

넷째, 시가, 처가 양가와 잘 지내며 며느리와 사위로서 역할에 충실하는 것이다.

다섯째, 자녀를 양성적인 인간으로 양육하고 불평등한 혼인 관행에서 탈피하는 것이다.

성별 고정관념에서 벗어나서 양성적인 특성을 지니며 남성과 여성이 조화를 이루어 평등하게 살아감으로써 행복과 자기실현에 도달할 수 있는 것이다. 이를 위해서 먼저 남성들이 남성 중심적 제도와 가치의 희생양이고, 기득권을 포기하는 것이 그들에게 얼마나 위협적 일인가를 여성들이 인정해주고 도와주려는 자세가 필요하다. 또한 남성들도 기존의 성역할이 자신의 삶을 왜곡시키고 변질시켰음을 인정하고 새로 시작하려는 용기가 필요하다. 최근 '부부행복 세미나', '부부캠프', '좋은 아버지가 되려는 사람들의 모임', '아버지 학교', '어머니 학교', '남성 육아휴직제,' '부부의 날,' '평등 부부상' 등이 확산되어 가는 것은 양성평등과 동반적 부부관계를 지향하는 가족친화적인 사회로 나아가고 있는 것의 반증이라 하겠다.

행복한 동반자 부부 실천지침

그러므로 이상의 여러 요인을 고려하여 결혼행복과 양성평등한 가정생활을 소망하는 부부들에게 다음과 같은 3가지 핵심목표와 9가지 구체적인 지침을 제안한다.

핵심목표

첫째, 각자가 감성지수(Emotional Quotient) 향상을 위해 노력한다.

둘째, 자기 자신의 자존감의 증진, 인격적 성숙을 위해 계속 노력하며 배우자와의 조화로운 관계를 위한 자기변화 노력을 지속한다.

셋째, 배우자를 이해하고 용서하고 감사와 사랑하는 마음을 갖는다.

실천지침

첫째, 남편과 아내는 가정을 소중히 여기고 자신에게 주어진 책임에 헌신하며, 집안일, 경제, 자녀지도 등을 서로 상의해서 결정하고 협조적으로 분담하는 협동적 관계를 유지한다.

둘째, 남편은 아내와의 친밀한 관계유지가 모든 일의 기본이 된다고 생각하고 가정적인 남편이 되도록 노력한다. 예를 들어 아내를 소중히 여기고 아내를 기쁘게 해주고, 아내의 말을 끝까지 경청하며 수시로 애정표현을 한다. 아내에게 일정 몫의 경제권을 주고 말과 행동으로 아내의 수고를 인정하며 집안일을 분담한다. 그리고 본가 식구와 아내 사이에서 중간 역할을 잘하고 처가와의 관계를 잘 유지한다.

(셋째, 아내는 남편의 수고를 인정하고 남편의 고충을 이해하며 남편의 자존심을 세워준다. 그리고 남편의 식사준비에 정성을 기울이고 집안 정리정돈을 잘하며, 알뜰하고 규모 있게 살림하고, 남편에게 짜증스런 잔소리 대신에 부드러운 격려와 부탁의 말을 하며, 시댁에 자발적으로 잘하고 가정화목을 위해 노력한다. 그리고 자기개발과 자기관리를 잘하고 자아실현에 힘쓰며 존경받는 아내, 어머니가 되도록 노력한다.

넷째, 부부가 취미활동과 여가활동을 함께 하고, 부부 둘만의 외출이나 여행을 정기적으로 가지며 애정과 정서적 유대감을 증진시키는 노력을 한다.

다섯째, 부부는 서로의 인격을 존중하고 배려하며, 마음을 연결하는 대화를 생활화한다.

여섯째, 부부간에 의견차이나 갈등이 있을 때는 적당한 시간과 장소를 정해 차분하고 진지하게 속마음을 털어놓는 대화를 하면서 함께 의견차이를 좁히고 갈등을 해결하는 노력을 한다. 이때 분노조절을 잘하고 의견충돌과 다툼을 삼가며 만약 싸움이 발생 시에는 마무리를 잘하여 관계회복에 힘쓴다.

일곱째, 부부 사이에, 가족이 함께 즐기고 기념하고 축하하는 시간을 자주 갖는다.

여덟째, 가족 전체가 공통의 삶의 목표와 가치관을 갖고 노부모나 다른 가족을 돌보는 일을 정기적으로 가진다.

아홉째, 부부나 가족이 삶의 질을 향상하는데 도움이 되는 여러 가족생활교육 프로그램(결혼예비교육, 신혼부부학교, 부모교육, 부부교육 등)에 참가한다. 만약 위기상황과 역경이 발생하면 부부애와 가족애를 키우는 기회로 삼아 노력하고 외부의 지원이 필요하면 적극 활용한다.

다음 페이지들의 결혼 행복과 안정성을 점검하고, 위에서 핵심 목표와 실천지침 중 자신이 노력할 점들을 찾아 실천하면 큰 도움이 될 것이다.

Check 03 자신의 행복향상 노력정도를 점검해봅시다.

_____01. 자신의 행복을 위해 노력하는 정도?

0 10 20 30 40 50 60 70 80 90 100

_____02. 자신이 아내(남편)으로서 노력하는 정도?

0 10 20 30 40 50 60 70 80 90 100

_____03. 자신이 부모로서 노력하는 정도?

0 10 20 30 40 50 60 70 80 90 100

_____04. 자신이 며느리(사위)로서 노력하는 정도?

0 10 20 30 40 50 60 70 80 90 100

_____05. 자신이 딸(아들)로서 노력하는 정도?

0 10 20 30 40 50 60 70 80 90 100

Check 04 자신의 가정생활 행복도를 점검해봅시다.

※ 다음 각 문항의 내용에 대한 자신의 상태에 해당하는 점수를 보기에서 골라 기입하시오.

1점: 전혀 그렇지 않다　2점: 그렇지 않은 편이다　3점: 그저 그렇다
4점: 그런 편이다　5점: 항상 그런 편이다

_____01. 나는 자녀와 잘 지내고 있다.

_____02. 나는 배우자의 식구들하고 잘 지내고 있다.

_____03. 배우자는 나의 본가(친정) 식구와 잘 지낸다.

_____04. 나는 배우자의 친구들 부부를 잘 알고 지낸다.

_____05. 나는 배우자와의 애정교환 빈도나 방법에 대해 만족한다.

_____06. 나는 배우자와의 성생활에 대해 만족한다.

_____07. 나는 배우자와 마음이 통하는 대화를 하는 편이다.

_____08. 나는 우리 부부의 의사소통 방식에 만족한다.

_____09. 우리 부부는 인생관이나 가치관이 비슷하다.

_____10. 우리 부부는 종교관, 신앙관이 같다.

_____11. 우리 부부는 대등하고 인격적 관계로 지낸다.

_____12. 우리 부부는 갈등이나 문제가 생겼을 때 함께 잘 해결하는 편이다.

_____13. 우리 부부는 취미와 여가를 함께 즐긴다.

_____14. 우리 부부는 재정과 돈 관리에 의견일치가 되는 편이다.

_____15. 우리 부부는 함께 상의하여 의사결정을 하는 편이다.

_____16. 우리 부부는 같이 가사분담을 하는 편이다.

_____17. 우리 부부는 서로 가깝게 지낸다.

_____18. 우리 부부는 서로에게 도움을 요청한다.

____19. 우리 부부는 부부의 화합을 최우선으로 한다.

____20. 우리 부부는 자녀에 대한 부모역할에 협력적인 편이다.

해석 각 문항별 점수합계 결과

20~39점: 결혼과 가정생활에 어려움이 많으므로 특별한 해결 노력이 필요함.
40~59점: 결혼과 가정생활에 어려움이 있으므로 해결 노력이 필요함.
60~79점: 잘 지내고 있으나 더 노력하면 행복도가 향상될 수 있음.
80~100점: 행복한 가정생활을 하고 있음.

Check 05 자신의 결혼생활 안정성 정도를 점검해봅시다.

※ 다음 각 문항의 내용에 대한 자신의 상태에 해당하는 점수를 보기에서 골라 기입하시오.

1점: 전혀 그렇지 않다	2점: 그렇지 않은 편이다	3점: 그저 그렇다
4점: 그런 편이다	5점: 자주 그런 편이다	

____01. 나는 결혼한 것을 후회한 적이 있다.

____02. 나는 별거나 이혼을 생각한 적이 있다.

____03. 나는 별거나 이혼하자는 얘기를 배우자에게 한 적이 있다.

____04. 나는 별거나 이혼을 하려고 절차나 방법을 알아본 적이 있다.

____05. 나는 별거나 이혼을 대비하여 구체적인 준비를 해놓은 상태이다.

____06. 실제로 배우자와 별거한 적이 있다.

____07. 아마도 5년~10년 후 장래에는 배우자와 별거나 이혼한 상태일 것 같다.

해석 각 문항별 점수합계 결과

7~13점: 결혼생활이 매우 안정된 상태임.
14~20점: 결혼생활이 안정된 상태임.
21~27점: 결혼생활이 불안정한 상태로 안정화 노력이 필요함.
28~35점: 결혼생활이 매우 불안정하여 특별한 안정화 노력이 필요함.

Chapter 07

결혼생활 유형

결혼생활과 부부관계에 관한 연구결과에 의하면 행복하지 않은 부부들도 결혼생활을 계속 유지하고 있고 모든 부부가 동일한 결혼생활을 하는 것이 아니라고 나타났다. 여러 연구자들은 결혼생활 평가척도와 결혼생활의 영역별 점수를 기준으로 부부의 결혼생활 유형을 제시하였다. 다음 결혼생활 유형들을 참고로 자신의 결혼생활 유형을 체크하고 개선방안을 찾아보자.

Lewis와 Spanier(1979)의 유형

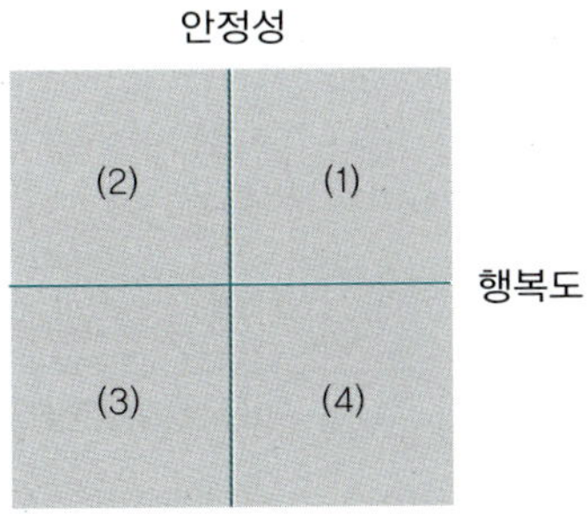

[그림 2] Lewis & Spanier의 유형

1유형은 행복도와 안정성이 모두 높은 유형이다. 부부가 행복하고 이혼 가능성이 거의 없는 아주 이상적인 유형이다.

2유형은 행복도는 낮고 안정성은 높은 유형이다. 부부가 결혼생활에 불만이 많고 행복하지 않으나 자녀나 체면, 경제적 이유 등의 이유로 이혼할 가능성이 적은 관습형 유형이다.

3유형은 행복도와 안정성이 모두 낮은 유형이다. 부부가 결혼생활 불만이 많고 이혼을 고려하여 가족해체 가능성이 높은 위기형이다.

4유형은 행복도는 높고 안정성은 낮은 유형이다. 부부가 행복한 결혼생활을 하지만 언제든지 상황이 바뀌면 이혼할 수 있는 안심할 수 없는 유형이다.

1유형에 속한 것이 가장 바람직하나 국내외 연구에 의하면 2유형이 많은 것으로 보고되며, 3유형은 이혼 위험성이 높아서 위기관리가 필요하다. 4유형은 이론상으로 존재하지만 실제로는 드문 유형이다.

Olson 등(2008)의 유형

활기 없는 유형

이 유형은 매우 불행하다고 느끼며 거의 모든 관계영역에서 개선이 필요하고 90% 이상이 이혼을 고려할 정도로 결혼안정성이 매우 낮게 나타난다. 이들은 결혼 초기에는 강점이 있었으나 현재는 강점을 거의 갖고 있지 않으며, 부부간 불화가 심각하고 상호작용이 거의 없는 것이 특징이다.

갈등 있는 유형

이 유형은 행복하지 않다고 느끼며 많은 영역에서 의견의 불일치를 보이고 특히 의사소통과 갈등해결 영역에서 점수가 낮다. 해결되지 않은 만성적인 문제를 많이 가지고 있고, 결혼안정성이 낮게 나타나 이혼을 고려하는 비율이 높다.

관습적인 유형

이 유형은 전통적인 역할관계, 가족 및 친구들과의 강한 유대, 종교관 등과 같은 관계영역에서 강점을 가졌지만 성격문제, 성관계, 의사소통, 갈등해결 영역에서는 점수가 낮다. 외면상 불화 없이 잘 지내며 정서적으로 친밀하지 않은 결혼생활을 하는 유형으로 결혼안정성은 중간 정도이다.

조화로운 유형

이 유형은 활기 있는 유형만큼은 아니지만, 대부분의 관계영역에서 비교적 만족하고 강점을 갖고 있다. 특히 갈등해결과 역할관계에서 높은 강점을 보이며, 결혼안정성은 비교적 높게 나타나 이혼을 고려하는 정도는 매우 낮은 편이다.

활기 있는 유형

이 유형은 결혼생활 전반에서 강점을 가지고 있고 대부분의 관계영역에 높은 만족도를 보이며 특히 의사소통, 갈등해결, 재정관리, 성관계 영역에서 높은 강점을 보인다. 가장 행복한 부부 유형으로, 결혼안정성이 매우 높아서 이혼을 고려하는 정도는 극히 적다.

Miller 등(2000)의 유형

[그림 3] Miller 등의 의사소통 유형

갈등 표출형

이 유형은 부부 서로가 자신의 의견을 주장하고 상대방을 설득하고 변화시키려고 하면서 상대방의 부정적인 면과 결점을 공격하고 비난한다. 그 과정에서 부부 각자의 의도와 마음이 노출되므로 서로의 의견과 입장을 알게 되는 면이 있으나 상대방으로부터 받는 상처 때문에 자존심이 손상되고 불만이 누적되어 부부로서 일체감이나 유대감을 갖기 어렵고, 불행감을 느끼며 결혼생활이 비효율적이고 역기능적이 되기 쉽다.

갈등 잠복형

이 유형은 갈등을 해결하기 위해 상대방을 설득하고 변화시키는 데 자신이 없고 불안하기 때문에 이를 시도하지 않고 자신에게 초점을 둔다. 부부 모두 일상적 평화를 유지하고자 하여 상대방에 대한 공격과 비난을 하지 않고 문제에 대해 이야기하지 않는다. 부부 각자가 자기 할 일에 충실하고 개별적으로 만족스럽게 살려고 하여 외부적으로 불화 없이 평화롭게 지내는 것처럼 보인다. 부부가 함께하는 친밀감을 증진하기 위한 활동이 거의 없고 부부로서 결속감과 정서적 유대감이 적으며, 소원한 관계이다. 이를 인내하지 못하는 사람이 갑자기 관계를 깨는 일이 발생할 수 있다.

협동형

이 유형은 부부관계에 에너지를 투자하여 협동적으로 문제를 해결하고 상호 지지적이다. 부부 각자가 자율적이면서 동등하게, 따로 하는 개인생활과 함께 하는 공동생활의 균형을 이룬다. 부부 사이에 결속감과 친밀감이 있고 상호 연합된 힘으로 긴장이나 갈등을 대처하고 효율적으로 결혼생활을 유지하며 기능적인 의사소통이 지속되어 생기 있고 행복한 관계를 보인다.

Check 06 자신의 결혼생활 유형은 어떠한 지 점검해봅시다.

※ 자신의 결혼생활은 다음 3가지 분류의 유형들 중 어디에 속하는지 각각 ∨하시오.

___1. 행복도와 안정성이 모두 높은 유형 ___2. 행복도는 낮고 안정성은 높은 유형
___3. 행복도와 안정성이 모두 낮은 유형 ___4. 행복도는 높고 안정성은 낮은 유형

___1. 활기 없는 유형 ___2. 갈등 있는 유형 ___3. 관습적인 유형
___4. 조화로운 유형 ___5. 활기 있는 유형

___1. 갈등 표출형 ___2. 갈등 잠복형 ___3. 협동형

Part 02

가족 대화와 가족관계

Chapter 08

대화의 정의와 영향력

대화의 정의

대화는 의사소통과 유사하게 사용되고 있는데 의사소통은 원래 커뮤니케이션(communication)을 번역한 단어로서 공유 또는 함께 공통성을 나눈다는 뜻을 가진다. 의사소통은 '한 사람이 다른 사람과 의미를 전달하고 공유하는 역동적인 과정', '한 사람이 다른 사람과 서로 이해하고 받아들일 수 있는 방식으로 언어적이든 비언어적이든 자신을 나누는 과정'이라고 정의된다(최규련, 2007; Stinett et al., 2004; Wright, 2008). 부부 대화법(Minnesota Couple Communication)을 개발한 Miller 등(1996; 2000)은 관계 속에서 한 사람의 행동(action)과 다른 사람의 반응행동(reaction)이 교류되는 것이 의사소통이라고 하였다. 이처럼 사람이 다른 사람과의 관계 속에서 언어적, 비언어적 행동을 교환하는 상호작용(interaction)을 하면서, 끊임없이 다른 사람과 영향을 주고받고 의미를 공유하는 것이 의사소통인데 대부분의 사람은 이를 대화라는 용어와 혼용하고 있다. 한편 학자들은 두 용어를 구별하여 의사소통은 비언어적, 언어적 매체를 모두 포함하는 것이고, 이중 언어적 매체에 초점을 둔 의사소통을 대화라고 정리하기도 한다. 필자는 대중적으로 혼용되는 트렌드를 따르기로 한다.

대화의 중요성과 영향력

의사소통의 중요성에 대해 가족치료자인 Satir(1964)는 모든 사람은 다른 사람과 의사소통을 하지 않고 살아갈 수 없다고 하였다. 만일 두 사람이 같이 있지만 각자 독백하고 있다면 의사소통하는 것이 아니고 상호작용도 관계도 존재하지 않는다. 따라서 인간관계에서 의사소통은 유기체의 혈관과 같이 필수적이어서 의사소통이 원활하면 관계가 원활해지지만, 의사소통이 단절되거나 희박하게 되면 몸 전체, 또는 부분이 피가 통하지 않아 생기를 잃고 결국 죽는 것처럼 관계도 문제가 생기고 깨지는 것이다.

모든 인간관계에서 대화가 중요하지만 무엇보다 부부 사이에, 그리고 가족 간에 대화하는 것이 왜 그렇게 중요한가? 그것은 부부관계, 가족관계가 이 세상의 인간관계 중에서 가장 가깝고 오래가며 서로에게 가장 큰 영향을 주는 의미있는 타자(significant others)이고, 그에 따라 부부간에 가족 간에 소통함으로써 이해하게 되고 친밀해지고 행복할 수 있기 때문이다. 그러면 의사소통 또는 대화가 부부와 가족에게 어떤 구체적인 영향을 미치는지 알아보기로 한다(최규련, 2007; Chapman, 2006; Stinnett et al., 2004).

첫째, 부부 사이에, 가족원 사이에 의사소통을 잘하게 되면 정신건강이 증진된다. 사람들은 자신의 생각과 여러 감정을 표현하게 되면 부정적인 감정이 축적되어 파급되는 영향을 감소시킬 수 있고 상황을 다른 관점으로 생각할 수 있는 여유가 생기며, 긍정적인 감정을 경험하고 표현할 수 있게 된다. 그리고 상대방이 경청하게 되면 자신이 상대방에게 존중받고 받아들여지는 감을 가지게 되어 자신의 가치와 긍정적 이미지를 확신할 수 있어서 자존감이 높아진다. 그러나 만약 부부간에 그리고 가족원 사이에 소통이 원활하지 않을 때는 여러 정서적 문제나 정신장애가 유발된다.

둘째, 부부간에, 가족 간에 의사소통을 잘하게 되면 다른 사람과 연결감이나 친밀감을 갖게 되고, 집단에 소속감을 갖게 된다. 즉 대화를 잘하는 부부나 가족은 서로 연결되었다는 느낌이 들어 친밀해지며, 집단에서 자신의 존재가치를 알게 되는 것이다. 그런데 만약 의사소통이 잘되지 않으면 같이 사는 부부 사이, 가족원 사이에도 소원해지고 오해, 불신, 무시당함, 외로움, 소외감, 관계단절 등을 경험하게 되는 것이다.

셋째, 부부 사이, 그리고 가족 간에 의사소통을 잘하게 되면 문제와 좌절을 해결하는 윤활유 역할을 한다. 즉 부부와 가족이 살아가면서 많은 일을 결정해야 하고 상충하는 기대와 소망을 조절하고 합의해야 하며, 크고 작은 문제들을 해결해가면서 희망을 품고 공통의 목표를 위해 협동하여야 하는데 이를 부드럽게 하는 것이 바로 원활한 의사소통이다.

넷째, 부부간이나 가족 간의 대화는 자신과 상대방을 살리기도 하고 죽이기도 하는 놀라운 힘을 가졌다. 즉 말은 소리의 울림이 아니라 의미를 담고 있기 때문에 자신과 상대방을 격려하고 힘을 주고 성장시키는 능력도 있지만 자신과 상대방을 깎아내리고 비하하며, 좌절하게 하고 파괴하는 능력도 있는 것이다. 예로 '당신은 할 수 있어, 나는 당신이 잘해내리라 믿어', '당신 말도 일리가 있어'라고 말하는 것과 '당신은 하나도 잘하는 것이 없어', '당신을 믿을 수 없어', '당신이 뭘 안다고 그래? 잘 알지도 못하면서'라고 말하는 것은 그 영향력에서 하늘과 땅 차이가 있다. 그 결과 부부 각자의 미래 전망, 자신감과 용기, 능력 발휘가 달라질 수 있고 그 말을 한 배우자에 대한 생각과 감정이 달라지는 것이다. 그래서 내담자 중에는 배우자한테 들었던 말 때문에 자신감이 없어지고 배우자만 보면 위축되어 관계가 멀어지거나 오랜 기간 배우자나 가족에 대한 원망과 분노의 응어리로 고통을 겪기도 한다. 즉, 말 한 마디로 천냥 빚을 갚을 수도 있지만 3초간 입에서 나온 말이 30년간 가슴에 고통을 남기기도 하는 것이다.

다섯째, 부부간, 가족원 간의 대화는 대화하는 사람들의 인격과 인품의 성숙 정도와 태도를 반영한다. 즉 자신과 남에 대해 어떤 자세와 태도를 지니는가가 그 사람의 언어로 드러난다. 대화를 통해 그 사람의 긍정적 자세와 진실성, 성의와 배려가 있는지가 나타나고, 그 사람이 신중하고 사려 깊고 성숙한지 아니면 성급하고 미숙한지가 잘

드러난다. 내담자 중에는 상대방의 얘기를 경청하지 못하고 중간에 가로채거나 화를 잘 내고 함부로 말하고, 자신의 이야기만 하는 경우가 있는데 이로써 그 사람의 자기 중심적이고 성급하고 미숙한 점이 보여지는 것이다.

여섯째, 부부간, 가족 간에 대화는 현실을 만들어낸다. '말이 씨가 된다.'는 속담도 있듯이 사람의 말은 생각과 감정과 행동 에너지를 만들어내는 일을 하고 그 결과 현실을 빚어낸다. 사람은 누구나 사랑하는 사람으로부터 인정받고 싶고 도움을 받길 원하며 자신의 꿈을 공유하기 원한다. 부부간에, 가족 간에 대화를 통해 상대방에게 관심과 인정을 받는 확신이 있으면 자신감이 생기고 의욕이 솟는 것이 공통적인 현상이다. 반면 내담자 중에 '못살아', '헤어져', '이혼해', '나가 버릴 거야'라는 말을 자주 하면서 결국 관계가 그 말대로 악화되는 경우가 많다. 또 '당신하고 살면서 한 번도 좋은 꼴 못 봤다', '우리는 애초에 만나지 않았어야 했어', '당신은 나와 수준이 안 맞아', '당신이 나한테 해준 것이 뭐가 있어?' 등의 말은 두 사람 관계의 부정적 측면만을 말함으로써 생각과 감정과 행동 등에서 상호 간에 부정적인 연쇄효과가 나타나게 된다. 또 남편이 아내에게 믿음을 주기 위해서 노력하고 있는데 아내가 말끝마다 '당신을 믿을 수 없어, 진심으로 하지도 않는 사람을 어떻게 믿어'라고 말하면 더 노력할 의욕이 없어지고 주저앉게 된다. 또 아내가 싸울 때마다 남편에게서 '당신 집의 가정교육은 엉망이야, 당신 집 여자들은 다 문제야!'라는 말을 계속 들어서 남편이 친정식구와 부딪칠까 봐 불안해하는 경우도 있다. 그래서 결국 두 사람은 말로 인해 올무가 얽혀 악순환에서 벗어나지 못하게 되는 것이다. 즉, 두 사람의 관계가 대화에 영향을 주기도 하지만 대화가 두 사람의 관계에 영향을 주고 만들기도 하는 것이다.

일곱째, 부부간의 대화는 가정의 언어문화를 형성하고 자녀의 언어사용과 인격발달에 매우 큰 영향을 미친다. 흔히 부전자전(父傳子傳), 모전여전(母傳女傳)이라는 말을 많이 쓰는데 자녀는 부모의 모습만을 닮는 것이 아니고 부모의 언어사용과 의사소통 형태도 그대로 닮는 것이다. 실제로 아이들의 말을 보면 사투리, 억양, 말투, 말소리 등이 부모를 빼닮는 경우가 많다. 이것은 부모가 일부러 가르치려고 해서가 아니라 알게 모르게 집안에서 부모들이 나누는 대화 모습이 그대로 자녀의 언어사용에 영향을 주는 것이다. 또 부모끼리 주고받는 대화를 보고 들으면서 자녀는 남에게 어떻게 대하고 상호작용을 주고받는지를 배우는 결과, 자녀들의 인격이 바르고 건강하게 발달하여 원만한 대인관계를 유지하기도 하지만 인격이 왜곡되고 성장이 정지되어 대인관계에 어려움이 있게 되기도 한다.

그러므로 평상시 부부간, 가족 간의 대화가 영향력이 크다는 것을 유념하여 건강하고 올바른 대화를 하기 위해 노력해야 한다. 그런데 우리 대부분은 어릴 때부터 말을 배워온 이래 습관적으로 가족과 대화를 하여왔고, 부부간의 대화도 비슷한 양상이다. 그리고 우리의 현실은 시험 성적과 외국어 점수에 매달려 있고, 이렇듯 중요한 부부간에, 가족 간에 대화하는 방법에 관심을 두지 않았으며 배우려는 노력조차 하지 않는 경우가 많다. 이제부터라도 부부간에, 가족 간에 제대로 대화하는 방법을 익혀서 실천함으로써 올바른 언어문화를 만들어가야 할 것이다.

참고 06

말은 생각을 담는 그릇이다

말은 생각을 담는 그릇이다.
생각이 맑고 고요하면 말도 맑고 고요하게 나온다.
생각이 야비하거나 거칠면 말 또한 야비하고 거칠게 마련이다.
그러므로 그가 하는 말로써 그의 인품을 엿볼 수 있다.
그래서 말을 존재의 집이라 한다.

법정스님

참고 07

사람을 이롭게 하는 말은 따뜻하기가 솜과 같고 사람을 상하게 하는 말은 날카롭기가 가시 같아서 한마디 말이 사람을 이롭게 함은 소중하기가 천금 같고 한마디 말이 사람을 속상하게 함은 아프기가 칼에 베이는 것과 같다.

명심보감

혀에게 재주를 가르치는 것은 어렵다. '말을 너무 많이 하지 마라', '비밀을 지켜라', '혀를 움직이기 전에 잠시 생각해 보아라' 하는 말을 항상 혀에게 가르쳐도 혀는 어느새 그것을 잊고 만다. 그것은 혀에게 뼈가 없기 때문이다.

탈무드

참고 08

소리치면 죽는 나무

남태평양의 솔로몬 군도의 어느 마을에서는 아주 특별한 방법으로 나무를 벤다고 한다. 사람의 키보다 몇 배나 큰 나무를 손 하나 대지도 않고 자르는 것이다. 방법도 간단하다. 나무 앞에 서서 커다랗게 소리만 지르면 된다. 그렇게 30일만 하면 나무가 쓰러져 죽는다는 것이다. 나무꾼은 힘을 도구를 사용하거나 힘을 쓰는 대신에 힘껏 기를 모은 목소리만 갖추면 된다. 그렇다면 그 목소리 안에 뭔가 비밀이 숨겨져 있다. 그 힘의 비밀은 무엇일까? 바로 고함이다. 반복적으로 고함을 지를 때 나무의 생명의 힘을 죽이는 힘이 발생한다는 것이다. 그 고함이 사람의 영혼도 죽일 수 있음은 자명하다. 다른 사람에게 계속 고함을 지르고 날카로운 말을 할 때 그 사람의 생명력은 서서히 시들어가고 관계는 죽어가는 것이다. 사람을 소생시키고 관계를 회복시키는 힘은 부드럽고 따뜻한 사랑과 격려의 말이다.

출처: 최규련(2001). p. 67 발췌.

참고 09

언어에 반응하는 식물과 동물 얘기

원예전문가가 자기가 가꾸던 꽃나무에게 매일 상냥한 목소리로 말을 걸어주었더니 점점 무성하게 자라서 아름다운 꽃을 피웠는데 비해 아무 말도 걸어주지 않고 무시했던 꽃나무는 불쌍한 정도로 생기가 없었다고 한다.

비슷한 사례로 꽃과 야채에 모차르트 같은 클래식 음악을 들려줬더니 아름다운 꽃을 피우고, 수확이 많아졌다는 실험결과도 있다. 꽃을 이용하는 자연치료 공동체에서는 모든 마을 사람들이 아주 당연한 듯이 식물이나 나무들에게 말을 걸어주면서 마음을 나눈다. 일본의 저명한 나무치료자도 병에 걸린 나무에게 "힘을 내. 지금 치료를 하고 있으니까 금방 나을 거야."라고 계속 말해준다고 한다. 동물도 인간의 언어에 반응한다는 것은 동물을 길러 본 적이 있는 많은 사람이 알고 있는 상식이다. 낙농업자는 젖소에게 클래식 음악을 들려주면 우유가 더 많이 나온다고 이야기한다.

출처: Kohei, M. (2010). pp. 85-91 발췌.

Chapter 09

대화의 요소와 본질

대화의 요소

대화(의사소통)에는 다음 다섯 가지 요소가 있고 각 요소가 적절히 작동하여야 효율적인 의사소통을 할 수 있다.

- 발신자: 행위자로서 메시지를 보내는 사람
- 정보 및 메시지: 발신자가 보내고자 하는 내용으로 객관적 사물, 사상, 개념, 감정, 소망 등
- 매체: 메시지를 전달하는 방식으로 언어, 문자, 글, 몸짓, 표정, 자세 등
- 수신자: 메시지를 받는 사람
- 상황: 의사소통이 일어나는 시간적, 공간적, 심리사회적 상태로 분위기, 장소, 시기, 송・수신자 간의 관계, 송・수신자의 상태, 사회문화적 배경 등

이중 정보 및 메시지 요소는 보고(report)와 관계(rapport)의 두 가지 측면을 포함한다. 보고는 사실적 상황과 정보를 전달하는 것이고, 관계는 사실과 정보를 상대방에게 전달하는 의도와 목적을 의미한다. 예를 들어 '나 온종일 신경 쓸 일이 많아서 지금

많이 피곤해'라는 말에는 사실 그대로를 전달하는 보고 측면이 있고 동시에 '내가 피곤하니 내가 쉴 수 있도록 당신이 배려해주길 원한다'는 관계 측면이 있는 것이다. 부부간에, 가족 간에 정보와 메시지를 제대로 소통하려면 보고와 관계 두 가지 측면을 제대로 전달하고 이해하여야 한다.

또한, 의사소통의 매체 요소는 흔히 언어적 형태와 비언어적 형태로 구분된다. 대개 사실과 의견을 표현할 때보다 감정을 표현할 때 비언어적 형태를 사용하는 경우가 많다. 이에는 얼굴표정, 눈 맞춤, 침묵, 몸짓, 움직임, 자세, 공간적 거리 등이 있는데 언어적 형태보다 분명하지 않고 오해의 소지가 있을 수 있다. 그러므로 발신자는 두 형태가 일치되게 표현하고 수신자는 두 가지 형태의 의사소통을 통합적으로 이해하는 노력이 필요하다. 그리고 매체 요소의 두 가지 형태와 정보・메시지 요소의 두 측면의 관련성을 보면 언어적 형태는 정보・메시지 요소의 보고 측면과 관련되고, 비언어적 형태는 정보・메시지 요소의 관계 측면과 관련되는 경우가 많다.

효율적인 의사소통이란 발신자가 보내는 메시지를 받은 수신자가 발신자가 의도한 대로 반응을 보이고 두 사람이 공유하고 충분히 이해하는 부분이 있는 것이다. 만일 각 요소에서 다음과 같은 장애가 있으면 의사소통의 효율성과 질이 저하되고 문제가 발생할 수 있다.

- 발신자 장애: 의도하지 않은 메시지를 보내거나 자기중심적인 경향이 강하여 상대방의 메시지 수용과 관계없이 오로지 자신이 전하고 싶은 것을 전달하는 경우이다.
- 수신자 장애: 상대방의 말을 듣기를 거부하거나 집중해서 듣지 않고, 또는 자신이 듣고 싶은 내용만 선별적으로 듣는다.
- 정보・메시지 및 매체 장애: 대화를 하는 두 사람의 가치관, 태도, 문화적, 지적, 언어적 차이들로 인해 발신자가 매체를 통해 전달하는 메시지나 정보가 갖는

의미를 수신자가 공유하지 못하고 이해하지 못하는 경우이다. 예를 들어 상대방이 알아듣지 못하는 전문용어를 사용하거나 언어내용과 표정이 불일치하면 공유하기 힘들어진다.

- 회로 장애: 두 사람의 의사소통이 일어나는 상황 즉 물리적, 사회적, 심리적 환경이 적절하지 않은 경우이다. 예를 들어 다른 사람들이 있을 때, 배고플 때, 피곤할 때, 바쁜 상황에서 상대방의 고칠 점을 말하게 되면 소통이 어려워진다.

이들 다섯 가지 요소 모두가 의사소통의 질에 영향을 미치지만 특히 이 요소 중 발신자의 말하기 행동과 수신자의 듣기 행동은 의사소통의 질을 결정짓는 핵심요소이다. 그러므로 효율적인 대화를 위해서는 적절한 상황에서 정보・메시지를 적절한 매체를 이용하여 정확하게 전달하고 듣는 노력을 해야 한다.

대화의 본질

대화법에서 강조하는 말하기와 듣기의 본질이 무엇인지 간단히 살펴보기로 한다. 먼저 말하기의 본질은 상대방에게 내가 가진 정보나 메시지를 전달하여 상대방이 나에 대해 정확하게 이해하도록 하는 것이다. 상대방에게 이해받고 싶으면 자신에 대해 표현하는 말하기를 제대로 해야 한다. 말을 잘하기 위해서는 자신의 속마음과 정보를 정확하게 전달하는 것이 중요하다. 만약 말하기가 잘못되면 정보전달이 부정확하게 되고 말하는 사람의 본래 의도가 왜곡되게 전달되어 오해를 받을 수 있고 또 상대방에게 혼란과 상처를 줄 수도 있다.

듣기의 본질은 상대방을 충분히 잘 이해하기 위한 것이다. 잘 듣기 위해서는 이해하려는 마음으로 상대방이 말하는 내용만이 아니고 얼굴표정이나 몸짓에도 관심을 기울여서 주의를 집중하여 경청하여야 한다. 잘 듣게 되면 상대방이 말하는 내용을 정확하게 이해하게 되고, 상대방에게 대한 깊은 관심과 존중을 보여줌으로써 상대방의 자존감을 높여주고, 관계가 친밀해지게 된다. 만약 잘 듣지 않게 되면 상대방을 존중하지 않고 관심이 없음을 보여주는 것이 되어 상대방의 방어적 반응이 증가하고, 관계가 나빠지는 결과를 초래할 수 있다.

참고 10

경청은 성공 부르는 최고의 습관

《성공하는 사람들의 7가지 습관》을 쓴 Stephen R. Covey 박사는 일상에서 가장 중요한 기술이 '의사소통'이라고 말한다. 기업 간부들의 소통 능력은 생산성과 깊은 관련이 있다. 관리자와 직원 간의 의사소통이 원활하지 못하면 업무 협조가 안 되고, 문제 발생 때 조정하기 어렵다. 생산성이 떨어질 수밖에 없다. 의사소통 능력이 부족한 경영자들은 특히 정서 관리와 공감 역량이 낮게 나타난다. 이는 의사소통을 잘하려면 먼저 자신의 감정을 조절할 수 있어야 하고, 상대방을 배려할 줄 알아야 한다는 말이다. 소통을 잘못하는 관리자들의 특징은 상대방을 격려하기보다는 지적하고 질책하며 자존심을 상하게 하는 피드백을 준다는 것이다. 어렵게 관리자가 된 사람일수록 자신의 전문성에 대해 자부심이 강해 상대방을 과소평가한다. 의견을 묻는 게 아니라 일방적인 지시로 일관하고, 원하는 바를 구체적으로 설명해 주지 않고 결과에 대해 나무라기만 한다. 대화를 시작할 때 '바쁘니까 요점만 얘기합시다'면서 말을 꺼내기도 전에 상대방을 무안하게 만든다. 이런 분들은 상대방의 말에 주의를 기울이지 않을 뿐 아니라 말하는 도중에 끊기도 잘한다.

의사소통의 가장 큰 목적은 '서로 이해하는 것'이다. 그러나 많은 사람이 이것을 '내 의견을 잘 전달하는 것'으로 여기고 있는 듯하다. 그러나 진정한 소통은 먼저 상대방의 이야기를 정확히 들어야 한다. 잘 모르겠으면 질문을 통해 명확히 파악하는 것도 중요하다. 그래서 의사소통의 핵심은 경청과 질문이다. 경청은 '나의 관점'이 아니라 '상대방의 관점'에서 듣는 적극적인 방법이라고 할 수 있다. 미국의 유명한 실험 심리학자 Albert Mehrabian에 따르면 의사소통에서 말의 내용이 차지하는 비중은 7%에 불과하다. 93%는 표정 · 눈빛 · 몸짓 등 보디랭귀지(55%)와 목소리의 톤과 높낮이(38%) 등으로 이뤄진다. 상대방의 진정한 뜻을 이해하려면 몸짓과 소리의 변화까지 감지해야 하는 것이다.

지금까지 수많은 사람을 만나면서 느낀 것은 업무 능력이 탁월한 것만으론 크게 성공하기 어렵다는 것이다. 설사 업무 능력으로 최고의 자리에 올랐더라도 그것은 오래가지 못한다. 주변에 사람이 없어 외로운 경우도 많다. 업무 능력과 함께 자신의 감정을 조절하고 남을 배려하며 경청하는 소통 능력이 있는 인재가 결국 최고의 자리에 오르고 진정한 성공을 거둔다.

출처: 중앙일보 선데이(2012). 제212호. p. 35 기사 발췌.

Chapter 10

대화의 장애 요인과 촉진 요인

대화 장애 요인

부부간에 또 가족 간에 대화가 필요하다는 것은 누구나 다 알고 있지만, 대화가 부족하다고 느끼거나 대화가 잘되지 않는다고 느끼는 사람이 많다. 그 이유는 외적 요인과 내적 요인으로 나누어 생각할 수 있다.

대화 장애의 외적 요인

첫째, 바쁜 일과로 부부간에, 가족 간에 접촉하고 대화할 시간이 부족하기 때문이다. 경쟁사회 속에서 살다 보니 남편은 남편대로, 아내는 아내대로, 또 부모는 부모대로, 자녀는 자녀대로 분주하여 얼굴을 마주 보고 같이 식사하고 같이 대화를 나눌 시간이 부족하며, 부부가 같이 여가생활을 하거나 가족이 함께 즐기는 시간을 갖기가 쉽지 않은 경우가 많은 것이다. 그래서 대화하는 시간도 적을 뿐 아니라 대화하는 주제도 꼭 필요한 돈이야기, 살림이야기, 아이나 성적에 대한 것들이 대부분이다. 예를 들어 '청소기가 고장 났네', '아이 데리고 치과에 가야겠어요', '나 내일 출장 가', 또는 자녀에게 '시험 잘 봤니?', '성적은 어떠니?' 같은 말이 전부이다.

둘째, 부부간에, 가족 간에 대면할 시간을 빼앗는 신문, 텔레비전, 휴대 전화, 인터넷 등의 매체 때문이다. 배우자나 가족원의 일과나 현재 관심사보다 더 잘 알고 있는 것은 텔레비전 드라마나 연예인 근황, 인터넷에서 얻는 정보들이다. 정보화 사회 속에서 우리 가족은 집에서도 서로 얼굴을 대할 시간이 부족하고 휴대전화와 인터넷에 매달려 부부간에 가족원 간에 대화를 못하고 그 결과 서로에 대해 잘 모르게 된다.

셋째, 자녀양육, 노부모 부양 등으로 방해받는다. 자녀를 출산하고 양육하고 교육하는 시기에는 자녀를 돌보는 데 얽매여 부부만의 오붓한 시간을 갖고 대화하기가 쉽지 않다. 또 노부모를 모시거나 친척들과 동거하는 경우, 다른 가족원이 질병에 걸렸거나 도움을 필요로 하면 부부간에, 가족 간에 대화시간이 제약받을 수밖에 없다.

대화 장애의 내적 요인

첫째, 가치관의 차이 때문이다. 부부는 일심동체라고 하지만 실제로는 매사에 의견이 같을 수는 없고 마음이 맞지 않을 때가 잦다. 이런 점에서 부부가 일심동체라는 것은 자연스러운 결과가 아니고 계속적인 대화를 통하여 마음을 맞춰가고 상대방을 이해하며 조화시키려는 노력과정이라 할 수 있다. 그러므로 부부간의 어느 정도의 가치관 차이는 자연스러운 것이고 이를 수용하고 조화시키려는 노력이 중요하다. 그런데도 많은 부부는 가치관의 차이를 대화의 장벽으로 생각하고 대화를 시도하지도 않는다. 또 부모와 자녀 간의 대화에서도 세대차 때문에 서로 말이 통하지 않아서 마음을 열고 대화하려는 시도를 하기 어려운 경우가 많다.

상담하는 과정에서 다음과 같은 호소를 듣는 경우가 많은데 부부간의 가치관, 부모자녀 간의 세대차이가 대화 부진의 장애물로 작용하는 것을 확인할 수 있다.

아내: "나는 남편하고 말이 통하지 않아요. 남편은 자기 멋대로 하고 나 같은 것은 안중에도 없어요. 그러니 구제불능이죠. 그래서 나는 남편이 없는 셈 치고 살아요. 애들이 오로지 나의 희망이에요."

"저렇게 돈만 알고 인색한 사람하고는 대화가 안 됩니다."

"나는 사람들을 좋아해서 음식도 나눠 먹는 것을 좋아하는데 남편은 통 사람들하고 어울리는 것을 싫어해요. 식구들끼리 조용히 지내면 되지 왜 번잡하게 사느냐고 하지요. 그래서 우리는 너무 마음이 맞지 않아서 제각각 산답니다. 나는 다른 사람하고는 얘기를 잘하는 데 남편하고는 할 얘기가 없어요."

"남편하고 이야기할 때 남편이 잔소리하고 싫은 소리 할만한 이야기는 아예 하지 않습니다. 나는 딴 주머니를 차고 남편에게 연극하는 것처럼 사는 경우도 있어요."

남편: "저렇게 매사에 자기중심적인 여자하고는 대화할 수가 없어요. 내가 속이 좋지 않아서 따뜻한 국물을 먹게 해달라고 하는 데도 무슨 아침밥을 먹느냐고 하면서 자기는 빵하고 커피만 먹으니까 저보고도 빵 쪼가리나 먹으라는 겁니다."

"명절에 부모님 댁에 다녀오는 날에는 으레 아내하고 싸우고 말을 안 하게 돼요. 아내는 내가 부모님 댁에 너무 돈을 많이 쓴다고 생각해요. 다른 형제와 분담해야지, 재산도 물려받은 것도 없는데 왜 우리가 다 책임을 맡느냐 그러지요. 더욱이 처자식한테는 돈을 아끼고 푼푼히 못쓰게 하면서 나 혼자 부모님에게 생색내니까 속이 터진다는 거죠. 그리고 내가 처갓집에는 관심도 없고, 시댁에만 잘한다고 불평이죠. 그러나 내 입장은 큰아들로서 고생하신 부모님께 어떻든 잘해드리고 집안을 이끌어가야 하니까 신경을 써야 하고 모든 것을 감수해야 하는데 아내는 그것을 이해하지 못해요."

부모: "아들이 머리 모양하고 다니는 것을 보고, 귀 뚫고 귀걸이를 하는 것을 보면

세상이 말세다 싶어요. 요즘 애들은 여자인지 남자인지 분간을 못 하겠어요. 그러니 나오는 거라곤 야단치는 말밖에 없지요. 애가 생각이 있는 애인지 모르겠어요."

자녀: "부모님은 저의 일거수일투족을 늘 간섭하고 잔소리를 하십니다. 요즘 젊은 사람들의 생각을 이해하려 하지 않고 못마땅하게 여깁니다. 그래서 부모님과 가능한 한 마주치지 않고 이야기를 하지 않는 것이 마음이 편합니다."

둘째, 부정적인 감정 때문이다. 배우자에 대한 원망과 미움, 실망, 의심, 불신감, 용서 못 하는 마음 등이 부부간의 대화 장벽으로 작용하는 경우가 많다. 어떤 부부는 일상적인 대화도 하지 않고 사는 경우가 있는데 아내의 마음속에는 남편에 대한 불신감과 남편에게서 받았던 과거의 신체적 폭력과 언어적 폭력에 대해 용서하지 못하는 마음이 있는 한편, 남편의 마음속에는 아내가 자신을 거부하고 애들과 합세하여 따돌려서 비참하고 그동안 열심히 돈 벌어서 부양한 결과가 이건가 하는 배신감이 있는 경우도 있다.

셋째, 부정적인 자아상 때문이다. 자존감이 낮아 자신에 대한 열등감, 무가치감, 무능감이 작용하면 배우자나 가족과의 대화만이 아니고 모든 사람과의 대화가 원활하지 못하고 부딪치는 경우가 많다. 예를 들어 자존감이 낮은 사람은 남이 특별한 의도 없이 하는 얘기에도 예민하게 반응하기가 쉽고, 또 자신의 얘기도 솔직하게 하지 못한다. 이처럼 자신의 가치를 존중하지 못하게 되면 자신의 현재 생각이나 감정 등을 인정하지 못하고 무시하고 억압하게 되고 또 남의 생각이나 감정도 잘 받아들이지 못하여 거부하고 비난하기 쉽다. 자신의 얘기를 잘하기 위해서는 자신의 것을 소중히 여기고, 솔직하게 얘기할 수 있는 용기와 자신감이 있어야 하며, 남의 말을 경청하기 위해서는 상대방을 이해하려는 마음의 여유가 필요한데 부정적 자아상을 가진 사람은 그럴만한 마음의 준비가 어려워서 원만한 대화를 하기가 어려운 것이다.

넷째, 대화 기술이 없기 때문이다. 많은 부부 사이에, 그리고 부모와 자녀 사이에 서로에게 애정과 관심이 있는데도 말하기와 듣기 기술을 갖추지 못해서 대화다운 대화를 하지 못하는 경우가 많다. 대부분은 대화하는 기술이 있는지조차 모르고 성장과정에서 제대로 대화하는 방법을 배울 기회가 없었던 경우가 많다. 그리고 대부분의 사람은 완벽한 가정과 부모 밑에서 성장하기는 거의 불가능하므로 좋은 대화 방법 보다는 좋지 못한 대화 방법을 익힌 채 결혼생활과 가정생활을 하기가 쉽다. 이런 사례는 우리 주위에 너무 많아 열거할 수가 없을 정도이다.

대화 촉진 요인

그러면 어떻게 하면 부부나 가족이 대화를 잘할 수 있는 조건을 갖추는가? 그것은 대화의 장벽을 만드는 외적·내적 장애 요인을 없애는 것이다.

대화의 외적 장애 요인을 없애는 방법

첫째, 바쁜 일과를 줄이고 접촉시간을 늘리는 것이다. 즉 분주한 시간 속에서 남편과 아내가 함께 의도적으로 일정한 시간을 내어 같이 대화해야 한다. 예를 들어 매일 저녁마다 10분씩 부부가 차를 마시며 같이 얘기하는 시간을 가지거나 적어도 일주일에 한 번은 부부가 오붓한 데이트 시간을 갖는 것이 바람직하다. 그리고 어떤 부부는 얘기를 나누려고 오랜만에 앉았는데 이야깃거리가 없어서 문제인 경우도 있다. 이는 얘기주제가 마땅치 않다는 것도 있지만, 그동안 두 사람이 따로따로 살아왔기 때문에 공유할 주제가 없기 때문일 수 있다. 그러므로 부부간에, 가족 간에 대화 소재가 풍부하려면 함께하는 공동활동이 지속해서 있어야 한다. 예를 들면 하루에 한 끼는 같이 식사하던가, 같이 취미활동이나 여가활동을 하던가, 같은 책을 읽거나 같이 영화를 보거나 같이 종교활동을 하거나 같이 쇼핑하거나 하는 일이 많을수록 좋다.

둘째, 가정에서 텔레비전 시청이나 인터넷검색, 휴대폰 사용 등을 자제하고 가족과 대면하는 시간을 늘린다. 요즘 정보가 중시되면서 부부나 가족 각자가 따로따로 전자매체를 사용하고 텔레비전 시청도 따로 하여 부부나 가족이 함께하는 시간이 더욱 줄고 있다. 그러므로 부부간에, 가족 간에 대화시간을 갖기 위해서는 가정에서 이런 대중매체와 컴퓨터, 휴대폰 등에 너무 매달리지 말아야 한다. 예를 들면 부부나 가족이 식사할 때는 신문이나 텔레비전, 휴대폰 등을 멀리하는 방법이 있다.

셋째, 부부 대화가 자녀양육과 노부모 부양역할로 인해 방해받지 않도록 한다. 대부분 어린 자녀가 있거나 노부모를 모시고 살거나 친척들과 긴밀하게 지내는 경우에 부부만의 시간을 내기가 어렵고 싸울 일이 있어도 잘 싸우지 못하여 그때그때 갈등해소가 잘 되지 않을 수 있고, 부부간의 친밀감이 줄어들기 쉽다. 이런 상황에서 부부간에 대화시간을 갖기가 쉽지 않지만, 부부가 같이 노력해서 짬을 내고 다른 식구에게 방해받지 않는 장소에서 충분히 대화하는 것이 여러 역할을 잘 감당해나갈 수 있는 지혜로운 방법이 된다.

대화의 내적 장애 요인을 없애는 방법

첫째, 차이를 인정한다. 즉 가치관의 차이와 생각의 차이에 대해 상대방이 잘못되었다고 생각하지 않아야 한다. 대부분 이 문제로 고민하는 사람들은 상대방의 생각과 감정, 행동이 문제가 있기 때문에 대화가 잘 되지 않는다고 생각하고 상대방이 바뀌어야 한다고 믿는다. 그러나 상대방보다 나 자신의 경직된 가치관 때문에 부부간에, 가족간에 대화가 잘 안 되는 경우도 있다. 그러므로 상대방 탓만 하거나 상대방을 변화시키려 하지 말고 자신이 바뀌는 방법을 생각해봐야 한다. 이를 위하여 인간은 서로 다르며, 각자 자기만의 개성이 있다고 생각한다. 그리고 상대방이 다른 생각과 다른 감정을 가질 수 있고, 나의 기대와 상반된 행동을 할 수 있는 자유를 주어야 하며, 상대방의 생각과 감정, 행동은 나와 다르다는 것을 인정하여야 한다. 그러므로 상대방에 대해 비난하고 자신의 방식과 의견을 따르도록 하기 보다 상대방과의 차이를 인정하고 상대방의 긍정적 의도를 찾아 받아들이려는 자세를 가지는 것이 필요하다.

둘째, 자신을 소중히 여기는 동시에 상대방을 사랑하고 함께하는 태도를 유지한다. 대화가 부진하고 단절되는 대부분의 이유는 미움, 의심, 분노, 죄책감과 후회, 무가치감, 무력감, 자기비하감 등이 작용하여 자신만 바라보기, 고정관념, 비교의식, 성급한 결론, 피해의식, 이기심, 경쟁심 등의 사고방식에 지배당하여 상대방에게 요구하기 때문이다. 이런 감정과 생각에 지배당하면 대화가 아니라 다툼과 싸움구도가 되기 쉽다. 그러므로 배우자나 가족이 각자 피해의식을 갖고 자기중심적으로 상대방에게 무엇을 요구하기보다는 사랑하는 상대방의 행복을 바라고 한 팀으로 함께 협동하여 같이 잘 살려는 태도를 유지하여야 한다. 따로따로가 아닌 함께 하는 관계로 나아가고 대립이나 경쟁이 아닌 상생(相生)과 협동을 지향하는 것이다.

셋째, 대화 기술을 배우고 활용하여 좋은 대화 습관을 기르는 것이다. 사람은 천성적으로 이기적이어서 자연스럽게 자신의 방식이 옳다는 생각을 할 수밖에 없고 말하고 듣는 습관도 후천적으로 부모나 가정환경, 학습 등에 의해 습득되는 것이다. 현재 말하는 습관이나 듣는 습관이 잘못되어 있다면 대화 기술을 배워서 잘못된 것을 바로잡고 바른 대화 습관을 정착하는 것이 필요하다.

부부간에 대화가 잘 되지 않는 문제로 상담실에 온 어떤 남편은 '아내가 말을 하지 않아 답답하다. 나는 아내와 대화하고 싶어서 여러 노력을 하는데 항상 나만 얘기하게 되고 아내는 입을 닫고 있다. 아내 속을 모르니 답답하다'는 호소를 하였다. 그래서 아내와 함께 상담실에 오도록 하고 두 사람의 얘기하는 모습을 관찰해보니 남편은 매우 성격이 급해서 말을 빨리 하는데 비해 아내는 남편에게 위축되어 있어 남편 앞에서는 유난히 말을 잘하지 못하는 것으로 나타났다. 이 부부는 남편의 대화하는 태도에서 문제가 있고, 또 남편의 대화 기술이 미흡하였다. 즉, 비난형의 말투를 사용하고 명령과 지시와 강압적인 표현을 하였고, 아내가 할 얘기를 미리 앞질러서 하고 아내가 대답할 사이도 없이 말을 중단시키거나 '요점만 말해'라고 하는 등 중간에 끼어드는 행동을 보였다. 상담과정에서 남편은 아내가 문제가 아니라 자신의 대화에 문제가 있어서 아내가 대화할 때만 되면 긴장이 되고 위축되어 말을 제대로 하지 못하는 것을 깨닫게 되었고 자신의 대화 태도와 방법을 고치는 계기가 되었다.

이상의 대화를 방해하는 내적 요인을 없애는 방법을 정리하면 부부간에 서로를 인격체로 존중하고 의견차이를 인정하며, 부부 각자가 유연한 태도로 상대방에 대한 요구수준을 적절하게 조정하고, 자신과 상대방을 사랑하고 함께하는 태도를 가지며, 대화 기술을 배우고 숙달하여 활용하여야 한다고 요약할 수 있다.

참고 11

싸움과 대화의 본질

인간은 누구나 다 다른 사람으로부터 인정과 칭찬, 감사, 수용을 받아야 자기 스스로 만족감을 느끼는 상태인 자존심 계좌의 잔고가 많아져서 마음이 열리고 여유가 생기며 관계가 우호적으로 변하게 된다. 그러나 자신이 다른 사람에게 인정과 수용을 받지 못하고 간섭이나 비난을 받게 되면 자존심 계좌에서 돈이 나가서 상대방 계좌로 옮겨간다고 생각하여 돈을 뺏기는 기분이 된다. 그 결과 더 이상 당하지 않으려고 방어적 태도로 변해 마음의 문을 닫게 된다. 인간의 뇌에는 '비난 경보기'라는 특수한 장치가 있다. 누군가 나를 비난하거나 싫은 소리를 하면 이 경보기는 사소한 문제도 민감하게 받아들여서 요란하게 울린다. 경보기가 작동했다가 설령 멈추어도 그때는 이미 누가 무슨 말을 해도 귀에 전혀 들어오지 않는다고 한다. 그래서 싸움은 상대방을 비난하고 상대방은 자존심이 상하는 결과 자기방어를 위해 더욱 공격적으로 변하여 당신을 비난하거나 모욕하는 등의 상처를 줌으로써 서로를 비난하고 비난받는 악순환이 계속되는 성질이 있다.

그러므로 스트레스 상황에서 싸우지 않고 생산적인 대화를 하려면 우선 상대방의 자존심 계좌에 인정과 칭찬, 감사, 수용 등을 입금하여야 한다. 이렇게 잔고가 늘어나면 상대방은 마음의 여유가 생기고 우호적인 관계로 바뀌어 마음을 열고 당신의 말에 귀를 기울이고, 다가오게 되며, 당신도 자존심 계좌가 늘어나 마음을 열고 상대방의 말에 귀를 기울이는 선순환이 생기는 것이다. 이것이 대화의 본질이다.

출처: Robinson, J. (2006). pp. 17-40 발췌.

Check 07 자신의 결혼생활에 대한 태도는 어떠한 가를 점검해봅시다.

※ 다음 각 문항의 내용에 대한 자신의 상태에 해당하는 점수를 보기에서 골라 기입하시오.

1. 전혀 그렇지 않다 2. 그렇지 않은 편이다 3. 약간 그렇다 4. 정말 그렇다

___01. 일이 잘되지 않을 때 '왜 항상 나는 이렇게 일이 꼬이지'라고 생각한다.

___02. 배우자가 내 맘에 들지 않는 행동을 할 때 그 사람 자체가 문제 있다고 생각한다.

___03. 결혼생활에서 갈등이 생기면 상대방을 잘못 고른 나에게 문제가 있다고 생각한다.

___04. 주로 배우자의 잘못된 점이 나의 눈에 잘 띈다.

___05. 나는 배우자의 긍정적인 행동에 대해 그 의도를 곡해하여 생각하는 경우가 있다.

___06. 현재 발견되는 배우자의 문제들은 배우자의 나쁜 기질 때문이므로 고치기 어렵다.

___07. 배우자의 작은 행동을 보면 결혼생활을 계속할지 안 할지를 알 수 있다.

___08. 나는 배우자나 그 가족에게 피해를 본다는 생각을 한다.

___09. 나는 배우자와 잘 웃기보다 마음에 들지 않는 점이 많아 마음이 불편한 편이다.

___10. 배우자를 바꿔보려고 하는데 잘 안 돼서 좌절감을 느낀다.

해석 합계점수 30점 이상은 자신의 태도에 문제가 있으므로 자기변화가 필요함.

Chapter 11

대화 태도와 대화 기술

대화 태도

대화는 언어적 형태와 비언어적 형태가 있는데 태도는 비언어적 형태로 자신도 모르게 전달되며 언어적 형태의 메시지보다 더 강력한 힘을 가진다. 따라서 대화를 잘하기 위해서는 우선적으로 바람직한 대화 태도를 갖춰야 한다. 대화 태도는 전적으로 자신의 선택사항으로 상황이나 다른 사람에 의해 쉽게 바뀌지 않고 습관적으로 굳어지기 쉽다. 대화 태도는 자신과 상대방에 대한 태도로 구분되고 각각 배려하는 태도와 배려하지 않는 태도로 나뉘며 이를 조합하면 다음 네 가지 대화 태도가 있다.

자신과 상대방 모두를 배려하지 않는 부정적 태도

자신에 대해서, 그리고 상대방에 대해서 가치를 인정하지 않고 존중하지 않는 태도이다(I'm not ok and you're not ok). 이는 자아상이 부정적이고 동시에 상대방에 대해서도 부정적인 면만을 보는 태도로 자신과 상대방 모두에 상처를 주고 두 사람 관계를 파괴하는 결과를 가져온다.

자신을 배려하지 않고 상대방은 배려하는 태도

자신에 대한 배려가 없지만, 상대방에 대해 배려하고 가치를 인정하는 태도로, 자신에 대해 부정적이고 상대방에 대해서는 긍정적인 태도이다(I'm not ok and you're ok). 이는 자기주장을 하는 데 따른 두려움과 불안이 작용하여 자기 의견과 감정을 억압하고 상대방에게 할 말을 못 하면서 상대방에게 맞춰서 살아가는 모습을 보인다. 그 결과 자율적인 삶을 살지 못하게 되고 쌓인 것이 많아져 보복심과 분노가 쌓이기 쉽다.

자신을 배려하나 상대방은 배려하지 않는 태도

자기 가치를 인정하고 배려하지만 상대방에 대해서는 배려하지 않고 부정적인 태도이다(I'm ok and you're not ok). 이는 자신은 옳고 우월하나 상대방은 잘못되었고 부족하다고 보는 태도로 상대방을 비난하거나 무시하고, 강요하는 행동으로 이어져서 상대방에게 상처와 고통을 주는 결과를 가져온다.

자신과 상대방 모두를 배려하는 태도

자신과 상대방 모두를 배려하고 가치를 인정하는 긍정적 태도이다(I'm ok and you're ok). 이는 자신의 의견과 감정을 소중히 여기고 또 상대방의 모든 것을 배려하고 존중하는 태도로 가장 효율적이고 생산적인 대화를 나눌 수 있게 된다.

이상의 네 가지 대화 태도와 그에 따른 결과를 보면 다음 [그림 4]와 같다.

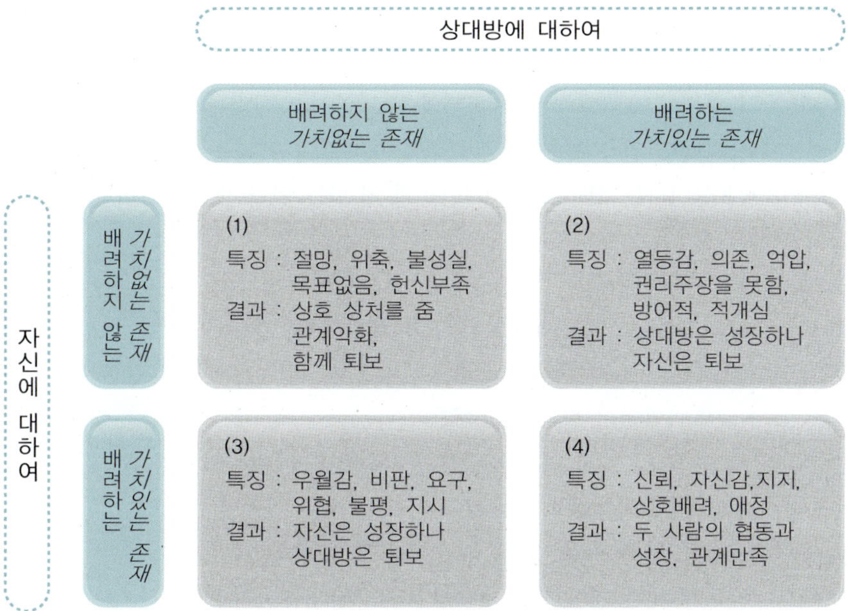

[그림 4] 대화 태도

다음 예에서 보는 것처럼 똑같은 상황에서도 대화하는 태도에 따라 메시지 전달과 행동이 달라진다.

대부분의 사람은 상황의 네 가지 태도 중 어떤 한 가지 태도에 익숙하여 다른 사람을 대하는 경우가 많다. 이 중에서 가장 바람직한 대화 태도는 자신과 상대방 모두를 배려하는 네 번째 태도이다. 이 대화 태도를 가질 때 당면 문제와 갈등을 협력적으로 해결할 수 있게 된다. 그러므로 이처럼 자신과 상대방 모두를 배려하는 태도를 갖는 것이 대화하는 기술을 배우기 이전에 필수적이다.

상황 **남편이 귀가해보니 마루는 어질러져 있고 아내가 아이를 야단치고 있을 때**

남편의 태도

(1)의 태도: "직장에서 스트레스 받고 힘든데 왜 집구석은 이렇게 난장판이고 왜 아내는 애 하나도 건사 못해 집안이 시끄러울까, 요즘 되는 일이 하나도 없으니."
▶ 표현: (나는 왜 어딜 가나 이렇게 열 받는 일만 생길까) "다들 보기 싫어. 저리 꺼져."

(2)의 태도: "내가 아내한테 뭘 잘못했기에 아내가 저렇게 집안정리도 안하고 아이한테 화를 내고 있는지 모르겠다. 아내가 나를 보면 또 무슨 트집을 잡을지 몰라."
▶ 표현: (말없이 방으로 들어간다.)

(3)의 태도: "나는 가장으로서 최선을 다하는데도 아내는 집에서 살림하는 사람이 이렇게 엉망으로 살림하고 아이 하나도 제대로 기르지 못하다니 한심하다."
▶표현: "하루 종일 뭘 했기에 집안 꼴이 이 모양이야?"

(4)의 태도: "나나 아내나 열심히 사는 사람인데 오늘 무슨 일이 있었나보다. 무슨 일인지 내가 도울 일이 있는지 알아보자."
▶ 표현: "여보, 오늘 무슨 일이 있었어? 내가 도와줄까?"

바람직한 대화 태도를 갖기 위해서는 습관문제를 고치는 것과 같이 단시일 내 노력해서 달성되지는 않지만 검증된 방법(전문가의 도움이 더 유용할 수 있음)으로 꾸준히 노력하면 바뀔 수 있다.

Satir를 비롯한 많은 연구자들과 상담자들은 사람들의 대화 태도는 결국 자존감 수준과 깊이 관련된다고 주장한다(최규련, 2007, 2008). 자존감(self-esteem)이란 자신이 어떤 사람인가를 주관적으로 지각하는 것으로 자기 가치감, 유능감, 자신에 대한 호감 및 긍정성, 자신감 등을 포괄하는 개념이다. 자존감이 높아지면 자신의 고유성과 존엄성, 긍정적 가치를 인정하고, 있는 그대로의 자기를 사랑하며, 자신의 능력과 장점에 긍지를 가지면서 자신의 단점이나 실수를 인정하고 극복하려고 노력하게 된다. 그리고 다른 사람도 존중하고 배려하며 긍정적인 면을 보고 사랑할 수 있다. 자존감이 높은 사람과 낮은 사람의 특징을 비교하면 다음 〈표 1〉과 같다.

표 1 자존감이 높은 사람과 낮은 사람의 특징

자존감이 높은 사람	자존감이 낮은 사람
• 자신을 사랑하고, 다른 사람에게 인정받는데 연연해 하지 않고 당당하다.	• 다른 사람에게 사랑과 인정받는 것이 매우 중요하고 이에 자신의 가치 평가기준을 둔다.
• 자신의 현재 상황을 있는 그대로 받아 들인다.	• 자신의 현재 상황에서 늘 부정적인 면을 본다.
• 힘든 상황에서 긍정적인 면을 찾아내고, 좋은 것을 만들어내는 기회로 삼는다.	• 힘든 상황에서 낙심되어 쉽게 의욕을 잃고 자신이 실패자이고 혼자라는 생각을 한다.
• 자신과 다른 사람의 차이점을 존중한다.	• 다른 사람을 비난하고 죄책감을 갖게 한다.
• 열린 마음으로 융통성 있는 사고를 하고 여러 가능한 대안을 생각한다.	• 다른 사람에 대해 비판적이고, 틀에 박힌 생각을 하며 완고하다.
• 열린 자세로 자신의 선택에 책임진다.	• 항상 규칙과 의무에 얽매여 있다.
• 자신과 다른 사람의 감정, 개성, 능력, 특징 등을 수용하는 자세로 성찰한다.	• 자신의 감정을 늘 억압하고, 외형적인 것으로 사람과 상황을 판단한다.
• 다른 사람에게 신뢰와 정직으로 성실하게 대한다.	• 다른 사람에게 피해의식을 가져서 방어적으로 대한다.
• 자신에게 맞는 적절한 것을 선택한다.	• 자신에게 맞는 것을 선택하기 어렵다.
• 문제가 발생했을 때 자신과 다른 사람을 포용하면서 긍정적으로 해결한다.	• 문제가 발생했을 때 자신과는 별개라고 생각한다.
• 새로운 것을 시도하며 모험을 즐긴다.	• 안전하고 익숙한 것만을 선택한다.
• 현재에 대해 긍정적이며 미래지향적 사고를 한다.	• 과거에 매달려 있거나 현실에 안주하려 한다.
• 예, 아니오를 분명히 말하고, 원하지 않는 일을 억지로 하지 않는다.	• 예, 아니로를 분명히 말하지 못하고, 원하지 않는 일을 억지로 함다.
• 숙련되고 열린 의사소통이 가능하다.	• 다른 사람과 원만한 의사소통이 어렵다.

자존감이 낮은 사람이 어떻게 하면 자존감을 높이고 다른 사람과 소통할 수 있을지 심리학자 Joseph Luft와 Harry Ingham의 '조하리의 창(Johari's window)'에서 제시되는 네 가지 창을 중심으로 알아보기로 한다.

우선 가장 이상적인 소통은 자신과 타인이 일치되게 아는 것인 '이미 열린 창'을 통해서 가능하다. 이는 '표면적 자아'를 나타내며 창을 더 투명하고 깨끗하게 만드는 방법으로 자신에 대한 불만과 부정적인 관점에 매달려 자신을 괴롭히지 말고, 자신이 바꿀 수 있는 것은 바꾸고 바꿀 수 없는 것은 수용하여 자신과 화해하는 것이다.

둘째, 자신은 알지만 타인이 모르는 '숨겨진 창'은 소통이 안 되는 원인이 된다. 이는 '감춰진 자아'를 나타내고 이를 소통의 창으로 전환하는 방법으로 자신만 아는 자기의 부족한 점을 감추고 다른 사람들이 알까봐 불안해하는 대신에 진정성 있게 용기를 내어 자신의 단점과 결점을 직접 대면하고 솔직하게 내면을 드러낸다. 이런 자기표현의 기회를 가짐으로써 마음의 평화를 느끼는 것이다.

셋째, 자신은 알지 못하는데 다른 사람은 다 아는 '보이지 않는 창'은 '맹목적 자아'를 나타내고, 이 역시 불통의 원인이 된다. 이를 소통의 창으로 전환하는 방법은 다른 사람의 충고와 조언, 쓴소리 등을 들을 때 비난받는다고 생각하기보다는 상대방의 긍정적 의도를 이해하고 받아들이려는 태도로 경청하고, 자신을 변화시키는 노력을 함으로써 다른 사람들과 화평을 누리는 것이다.

넷째, 자신과 타인 모두 알지 못하는 '모르는 창'도 역시 불통의 원인이 된다. 이는 '알지 못하는 자아'를 나타내고, 이를 소통의 창으로 전환하기 위하여 무의식적으로 억압된 자신의 미해결과제를 탐색하고 통찰하는 방법과 절대자인 신의 계획과 섭리를 전적으로 신뢰하여 신과 화평을 이루어가는 방법이 있다.

대화 태도와 대화 기술의 조합

다른 사람과 대화하는 과정에서 대화의 내용과 태도도 중요하지만 이에 못지않게 중요한 영향력을 가지는 것이 대화하는 기술의 숙련 여부이다. 대화 태도의 배려 여부와 대화 기술의 숙련 여부를 조합하면 다음 네 가지 결과가 나타난다.

첫째, 배려하지 않는 태도를 지니고 대화 기술도 없거나 미숙한 경우에 상대방을 무시하고 언어적, 정서적, 신체적인 학대를 하여 상처를 주게 되고 그 결과 관계가 나빠진다.

둘째, 배려하지 않는 태도를 지니면서 대화 기술을 배우고 사용하는 경우에 상대방을 이해하기보다는 자신의 생각대로 상대방이 행동하도록 설득하고 조종하는 결과를 가져온다. 이런 예로 자신이 혼자 결론을 내리고 상대방이 자신의 결론에 따라오도록 유도하는 식의 대화를 하는 것이며, 그 결과로 상대방의 불신이 생기고 관계가 파괴될 수 있다.

셋째, 배려하는 긍정적인 태도를 지니고 있지만 대화 기술이 미숙하면 상대방과 충돌하여 자신의 의도가 잘못 전달되는 결과를 가져오고 오해받게 된다. 이런 예로 자신은 배우자나 자녀에게 관심을 갖고 좋은 의도로 말하는데도 대화 기술이 숙련되지 않으면 그 말을 듣는 사람은 잔소리나 간섭으로 오해하게 된다.

넷째, 배려하는 태도를 지니면서 대화 기술도 숙련된 경우에 상호 간에 인격을 존중하면서 충분히 이해하게 됨에 따라 두 사람 모두의 자존감이 증진되고 협동적인 문제해결과 의사결정을 할 수 있게 되어 관계가 원만해진다.

이상의 대화 태도와 대화 기술의 네 가지 조합을 동일 상황에서 예시하면 다음과 같다.

상황 **남편이 귀가해서 옷을 아무데나 던져놓고 '아이 피곤해' 하면서 소파에 누워있는 것을 보는 아내의 대화 태도와 행동**

(1) '직장일이 뭐가 힘들다고 집에만 오면 편하려고 엄살을 부리는지 몰라, 청소하기로 해놓고 청소하기 싫으니까 피곤하다고 핑계 대는 거야. 나는 뭐 집에서 놀았나? 나도 피곤하긴 마찬가진데.'라고 생각하고 "청소하기 싫어서 피곤하다고 하는 것 내가 모를 줄 알아요? 사람이 그렇게 마누라 부려 먹으려고 엄살떨면 안 되지, 어서 옷을 제대로 옷장에 걸고 빨리 청소하지 못해요."라고 말한다.

(2) '직장일이 뭐가 힘들다고 집에만 오면 편하려고 엄살을 부리는지 몰라, 청소하기로 해놓고 청소하기 싫으니까 피곤하다고 핑계 대는 거야. 나는 뭐 집에서 놀았나? 나도 피곤하긴 마찬가진데.'라고 생각하고 "나는 옷 정리하고 청소하는 당신의 모습이 가장 멋지더라. 당신도 내가 행복하길 원한다고 생각해요. 그러니 당신이 옷도 제대로 걸고 청소를 하는 멋진 모습을 나에게 보여줄 것으로 믿어요."라고 말한다.

(3) '남편이 직장에서 피곤한 일이 있었나 보다. 옷을 걸고 청소하는 것이 급하지 않지. 내가 이 사람의 피곤을 풀게 해야지.'라고 생각하고 "당신 피곤한 것 같은데 내가 맛있는 음식 만들어 줄 테니 잠깐 기다려요. 그리고 운동이 부족해서 체력이 떨어진 것 같으니 오늘부터 같이 산책하러 나갑시다."라고 말한다.

(4) '남편이 직장에서 피곤한 일이 있었나 보다. 옷을 걸고 청소하는 것이 급하지 않지. 내가 이 사람의 피곤을 풀게 해야지.'라고 생각하고 "여보, 당신이 집에 와서 옷도 제대로 정리 못 하고 누워있는 것을 보니까 당신이 얼마나 직장에서 피곤했는지 알겠어요. 오늘 청소하기로 한 것 신경 쓰지 말고 푹 쉬어요. 그런 다음 내가 당신을 도울 일이 뭐가 있을까 알고 싶으니 얘기 좀 하면 좋겠어요."라고 말한다.

그러므로 보통 배우자나 자녀와의 대화에서 자신과 상대방을 존중하고 배려하는 대화 태도와 숙련된 대화 기술 같은 조건을 갖출 때만 효율적인 대화를 할 수 있고 대화다운 대화를 하게 되는 것이다. 특히 상대방과 의견차이가 있거나 갈등상황에서 대화할 때는 이 대화의 조건—태도와 기술—을 갖출 때만 대화를 하는 것이 중요하다. 만약 이 대화의 조건을 갖추지 않은 채 대화를 계속하게 되면 합의나 문제해결이 어려워지고 싸움이 발생하여, 오히려 대화하지 않은 것보다 못한 결과를 초래한다. 따라서 부부 사이에, 부모-자녀 사이에 일상적인 대화를 할 때는 물론이고 의견충돌이 발생할 때는 배려하는 태도와 숙련된 대화 기술을 갖추어서 대화하는 노력을 하여야 한다. 그리고 대화 태도와 더불어 대화 기술도 거의 습관화된 것이기 때문에 자신의 상태를 정확하게 알고 바른 대화 기술을 익히고 실천하는 노력을 꾸준히 하여야 한다.

참고 12

상대방이 지금 실수하고 있는지도 모른다. 하지만 당사자는 결코 자기가 실수하고 있다고 생각하지 않는다, 그렇다고 상대방을 비난하려고 하지마라. … 현명한 사람은 상대방을 이해하려고 노력하는 법이다.

Dale B. Carnegie

Check 08 자신의 자존감 수준을 점검해봅시다.

※ 다음 각 문항의 내용에 대한 자신의 상태에 해당하는 점수를 보기에서 골라 기입하시오.

1점: 전혀 그렇지 않다　2점: 그렇지 않은 편이다　3점: 그저 그렇다
4점: 그런 편이다　5점: 자주 그런 편이다

___01. 나는 다른 사람들처럼 가치 있는 사람이라고 생각한다.

___02. 나는 좋은 성품을 가졌다고 생각한다.

___03. 나는 나 자신에 대해 긍지를 가지고 있다.

___04. 나는 나 자신에 대하여 만족한다.

___05. 다른 사람들이 나에 대해 함께 하고 싶고, 함께 일하고 싶은 사람이라고 생각한다.

___06. 나는 자랑할 것이 별로 없다.

___07. 나는 대체로 실패한 사람이라는 생각이 든다.

___08. 나는 가끔 나 자신이 쓸모없는 사람이라는 생각이 든다.

___09. 나는 앞으로 지금보다 더 나를 소중하게 여기고 사랑할 필요가 있다.

___10. 나는 때때로 내가 좋지 않은 사람이라고 생각한다.

해석 채점 및 해석(1번 문항-5번 문항: 원래 점수 채점, 6번 문항-10번 문항: 역산하여 채점).
10~19점: 자존감이 매우 낮으며 향상 노력이 시급함.
20~29점: 자존감이 낮은 편으로 향상위한 많은 노력이 필요함.
30~39점: 자존감이 중간으로 향상이 필요함.
40~50점: 자존감이 높은 편임.

Check 09 자신의 대화 태도와 대화 기술 수준을 점검해봅시다.

※ 배우자와의 대화와 자녀와의 대화에서 자신의 대화 태도와 대화 기술의 조합이 (1)~(4) 중 어디에 해당하는지 각각 적고, 결과와 개선점을 적어보시오.

대화 태도 \ 대화 기술	미숙	숙련
배려안함	(1)	(2)
배려함	(3)	(4)

□ 배우자와의 대화에서 자신의 대화 태도와 대화 기술의 조합:

그 결과 배우자와의 관계는:

□ 자녀와의 대화에서 자신의 대화 태도와 대화 기술의 조합:

그 결과 자녀와의 관계는:

□ 배우자와의 대화에서 자신의 대화 태도와 대화 기술면에서 개선할 점:

□ 자녀와의 대화에서 자신의 대화 태도와 대화 기술면에서 개선할 점:

Chapter 12

대화에서의 성차

남녀의 심리적 차이

흔히 부부는 일심동체라고 하지만 성장배경과 과거의 생활경험이 똑같지 않기 때문에 동일한 상황에서도 부부 사이에 의견과 느낌, 소망이 같을 수 없는 것이 당연하다. 또한 부부는 남성과 여성이라는 다른 성이 결합한 관계이어서 성별로 욕구나 가치관, 기대하는 것이 다르다. 이런 남녀 간의 차이점은 다른 별에서 살다가 온 것으로 비유할 정도로 생래적인 점이 있다(Gray, 2008). 그러므로 부부간에 대화하기 전에 상대방의 심리와 대화에서의 차이를 존중하고 상대방이 무엇을 바라고 있는지를 이해하려고 진실한 마음으로 노력할 때 서로에 대한 이해의 폭이 넓어지고 마음과 마음이 통하는 대화가 될 수 있다.

남성과 여성의 심리적 차이와 그에 따른 대화 특성의 차이를 〈표 2〉와 같이 정리할 수 있다.

남성과 여성의 심리적 차이를 보면 흔히 남성은 '시각'적인 정보에 강한 영향을 받지만, 여성은 '청각과 촉각'으로부터 들어오는 자극에 민감하다. 즉 남성은 눈으로 보는 자극에 영향을 받으므로 아내들은 외모와 복장, 행동을 아름답고 품위 있게 유지해야 한다. 반면 여성은 남편의 말투와 접촉에 영향을 받게 되므로 남편들은 아내에게 다가갈 때 부드러운 말을 사용하고 스킨십에도 신경을 써야 한다.

표 2 남성과 여성의 차이

	남 성	여 성
심리적 차이		
민감성	시각적 자극	청각적 자극, 촉각적 자극
배우자에 대한 기대	성생활, 놀이친구, 매력적인 외모, 음식준비 등의 내조, 칭찬	애정표현, 대화, 성실함, 경제안정, 자녀와의 교류
대화 차이		
하루 사용단어	약 2,000~4,000단어	약 6,000~8,000단어
의사표현	약 7,000회 의사표시	약 20,000회 의사표시
대화내용 중요도	사실과 정보전달	말하는 과정 자체를 즐김
말하는 동기	해결할 일, 용건 때문에	감정적 지지와 공감
말하는 목적	정보수집과 문제해결	관계유지, 친교
경향성	간결한 이야기, 결과, 해결책	세부사항의 긴 이야기, 과정, 배경
대화집중	한 번에 한 가지 일만 가능	동시에 많은 것을 할 수 있음
고통	상대방의 긴 이야기	상대방의 침묵

출처: Kohei, M. (2010). pp. 132-133; 이순자(2011). pp. 130-133 재구성.

또한, 남성과 여성은 배우자로부터 충족하려는 욕구에 차이가 있어 서로에게 우선하여 기대하는 것이 다르다. 즉 남편은 아내에게 성생활의 즐거움, 놀이친구, 매력적 외모, 내조와 자신의 능력과 성과를 칭찬해주기를 기대하고, 아내는 남편에게 애정표현, 대화, 솔직함, 경제안정, 자녀와의 교류, 자신의 외모와 감각을 칭찬해주기를 기대하는 것으로 나타났다(Kohei, 2010).

대화에서의 성차

그리고 대화에서 성차가 있다. 먼저 대화의 집중성에서 남성은 한 가지 일에 집중하고 그것을 상세하게 다루는 일을 잘하기 때문에 한 번에 한 가지씩 밖에 할 수가 없는 특징을 보이는 반면 여성은 한 번에 많은 것을 처리할 수 있다. 예를 들면 남성이 TV에 집중하고 있을 때 아내가 무언가를 부탁해도 제대로 반응을 보이지 않는다. 그것은 아내의 목소리는 귀에 들렸지만, 뇌에는 아직 전달되지 않았기 때문이다. 한편 여성은 이야기하면서 동시에 TV를 보거나 손으로 다른 일을 할 수 있다. 이러한 차이는 남녀의 뇌 가능의 차이와 직결되는 것으로 최근의 뇌 과학에서 밝혀졌다(최성애, 2005, Kohei, 2010). 즉 남성의 뇌는 대화와 언어를 관장하는 영역이 좌뇌에 집중되어 있어서 한 가지에만 집중하고 상세하게 취급하는 능력이 뛰어나서 한 번에 여러 가지 일을 하지 못하고 한 가지씩만 할 수 있다. 그러나 여성의 뇌는 대화를 관장하는 영역이 좌뇌뿐만 아니라 우뇌에도 있어서 이야기할 때도 좌우의 양쪽 뇌를 모두 사용하며, 좌뇌와 우뇌를 연결하는 용량이 남성보다 훨씬 커서 좌뇌와 우뇌의 정보교환이 신속하게 이루어지므로 한 번에 여러 가지 일들을 처리할 수 있다.

또한, 남성의 뇌는 문제가 해결되는 실마리가 보일 때 뇌에서 도파민이 분비되어 성취감과 만족감을 경험한다고 한다. 반면 여성의 뇌는 문제가 발생할 때 대화를 하면 뇌 혈류량이 많아져서 스트레스가 완화되고 만족도가 커지게 되어 같은 상황에서 남성의 3배 이상의 이야기를 해야 만족할 수 있다고 한다.

그리고 남성은 언어지능과 관계지능이 발달하지 못한 대신에 수리·공간 지능이 발달되어 있어 정보성 대화와 해결책을 추구하는 특징을 보이고, 용건이 있고 해결할 일이 있을 때에 정보수집과 문제해결을 목적으로 대화한다. 반면 여성은 공간지능이 발달되지 못한 대신에 언어와 관계지능이 발달되어 있어 친교성 대화와 공감지향 대화를 추구하여, 상대방과 함께 공감하고 감정적 지지를 받고 싶을 때에 관계유지를 목적으로 이야기한다. 그에 따라 남성은 결과와 해결책을 간결하게 말하는 경향이 있지만, 여성은 과정과 배경 등 세부사항을 길게 말하는 경향이 있다. 그러므로 남성에게는 여성의 길고 장황한 이야기가 고통이 되어 '아내의 끊임없는 수다와 따라다니면서 하는 잔소리'를 불만으로 호소한다. 반면 여성에게는 남성의 침묵과 잘 들어주지 않는 것이 고통이 되어 '남편이 말을 하지 않는다. 내 말을 끝까지 듣지 않는다'는 불만을 호소한다.

아내들이 남편들보다 감정표현이 더 많고 남편들은 사실에 관한 표현을 많이 하는 것에 대해 사회화의 차이로 설명되기도 한다. 즉 남성들은 어릴 때부터 기쁨, 사랑, 친밀감, 슬픔, 불안, 실망, 두려움 등의 감정을 침묵하거나 억압하도록 사회화되었다. 만일 남성들이 이런 감정을 그때마다 표현하면 대범하지 못한 사람, 가벼운 사람, 남자답지 못한 사람 등으로 여겨졌다. 반면 여성들은 어릴 때부터 이런 감정들을 개방적으로 표현할 수 있고, 표현하는 것이 여성스러운 것으로 여겨졌다. 그 결과 아내들은 남편과의 관계에서 감정을 나누고 이해받지 못해서 불만을 가지는 반면, 남편들은 아내의 이야기를 들을 때 자신이 무엇인가를 해줘야 하고 해결방법을 보여줘야 한다는 압박감과 스트레스를 받게 되고 대응하는 반응을 보여서 서로 충돌하게 되고 관계가 악화될 수 있다.

성차를 고려한 대화 방법

이렇듯 남녀 간의 심리적 특징과 대화양상의 차이로 인해 부부 갈등이 유발될 수 있고, 대화가 더 어려워질 수 있다. 그러면 이에 대한 해법이 무엇일까? 먼저 부부 각자가 남녀 간의 차이를 충분히 이해하고 상대방을 배려하면서 마음을 같이 나누고자 노력하는 것이다. 그 방법으로 상대방 때문에 자신이 민감하고 부정적인 반응을 보이지 않도록 자신을 관리하고 상대방에게 맞추는 것이다.

예를 들어 남편이 주변에 과자 부스러기가 흩어져 있어도 눈에 안 들어오고, 옆에서 아이가 울어도 못 듣거나 텔레비전만 열심히 보고 있는 등, 할 일이 많은데 무신경한 것을 볼 때 아내는 남편이 일부러 못 본 척, 모른 척하는 것인지, 아니면 남자의 할 일이 아니라고 배운 가정교육 탓인지, 가부장적 사고 때문인지 여러 가지 해석을 할 수 있다. 그러면 아내의 자존심이 상하고, 화를 내고 싸우게 되어 혈압이 올라가고 서로 비난과 상처 주는 말을 주고받게 되어 문제를 같이 해결하는 것이 아니라 서로 적이 되어 문제를 확대시키게 된다.

이럴 때는 아내들은 남편의 무신경한 행동에 대해 짜증이나 불평하는 대신에 일반적인 남성의 뇌 구조와 기능이 근본적으로 여성과 다르고 사회화의 경험이 다르기 때문으로 이해하여야 한다. 이때 남편이 알아서 해주겠지 라고 기대할수록 아내는 실망이 커질 수 있고, 치사하게 말로 부탁하고 사느니 차라리 내가 해버리는 것이 마음 편하다고 생각하면 몸이 지치고 더 불쾌감과 짜증이 날 수 있다. 그래서 이런 방법보다는 먼저 남편이 휴식을 취한 다음에 도움이 필요한 일을 한 번에 한 가지씩만 하도록 명확하게 요청하여야 한다. 즉 아이를 안아주기를 부탁하고 아이를 달랜 다음에 과자 부스러기를 치워달라고 부탁하는 것이다. 남편이 도와주는 것이 서툴고 마음에 들지 않더라도 인내심을 갖고 지켜보고 부탁을 들어줄 때 남편이 그 일을 통해서 인정받고 싶은 능력 — 예로 책임감과 배려심, 믿음직스러움, 협동심 등과 성과 — 들을 칭찬하는 것이 필요하다. 그리고 장황한 얘기나 핵심에서 벗어난 얘기를 줄이고, 감정이 고조될 때는 감정조절을 하여 상대방이 편안하게 들을 정도로 말하는 속도를 늦추고 차분한 어조로 대화하여야 남편이 긴장하지 않고 들을 수 있고 계속 대화를 이어갈 수 있게 된다.

한편 신속한 결론에 이르려는 성향이 있는 남편은 아내가 이야기 자체를 즐기고 장황하고 시시콜콜한 이야기를 할 때 두뇌의 구조 기능의 차이로 이해하여야 한다. 또한 인내심을 갖고 귀를 기울여 들어주고 공감해주면서 본인의 진실한 마음과 관심을 아내가 알아차리도록 언어적 · 비언어적 피드백을 전달하여야 한다. 그리고 아내가 고통스러워하는 자신의 침묵을 가능한 줄이고, 해결책이나 별일이 아닌 일에 대해서도 입을 열어 자신의 마음과 상황을 전달하는 노력을 하여야 한다.

Check 10 다음 부부 대화에서 남녀의 차이와 그 해법을 찾아봅시다.

□ 아내의 불평 불만식 이야기

아내: "당신 요즈음 왜 그래요? 매일 늦게 다니고 휴일에는 운동한다고 집에 없으니 애들이 아빠 얼굴도 잊어버리겠어요. 말 좀 해봐요. 이게 사는 거냐고요?"
남편: "잔소리 또 시작했네. 잔소리 좀 그만할 수 없어?"
아내: "당신은 내가 무슨 말만 하면 잔소리라고 하는데."
남편: "그러니까 가만히 있어."
아내: "아이고 잘났네. 내가 다시 말을 하나 봐라."

□ 남편이 아내의 얘기를 경청하지 못하고 중단시키는 경우

아내: "나 오늘 친구들 모임에 다녀왔어요. 친구들하고 모인 데가 사람이 너무 많아서 밥도 제대로 못 먹고 사람들이 떠드는 소리에 친구들 얘기가 잘 들리지 않아서 귀가 멍멍해져서 장소를 잘못 잡은 것 같아, 그리고 애들이 입고 온 옷들이…."
남편: "그래서 어떻다는 거야, 당신은 매사가 불평불만이야."
아내: "내가 무슨 얘기만 하면 발끈하는데, 나나 되니까 당신 같은 사람하고 살지."
남편: "말 다했어? 내가 어때서. 당신은 얼마나 잘났는데."
아내: "얘기를 꺼낸 내가 잘못이지."

□ 아내가 말을 정확하게 하지 않는 경우

아내: "당신 TV 보는데 내가 왜 옆에 앉아 있는지 알아요?"
남편: "내가 어떻게 알아. 내 얼굴 보고 싶어서 그러나?"
아내: "당신은 집에서 TV만 보는 것 말고 할 일이 없어요? 나하고 얘기 좀 하면 안 돼요?"
남편: "무슨 얘기를 해? 난 할 말이 없는데, 당신이 할 말이 있으면 해봐."
아내: "꼭 할 말이 있어야 얘기하나? 당신은 집에만 오면 입을 다물고 있는 것이 문제야. 아이 재미없어 못살겠어."

□ 남편이 아내의 말에 공감을 못하는 경우

아내: "어머님이 요즈음 계속 진지를 한 숟가락 남겨서 속상해 죽겠어요. 한 숟가락 남긴 밥을 매번 버리자니 아깝고 내가 먹을 수도 없고. 왜 그러신지 몰라? 나에게 섭섭한 일이 있으면 직접 말씀하실 것이지."
남편: "어머니가 입맛이 없어 그러시겠지, 당신이 어머님이 좋아하시는 반찬도 해 드리고 그러면 그러겠어? 뭘 그런 걸 나한테 얘기해, 그런 일은 당신이 알아서 해."
아내: "당신은 내가 어머님 얘기만 하면 항상 어머님 편만 들고 나보고 더 잘하라고 하는데 당신 어머니이지 내 어머니냐고요? 어떻게 그렇게 몰라라 할 수 있어, 나는 이 집에서 뭐냐고?"
남편: "당신이 며느리이지 뭐야? 그럼 내가 직장 가지 말고 어머니 식사를 책임질까?"
아내: "또 억지 소리하네. 당신하고는 말이 통하지 않아 말 안 해"

□ 아내가 남편의 말에 공감을 못하는 경우

남편: "나 요즈음 정말 일할 맛이 안 나. 글쎄 부장이라는 작자가 또 나를 들들 볶기 시작했어. 아무래도 부장 치받아버리고 그만 집어치워야겠어."

아내: "당신이 문제에요. 당신이 평소에 뭔가 부장한테 밉보였으니까 부장한테 당하는 거지. 잘하는 사람을 괜히 부장이 그러겠어요. 그리고 당신은 왜 그렇게 참을성이 없어요. 이 세상에 모든 남자가 당신 같으면 직장에 오래 붙어있을 사람이 없겠네. 지금 당신이 그만 두면 우리 집안 꼴이 어떻게 될지 모르고 하는 소리에요?"

남편: "내 상황이 그렇다는 거지, 뭘 그렇게 내 잘못으로 몰아가나. 당신에게 그런 얘기를 안 해야 하는 건데, 얘기를 꺼낸 내가 잘못이지."

- 남녀의 차이

  남성:

  여성:

- 차이해소 방법

Chapter 13

관계를 악화시키는 대화

대개 다른 사람과의 반복적인 대화는 그 사람과의 관계를 만들어내고 또 그 관계로 인해 대화패턴이 고정되게 된다. 부부나 부모자녀 사이에 불화하는 경우의 대화특징과 진솔한 대화를 방해하는 사고방식에 대해 살펴보기로 한다.

가족관계를 악화시키는 대화의 특징

부부 사이나 부모자녀 사이 같은 가족관계는 다른 인간관계보다 더 가까이에서 많은 시간 동안 상호작용을 교환하는 특성상 각자의 다른 개성과 취향이 빈번하게 충돌할 수 있고 또 익숙한 사람이라는 점 때문에 서로 배려하거나 예의를 갖추어 행동하기가 쉽지 않다. 그 결과 부부간에, 부모자녀 간에 배려하지 않고 무례한 행동을 주고받음으로써 상처를 주고받고 관계를 악화시키며, 극단적인 경우는 관계가 단절되어 고통을 겪기까지 한다. 가족관계를 악화시키는 언행을 예시하면 [표 3]과 같다.

| 표 3 | 가족관계를 악화시키는 언행들

1. 내 말은 항상 옳고 상대방은 틀리다고 생각하여 자신의 요구만 주장하는 언행
2. 매사를 비판하고 비난하며 책임 전가하는 언행
3. 자신은 아무 잘못도 책임도 없는 피해자일 뿐이라는 자기방어적 언행
4. 상대방을 무시하고 강압, 강요, 위협, 통제하는 언행
5. '절망이다. 끝장이다'라고 포기하고 단정 짓고 자학하는 언행
6. 주제에서 벗어난 이야기나 문제를 확대하는 언행
7. 인지적 왜곡과 부정적 태도를 보이는 언행
8. 무반응, 침묵, 회피, 자신의 감정 부인 등의 담쌓기 언행
9. 경청하지 않고 잘못 해석하거나 추측하는 언행
10. 경멸, 조롱, 비웃음, 냉소, 빈정댐 등의 상처 주는 언행

출처: 최규련(1997); 최성애(2005); Moffitt et al. (1986); Stinnett et al. (2000) 재구성.

대화를 방해하는 잘못된 신념과 사고방식

관계를 악화시키는 언행은 실제로 자신의 사고방식과 신념체계에 기초한 주관적인 해석과 기대에서 비롯된 경우가 많다. 예를 들어 남편이 예고 없이 늦게 귀가할 때 아내는 남편이 가정보다 일이나 친구를 더 중요하게 여긴다고 생각하여 화를 내는 반면 남편은 일에서 받는 스트레스를 아내가 전혀 이해하지 못한다는 생각에 불만을 갖게 된다. 이 부부는 각자의 신념과 사고방식을 토대로 상대방에 대해 자동적으로 해석하고 느끼게 되는 것이다. 그리고 자신의 생각과 느낌을 상대방이 받아들이도록 계속 논쟁하고 자신의 해석이 옳다고 증명하려 할 때 두 사람의 관계는 악화된다.

이처럼 많은 사람들은 자신이 현실상황에 대해 해석하고 느끼는 것이 외부에서 일어나는 사건이나 다른 사람의 행동 때문에 결정되는 것으로 믿고 자신의 타당성을 증명하려고 대화를 한다. 그러나 사람이 접하는 모든 환경과 상황은 의식하지 못한 채 자신의 신념과 사고방식이라는 필터를 통과하면서 해석되고 판단되는 것이다. 대부분의 관계를 악화시키는 대화에서는 공통적으로 잘못된 신념이나 고정관념, 비현실적 기대, 인지적 왜곡 같은 사고방식 문제가 대화하는 태도를 잘못되게 하고 또 잘못된 해석을 하게 함으로써 의사소통의 걸림돌로 작용하게 된다.

대화의 장애물로 작용하는 잘못된 신념들과 사고방식들을 예시하면 다음과 같다.

잘못된 신념

잘못된 신념에는 앞에서 살펴본 결혼생활에 관한 통념(신화) 외에 상대방에 대한 통념과 고정관념 등이 있다.

① 결혼생활에 관한 통념

예 원만한 부부는 싸우지 않는다, 사랑하면 갈등이 없다 등

② 상대방에 대한 통념

- 상대방이 내게 관심이 있다면 내가 원하는 것을 알아차려야 한다.
- 상대방이 나를 배려한다면 내가 부탁하는 것을 들어주어야 한다.
- 상대방이 나를 진정으로 사랑한다면 늘 나한테 우선순위를 두어야 한다.
- 상대방이 교양이 있다면 나에게 화를 내지 말아야 한다.
- 상대방이 나를 행복하게 해주어야 나는 행복하다.

- 상대방을 신뢰할 수 있으려면 내가 바라는 기준에 상대방이 맞추어야 한다.
- 상대방은 최소한 내가 농담조로 말하거나 가볍게 지나가는 말을 하더라도 내가 말하려는 의도를 알아차려야 한다.

③ 고정관념

- 남자가 다른 사람한테 도와달라고 하는 것은 남자답지 못한 것이다.
- 남자는 말보다는 행동으로 자신의 본심을 보여주어야 한다.
- 남자가 기분을 말로 표현하는 것은 경박한 행동이다.
- 남편을 사랑하는 아내는 시부모를 부양하려는 마음을 가진다.
- 아내가 사회활동이나 맞벌이를 해도 가정살림과 육아책임은 아내의 몫이다.
- 아이를 낳은 여성은 자동적으로 모성이 생긴다.
- 여자는 당연히 요리를 잘하고 정리정돈을 잘한다.
- 늦게 귀가하는 남자들은 외도할 가능성이 높다.
- 남자와 여자의 심리적 욕구는 똑같다.
- 애들에게는 가정에 무서운 사람이 있어야 제대로 인성교육을 할 수 있다.

왜곡된 사고방식

Beck(1988), Dattilio와 Padesky(1990)는 대화를 심각하게 잘못되게 하는 사고의 오류나 왜곡을 다음과 같이 정리하였다.

① 지나친 일반화

증거가 불충분한 상황에서 확고하게 잘못된 결론을 내리고 '맨날, 항상', '결코',

'절대로', '한번도' 등의 말을 자주 사용함.

② 파국적 사고

단순한 말이나 행동에 기초해 파국적 결론을 내리고 '당신의 그런 행동은 날 사랑하지 않는 증거야' 등의 단정적인 표현을 함.

③ 흑백 양분적 사고

매사를 흑백논리로 양분해서 봄. '나는 당신의 종이었고 당신은 내 위에서 주인처럼 군림했어', '나는 패자였고 당신은 늘 승자였어'라고 말함.

④ 선택적 여과

상대방의 단점, 잘못만 기억하고 부정적인 측면에만 초점을 맞추어 선택적으로 사고하며, 장점과 긍정적인 점을 보지 못함.

⑤ 자기 비하적 사고

상황에 대해 과도한 자책감을 갖고 자신을 비판하여 '내 주제에', '나는 제대로 되는 것이 없어' 같은 표현을 함.

⑥ 독심술 사고

상대방의 행동에 숨겨진 동기를 지레짐작하여 미리 단정해버림. '이 사람의 행동 뒤에는 뭔가 꿍꿍이속이 있어', '당신 속을 내가 모를 줄 알고?' 같은 표현을 함.

그러므로 대화를 원활하게 하기 위해서는 자신의 잘못된 신념체계와 사고방식을 인식하고 그것이 어떻게 대화를 왜곡하고 있는지 자신에게 질문하여 잘못된 신념과 사고방식에서 벗어남으로써 대화하는 태도와 생각을 바로잡는 노력을 하는 것이 중요하다. 그러나 대화법을 배우려는 많은 부부나 부모들이 대화 기술을 열심히 습득하고 연습만 하면 배우자나 자녀와 대화를 잘할 수 있을 것으로 생각하는데, 그보다는 대화 기술을 배우기 이전에 먼저 자신의 신념체계와 사고방식에서 오류나 왜곡을 탐색하고 고쳐서, 대화하는 태도와 대화패턴을 바꾸는 것이 필수적이라 하겠다.

가족과의 관계를 악화시키는 대화 사례

부부관계를 악화시키는 대화 사례

- 상대방의 결점을 무리하게 바꾸려고 헐뜯으며 비난한다.
- 상대방에게 자기방식대로 하라고 강요한다.
- 상대방의 말과 기분을 무시하고, 상대방의 자존심을 건드리는 말을 한다.
- 거칠고 난폭한 언어를 사용한다.
- 남편에게는 체면과 자존심을 죽이는 얘기를, 아내에게는 하찮은 존재로 대하고 성의 없이 차갑게 대화한다.

이혼을 부르는 부부 대화 사례

- 배우자 성격을 놓고 왈가왈부, 지속해서 불만을 얘기하고 잔소리를 한다.

- 부부는 이심전심, 말로 표현하지 않아도 다 알 것으로 생각한다.
- 배우자 가족도 내 식구, 따라서 배우자 가족 험담도 괜찮을 것이다.
- 결혼은 환상이 아니기 때문에 편한 모습까지 다 보여주는 것이 부부이다.
- 부부싸움이나 논쟁 후에는 이혼이나 별거 얘기를 꼭 꺼낸다.

자녀와의 관계를 악화시키는 대화 사례

- 시끄러워! 너는 왜 그렇게 나서니?
- 너는 왜 하는 일마다 그 모양이냐?
- 네가 제대로 하는 것이 뭐가 있니?
- 너만 보면 밥맛이 없다. 아이고 지겨워!
- 넌 왜 커가면서 미운 짓만 하니?
- 넌 왜 그렇게 야무지지 못하니?
- 너만 없었더라면 내가 ~텐데.
- 너 그러면 내 자식도 아니다!
- 이 바보야, 너는 언제 철드니?
- 네가 잘못했잖아. 빨리 잘못했다고 말해!
- 넌 밥 먹을 자격도 없어.
- 너는 형(언니)이 돼갖고 동생보다 잘하는 게 하나도 없으니 한심하다!

Check 11 평소에 배우자, 또는 자녀와의 대화에서 관계를 악화시키는 자신의 언행을 적어 봅시다.

1) 배우자와의 대화:

2) 자녀와의 대화:

Check 12 배우자와의 관계를 악화시키는 대화에 작용하는 자신의 잘못된 신념 및 사고방식을 적어보고 다음과 같이 스스로에게 질문하여 바꾸는 노력을 합시다.

1) 나의 잘못된 신념 및 사고방식:
   (1) 통념:
   (2) 고정관념:
   (3) 왜곡된 사고방식:

2) 이에 대한 확실한 객관적인 증거가 있는가?

3) 배우자와의 관계를 개선하는 대화를 위해 바꿔야 할 자신의 신념과 사고방식은 무엇인가?

Check 13 자녀와의 관계를 악화시키는 대화에 작용하는 자신의 잘못된 신념 및 사고방식을 적어보고 다음과 같이 스스로에게 질문하여 바꾸는 노력을 합시다.

1) 나의 잘못된 신념 및 사고방식:
   (1) 통념:
   (2) 고정관념:
   (3) 왜곡된 사고방식:

2) 이에 대한 확실한 객관적인 증거가 있는가?

3) 자녀와의 관계를 개선하는 대화를 위해 바꿔야 할 자신의 신념과 사고방식은 무엇인가?

Chapter 14

대화 유형 및 스타일

사람들은 가정에서 배우자나 자녀와 대화를 할 때 자신이 의식하던 의식하지 못하던 반복적으로 나타나는 일정한 방식인 대화 유형을 갖고 있다. 다른 사람과 마음을 연결하는 건강한 대화를 하려면 먼저 자신의 대화 유형을 파악하고 건강하지 못한 대화 스타일을 건강한 대화 스타일로 고치려는 노력이 필요하다. 배우자나 자녀와의 대화 유형 및 스타일에 대해 알아보고 자신의 대화를 진단하기로 한다.

Hawkins 등의 의사소통 유형

의사소통에서 언어로 표현되는 정도와 감정표현 정도의 다소를 기준으로 Hawkins 등은 다음 네 가지로 분류한다. 차단형은 자신의 의견을 언어로 표현하지 않고 감정노출도 적어 자신을 개방하지 않는 유형이다. 표출형은 자신의 상태를 언어로 표현하지 않으나 감정은 잘 노출하여 다른 사람이 감정의 변화를 쉽게 알 수 있는 유형이다. 억제형은 언어표현이 많으나 감정노출은 적은 유형으로 이성적인 면에 치우쳐 표현하는 유형이다. 친숙형은 언어표현과 감정노출을 모두 잘하여 자신을 개방하는 유형이다.

이 중 가장 바람직한 것은 친숙형이고 가장 바람직하지 못한 것은 차단형이다.

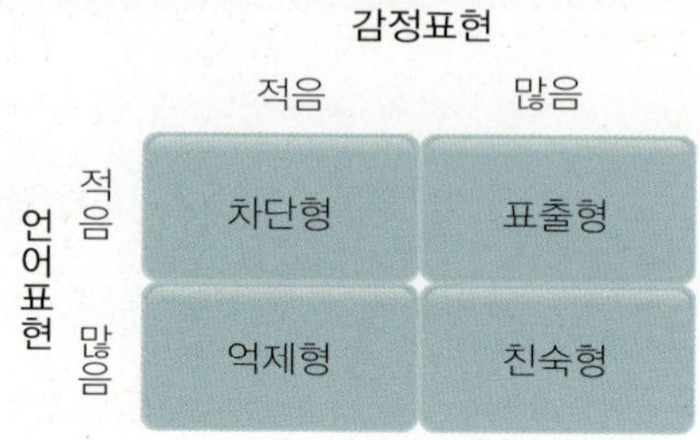

[그림 5] Hawkins 등(1980)의 의사소통 유형

Satir의 의사소통 유형

의사소통 가족치료 모델을 개발한 Satir(1979)는 사람들이 스트레스 상황에서 생존하고 대처하기 위해 사용하는 방식과 전략을 의사소통으로 명명하고, 자존감이 낮은 사람은 회유형, 비난형, 초이성형, 산만형 등의 네 가지 역기능적인 의사소통 유형으로 대처하는 반면 자존감이 높은 사람은 일치적 의사소통 유형을 보인다고 하였다.

회유형

이 유형은 상대방과 부딪히는 게 싫어서 무조건 상대방을 기분 좋게 만들고 상대방이 성내지 않도록 애쓰며 자기가치나 자신의 감정을 무시하고 숨기는 것이 특징이다. 그리고 "나는 항상 좋은 사람이어야 한다. 어느 누구에게도 화를 내서는 안 된다."라든가 “당신이 어떻게 해도 나는 괜찮아”, “당신이 좋다면 나는 좋아요”, “나 혼자 참아서 집안이 평화로우면 좋은 거지.”라고 말한다. 이들은 상대방이 조금이라도 불편해하면 무조건 잘못했다고 사과를 하고 자신의 감정과 상관없이 상대방의 비위를 거스르지 않고 모든 일에 따라간다. 결국, 이들은 상황과 상대방은 존중하나 자기 자신은 무시하게 되고 저자세로 살면서 자기주장을 하지 못하고 사는 결과 마음속의 불만이 쌓여서 신경과민과 우울을 경험한다. 이 유형이 가지는 자원은 다른 사람에 대한 민감성과 배려이다.

비난형

이 유형은 상대방에게 모든 잘못의 원인이 있다고 생각하며, 자신은 하나도 잘못한 것이 없고 항상 떳떳하고 옳다고 한다. 항상 “너는 아무것도 제대로 하는 것이 없어.”, “당신이 늘 문제야.”, “도대체 사람이 왜 그래. 어디 이상한 것 아니야?”라고 말한다. 때로 겉으로는 아주 강하고 힘이 있는 사람처럼 보이나 내면에 열등감이 있어서 자신을 보호하고 다른 사람이 자신을 힘이 있고 강한 사람으로 인식하게 하려고 다른 사람의 잘못을 찾아내고 비난한다. 그들의 거친 비난은 내면의 외로움과 실패감, 소외감을 호소하는 것이라고 Satir는 지적한다. 이들은 자신과 상황은 존중하나 상대방에 대해서는 이해하려고 노력하지 않고 오직 다른 사람의 잘못과 약점을 지적하고 비난하는 결과, 화를 잘 내고 폭언과 폭력을 사용할 가능성이 높은 것이 특징이다. 이 유형의 자원은 자기주장을 강하게 하는 것이다.

초이성형

이 유형은 스스로 똑똑하고 지적이고 합리적이라고 생각하고 항상 바른말만 하고 상대방이 싫은 소리를 해도 전혀 감정적인 반응을 보이지 않아 감정이 없는 것처럼 보이는 유형이다. 자주 “우리 논리적으로 따져보자.”, “그것이 이치에 맞는 말인가?”, “나는 원칙에 없는 일을 할 수 없어.”라고 말한다. 상대방이 감정적으로 반응해도 조용하고 나지막한 목소리로 논리정연하게 설명하고 원칙을 주장하므로 다른 사람이 도저히 반론을 제시할 수 없게 만든다. 특히 자신이 감정적으로 같이 말려들지 않는 것을 자랑스럽게 생각하고 모든 상황에서 자기논리를 펴서 따져보고 지적으로 정확하고 논리에 맞아야 안심하는 특징이 있고, 자신과 상대방의 감정을 다루는 데는 미숙하여 상대방에게 감정이 없는 기계(컴퓨터)처럼 느끼게 한다. 경직되고 논리와 원칙을 중시하는 내면에는 상처받기 쉽고 조심하려는 마음과 고립감, 긴장감, 강박감을 갖고 있다. 이들은 상황만 존중하고 자신과 상대방은 무시하는 것이 특징이며, 자원으로 지식을 갖고 있다.

산만형

이 유형은 다른 사람의 말에 직접 반응을 하기보다는 대화의 주제를 바꾸거나 상황과 관계가 없는 이야기들을 해대거나 분주하게 여러 가지 행동을 한다. 대화에 일정한 방향이 없이 주제와 관계없는 말을 많이 떠벌리고 뜻이 통하지 않는 말을 하여 요점이 없고 계속 움직이고 주제에 주의집중을 못 하는 것이 특징이다. “이대로 날 놔둬”, “난, 이런 분위기가 싫어. 왜 그렇게 심각해?”, “날 내버려 둬 상관하지 마라.”라고 말한다. 이들의 행동 이면에는 진지한 논쟁을 하는 것이 두렵고 깊이 대화를 하는 상황에 자신이 부적절하다고 생각하고 혼돈감을 느끼기 때문에 어떻든지 과잉행동이나 부적절한 행동, 방해하는 행동을 해서 다뤄야 할 주제로부터 다른 사람의 관심을 분산시켜 진지한 대화를 피하려는 의지가 숨겨 있다. 이들은 자신과 상대방과 상황 모두를 무시하는 것이 특징이며 자원으로 즐거움, 창의력, 자유추구 등을 갖고 있다.

일치형

이 유형은 기능적이고 건강한 의사소통 유형으로서 자존감이 높고 언어표현과 표정, 음조 등의 비언어적 표현 및 감정표현이 일치되고 일관성이 있으며 표현이 적절하고 분명하다. 내적으로 조화로움과 균형감, 안정감을 갖고 창조적이고 생산적인 행동을 한다. 자신의 고유성과 개성을 인정하고 변화에 대해 개방적이며 융통성이 있으며 신체자세와 목소리, 음조, 표정이 자연스럽고 모순이 없다. 예로 여러 가지 언어표현에 목소리와 신체자세, 눈과 얼굴표정, 억양 등이 자연스럽게 뒷받침하여 분명하게 메시지 전달이 된다. 이 유형은 자신과 상황, 상대방을 모두 존중하는 특징을 가지며, 자원으로 높은 자존감과 관계성, 연결감을 가진다.

다음의 예는 일치적 의사소통을 나타내는 것이다.

- 상대방의 질문에 대해 "왜 질문하나?" 또는 "왜 알고 싶은가?"라고 되묻기보다 질문에 직접 대답한다.
- 장황하게 돌려 말하지 않고 구체적으로 분명하게 의사를 표현한다.
- 솔직하게 "예" 혹은 "아니요"라고 말한다.
- 처음부터 비판하는 대신에 상대방의 의견, 생각, 행동, 상황을 고려하여 자신의 의견을 적절히 표현한다.
- 모든 새로운 상황과 문제에 대하여 고정관념을 갖지 않고 열린 마음으로 용기있게 직면하며, 지혜를 사용하여 선택이나 결심을 하므로 상황에 적절하게 의사소통을 하는 결과 문제해결과 다른 사람과의 관계 증진에 도움이 된다.

Miller 등의 대화 스타일

부부 대화법(Minnesota Couple Communication Program)을 개발한 Miller 등(1996, 2010)은 의사소통하는 방법을 대화 스타일이라고 명명하고 대화 내용의 효과보다 더 크게 대화하는 태도와 마음을 전달하는 힘을 가진다고 하였다. 그러므로 대화 스타일이 어떤가에 따라 정보의 질과 신뢰감, 친밀감의 수준이 달라지는 결과 상대방과 효과적으로 연결하는 대화에 성공할 수도 있고, 실패할 수도 있을 정도로 대화 효과에 미치는 영향은 아주 크다. 이들은 대화 스타일을 크게 네 가지로 구분하였다.

대화 스타일 Ⅰ

일상적 말하기

일상생활 말하기는 생활의 모든 면에서 관해서 가볍게 대화를 하거나 농담하는 것을 말하고 서로 접촉하고 일상적인 정보를 교환하기 위하여 사용하는 즐거운 대화 방식이며, 따뜻하고 친절한 대화에서 약간의 친밀감을 나누는 대화까지 다양한 범위를 가진다. 주로 다른 사람을 만나고 헤어질 때 인사로 주고받는 말이나 근황, 날씨, 뉴스성 정보에 관한 대화, 잡담 등이 이에 속한다.

예를 들면 "어서 오세요." "안녕히 주무세요." "반갑다." "잘 있었니?" "나중에 봐요." "잘 자라." "오늘 별일 없었지?" "오늘 날씨가 몹시 춥네요." "비 오는데 오느라 고생했다." "친구 딸이 이번에 00기업에 취직했대요." "오늘은 일찍 왔네." "밥 먹었니?" "이것 먹어봐라." "밥 같이 먹자." 등의 말이다. 흔히 경상도 남자들은 무뚝뚝하여 가정에서 퇴근하면서 "내다." "알라는?" "밥 묵자." "자자."라는 네 마디를 하고 산다는 극단적인 얘기도 있다.

더 많은 일상적 대화를 나눔으로써 긴장된 기분을 완화시키고 압박감을 풀어주어 분위기를 좋게 하며, 관계를 일상적이고 가벼운 수준으로 즐기는 효과가 있다.

일 중심 말하기

정보교환과 활동과 계획, 확인하기 등의 일에 관한 말하기를 하는 것으로 전형적인 일 중심 말하기의 예는 다음과 같다. "모임이 오후 1시에 시작하니까 우리는 거기에 12시 반까지 가야 해요."처럼 일정과 활동계획에 관하여 말하거나 "병원에 갔더니 의사가 아이의 편도선이 부었는데 약을 3일간 먹으면 나을 거래요.", "통장 잔고가 백만 원도 안 되네요."처럼 사실과 관찰한 사항 보고하기, "자동차세 납부했어요?", "오늘 병원 다녀왔나요?", "오늘 성적표 받아왔니?"처럼 확인하기 위한 말 등이 이에 속한다.

일 중심 대화를 하면 일상적인 일이 진행되는 상황과 생활의 변화를 알려 주는 효과가 있다. 배우자나 자녀와 일 중심 대화만을 하게 되면 상호 마음을 이해받고 이해하는 면이 부족하게 되어 관계가 생기를 잃게 된다.

관습적 듣기

관습적 듣기는 일상적 말하기나 일 중심 말하기에 수반되는 것으로 다른 사람들과 접촉하고 어울리고, 일상적인 일이나 정보 확인, 일정계획 등에 관하여 보통으로 듣는 스타일이다. 전형적으로 편안하게 듣고 관심이 있는 이야기는 잘 듣지만, 접촉을 유지하기 위해 가벼운 질문을 하거나 자기 경험을 이야기하기도 하고 다른 주제로 바꾸고 싶거나 듣기 싫은 때는 건성으로 듣기도 한다. 이런 듣기를 통해 편안하고 즐거운 시간을 함께 갖고 일상적인 사건과 일에 대한 대화를 계속하게 되어 평상적으로 원활한 생활이 가능하지만, 문제가 생기게 되면 이런 듣기만으로 충분하지 않다.

대화 스타일 II

이 대화 스타일은 통제와 권력을 통하여 상대방에게서 동의나 복종을 얻어내거나 변화에 반항하는 것으로 스타일 II를 사용하면 강압적인 것을 통해서 상대방에게 어떤 결과를 얻어내려는 의도가 있어 부작용이 따르고 관계에 부정적인 영향을 주는 것이 특징이다.

통제식 말하기

권위적인 자세로 상황을 장악하고 지배하려는 의도로 명령하거나 지시하기, 주의시키고 경고하는 것, 평가하거나 충고하는 말, 자기자랑 등이 이에 속한다. 예를 들어 "세탁소에 들러 옷을 찾아와." "추우니까 이 옷 입어." "계속 늦게 오면 밥 안 줄 거야." "일찍 와, 늦으면 안 돼." "조심해. 길이 미끄러워." "오늘 잘했어." "조용히 해라." "공부해라." "방 정리해." "빨리 밥 줘." "비타민 먹어라. 그러면 감기예방에 좋다." "나는 원래 거짓말을 해 본 적이 없어." "다음부터는 설거지를 하고 뒷정리를 하도록 해." "당신은 밝은색 옷을 입어야 어울려." "청소를 그런 식으로 하려면 하지 마." 등의 말이다.

통제식 말하기를 하여 상대방이 순응할 때는 상황을 통제하고 일을 추진하는 것이 된다. 그러나 지시와 명령조 말하기가 지속되면 상대방에게 속박감, 오해, 거리두기, 긴장감, 저항을 유발할 수 있고, 상대방이 지시를 거역하거나 무시하는 반응을 하는 경우 즉시 다툼식 말하기나 앙심품고 말하기가 나타날 수 있다. 만약 다른 사람과 통제식 말하기를 계속한다면 그 사람은 관계에서 힘겨루기나 권력투쟁 중임을 징조로 보이는 것이다.

다툼식 말하기

다툼식 말하기는 통제식 말하기보다 더 적대감과 분노, 불안감을 갖고 직접 공격하는 것이다. 자신이 올바르고 강하고 우월하고 정당함을 보여주고자 비판하기, 비난하기, 처벌하기, 자신을 방어함으로써 책임 회피하기, 위협하기, 폭언과 폭력적인 행동하기 등이 이에 속한다. 예를 들어 "당신은 한번도 행동하기 전에 생각한 적이 없어!", "집에 있는 여자가 반찬 하나 제대로 만들지 않고 뭘 하는 거야?", "이것을 월급이라고 갖고 오는 거야?", "엄마 노릇을 어떻게 하기에 애 성적이 그 모양이지?", "당신은 돈만 갖다 주면 할 일을 다 하는 거요? 당신은 아빠면서 애 공부에 관심이나 둬본 적이 있어?", "당신이 어떻게 생각 하든 말든, 나는 제대로 했어!" 등 주로 다투면서 사용하는 말이다. 또 "당신도 생각이 있다면 일을 이렇게 그르치지 않았을 거야." "당신은 게으르고 무책임한 인간이야." "이 바보야, 내가 몇 번이나 똑같은 말을 해야 하니?"처럼 멸시나 무시, 욕하기, 조롱하는 말을 하거나 "당신이 생각하는 건 오로지 돈뿐이야!" 처럼 투사하는 말하기, "한 번만 또 그러면 이제는 끝장이야."처럼 최후통첩하기, "네까짓 것이 나에게 덤벼? 덤벼봐. 나를 쳐봐!"처럼 도전하고 비웃는 말하기 등이 있다.

이와 같은 대화 스타일은 욕구와 기대가 좌절될 때 폭발적으로 나타나고 실망, 좌절, 불안, 공포 등의 감정을 포함하며, 문제보다는 사람을 인신공격하는 것이 특징이다. 이런 스타일의 말하기를 하게 되면 속 시원하게 말함으로써 오랜만에 마음속에 쌓인 것들을 쏟아내는 면이 있지만, 그 결과 상대방을 무시하거나 멸시하고, '너는 형편없다'는 태도와 분노를 전달하며 자신과 타인의 감정을 알아차리지 못하게 되어 감정 통제가 어려운 상태가 되기 쉽다. 그에 따라 상대방에게 상처를 주고 분노, 방어, 저항, 긴장, 스트레스를 유발시켜 똑같이 갚아 주려는 마음을 갖게 하며 폭력적이고 불안한 환경을 조성한다. 결국, 다툼식 말하기는 문제에 대해 중요한 정보와 협동적인 해결책을 차단하게 되어 문제가 해결되지 않았다는 신호가 되는 것이다.

앙심품고 말하기

이 스타일은 마음속의 상처와 분노를 우회적으로 표현하여 상대방에게 보복하고 무력화하고자 하는 말로서, 솔직하지 않게 간접적으로 상대방 밑에서 권력을 행사하여 상대방을 끌어내리고 무시하고 비꼬고, 상처와 불신, 복수심 등을 숨기며, 무관심한 듯 보이고 수동적인 자세로 강한 위치가 아닌 '약함'을 통하여 통제하려고 한다. 그리고 '불쌍한 나'라는 태도를 전달하면서 자신을 비하하고 '희생자'로서 자신을 바라보는 특징을 보인다. 내면에는 화가 나 있고, 비관적이며, 무관심하게 거리를 두고, 무력감을 보이며 비언어적으로는 한숨, 조소적・멸시하는 억양, 낮은 자세, 긴장된 침묵, 벽 쌓기, 질문해도 답변하지 않기, 뿌루퉁하기, 화나서 움츠리고 있기, 감정을 보이지 않기 등의 행동을 보인다. 언어적으로는 상대방을 비꼬거나 빈정대는 말들이 이에 속한다. 예를 들어 "그렇게 똑똑하면 직접 하시지그래?" "잘 난 사람이 하지." "나는 워낙 머리가 나빠서, 머리 좋은 사람이 어련하시겠어." "몰라, 잘 아는 당신이 알아서 해." "아무도 나에게 관심이 없어." 등이 이에 속한다.

이런 유형의 말하기는 상대방에게 죄의식과 긴장을 유발하고 에너지를 상실하고 소진하게 하며, 창조적인 마음을 질식시켜서 갈등을 심화시킬 수 있다. 이 앙심품고 말하기와 다툼식 말하기는 공통적으로 분노를 표출하고, 건강에 부정적인 영향을 주며, 계속되면 자기를 속이는 결과를 가져오고, 싸움 끝에 승자와 패자가 생기며 관계가 더욱 나빠지게 되는 특징이 있다.

스타일 II는 사용되는 언어 외에 비언어적인 것－자세, 제스처, 목소리, 음색, 억양과 속도와 얼굴 표정－들이 이러한 메시지를 전달하는데 아주 중요한 역할을 한다. 통제식 말하기 유형은 건설적인 의도로 메시지를 보내는 반면 다툼식 말하기와 앙심품고 말하기 유형은 부정적이고 잠정적으로 파괴적 메시지를 보내는 것이 차이점이다.

평가적 듣기, 대응적 듣기

이런 유형의 말하기에 수반하는 듣는 방법은 자신이 대화를 장악하려는 의도로 듣는 것이다. 그러면 다른 사람의 말하는 내용이 자신에게 유용한지 유용하지 않은지, 또는 그 내용에 동의하는지, 반대하는지에 대해 평가자의 위치에서 정보를 통제할 목적으로 듣게 되고 자신의 관점에 맞지 않는 정보를 무시하고 반박하려고 한다. 즉 이 유형의 듣기는 다른 사람의 경험보다는 자신의 경험에 더 많이 집중하는데 초점을 두는 것이 특징이다. 평가적 듣기는 평가하는 강도가 다양할 수 있지만 듣는 사람의 행동은 불안하고 방어적이 되는 결과, 방어적 형태인 대응적 듣기가 되기 쉽다. 대응적 듣기는 자기 생각에만 집착해서 충분히 상대방의 얘기를 듣지 않고 다음에 할 말을 준비하거나 도중에 말을 가로채는 행동을 한다.

평가식과 대응적 듣기의 예는 '그것은 옳다, 틀렸다, 좋다, 나쁘다, 제대로 했다, 잘못했다, 영리하다, 어리석다'처럼 판단하기, '속으로 반박할 말을 준비하기', 대화를 장악하고 논쟁하기 위하여 '상대방의 말에 끼어들거나 질문을 던지기', '선별적으로 듣거나 주의를 기울이지 않기, 중요한 정보를 무시하기', '추측하기, 마음 읽기, 자신의 경험을 다른 사람에게 투사하기', 숨겨진 의제를 감추려고 "당신은 이런 것을 생각하지 않아?"라고 질문하기, "왜"로 시작하는 질문 사용하기, "당신이 무엇을 생각하고 있는지 말해요. 크게 말해요"라는 등의 행동을 한다.

평가식 듣기와 대응적 듣기 스타일은 대화에 활력을 주고 행동을 촉진하는 긍정적인 면이 있어서 짧은 시간 안에 결정하여야 할 때, 중요한 정보를 단기간에 얻기 위해서는 불가피할 수 있지만 많은 경우 그 영향은 부정적이다. 특히 설명하려고 말하는 사람에 대해 성급하게 반대하는 것은 정보를 주고받기보다는 오히려 누가 옳은지 틀렸는지를 경쟁하는 힘겨루기가 된다. 그리고 자신의 의견에 집착하여 상대방을 깎아내리는 태도를 보여서 일치감과 신뢰를 손상하고 단편적이고 부정확하고 혼동된 정보를 난무시킴으로써 갈등이 증폭되거나 잘못된 결정을 하게 만든다. 그 결과 효율적이지 못하고 불만스런 결과로 스트레스, 긴장, 좌절, 분노, 방어적 행동, 저항을 유발하며 관계를 악화시키게 된다.

대화 스타일 Ⅲ

탐색적 말하기

탐색적이란 의미는 정보와 생각에 초점을 맞춘다는 것이다. 이런 유형의 말하기는 불확실한 문제에 관하여 시간을 갖고 개방적이고 합리적인 대화방식으로 사실을 확인하고 원인이나 가능성, 대안과 해결책에 관하여 차분하고 객관적으로 정보를 수집하고 생각하도록 하여 의견을 나누는 것이다.

예로 "당신이 밥을 다 먹지 않고 남기니까 음식이 맛이 없어서인지, 바깥에서 신경 쓰는 일이 있어선지, 입맛이 없어서인지 여러 가지 생각이 드네요."라고 하거나 "요즘 당신이 잘 웃지도 않고 집에서 얘기도 안 하는데 뭔가 걱정거리가 있는 건지, 컨디션이 좋지 않아선지, 뭔가 불만이 있어선지 알고 싶네요."라는 등 원인을 분석하거나 "옷을 홈쇼핑으로 사는 방법과 인터넷쇼핑으로 사는 방법, 백화점 세일 기간에 사는 방법, 시장을 이용하는 방법이 있는데 각각의 장단점을 생각해 봅시다."처럼 제안하기, "체중을 줄이려면 빨리 걷기를 하거나 자전거를 타는 방법이 어때?"와 같은 해결책을 제시하기 등이 이에 속한다.

이 탐색적 말하기를 사용하면 일상적이지 않은 복잡하고 불확실한 문제에 안전하게 접근할 수 있고, 긴장감 없이 새로운 아이디어를 발굴하며, 대안과 정보를 확장하려는 생각을 모을 수 있는 긍정적인 점이 있다. 그러나 분석과 대안을 제시하고 의견을 나누는데 치중하는 결과 종종 피상적 대화에 그치고 중요하고 깊은 감정적인 문제를 간과할 수 있으며, 대안 행동을 실천하는 데 필요한 책임감을 회피하는 수단이 될 수도 있다.

탐색적 듣기

탐색적 말하기에 수반하는 듣기는 역시 정보와 생각에 초점을 둔 탐색적 듣기이다. 탐색적 듣기는 복잡하거나 일상적이지 않은 문제와 상황에 관련된 중요한 정보를 주로 질문을 통하여 파악하게 된다. 이때 질문은 대화를 시작하거나 유도하고, 정보를 확인하거나 확장하고, 비난하지 않는 식으로 조사하고, 오해나 혼동 부분을 명료화하고, 대안을 만들어 내거나 조언을 구하기 위해 사용된다. 질문 형태에 따라 말하는 사람이 제공하는 정보의 종류와 질이 축소되거나 확장되며, 바람직한 질문은 양자택일식 질문이 아닌 개방질문이다. 동사 형태에 '누구', '무엇', '어디에서', '언제', '어떻게'를 붙이게 되면 개방질문이 되며 이로써 더 많은 정보를 얻어낼 수 있게 된다.

탐색적 듣기를 하는 결과 자유롭게 의견말하기(brain-storming)와 의사결정, 문제 탐색, 해결책 조사, 갈등해결 등이 원활하게 될 수 있는 긍정적인 점이 있다. 그러나 의도적이든 의도적이지 않던 간에 개방질문을 하면 말하는 상대방의 이야기의 흐름을 일시적으로 막고, 중요한 정보에서 대화가 벗어날 수 있고, 말하는 사람의 경험이 아닌 듣는 사람의 흥미나 경험으로 초점이 이동하며, 직접적 정보에 주의를 집중하기보다는 다음 질문을 생각할 위험이 있다. 또 정보를 얻기 위해 알게 모르게 질문하는 만큼, 대화의 흐름을 주도하거나 대화를 성급하게 막고 그릇되게 할 수도 있다.

그러므로 질문할 때는 다음을 고려해야 한다.

- 나는 동의나 반대를 위하여 듣고 있는가? 아니면 이해하기 위해 듣고 있는가?
- 나는 대화를 주도하고 있는가? 아니면 상대방이 주도하는 대화에 따라가고 있는가?

대화 스타일 Ⅲ의 탐색적 듣기는 상대방을 이해하기 위하여 대화를 주도하는 특징을 가지는 것이고 그에 따라 정보를 확장할 수도 있지만 놓칠 수도 있다. 반면 상대방에 대해 동의나 반대를 위하여 따라가는 특징을 가진 것이 대화 스타일 Ⅱ의 평가식 듣기이고, 상대방에 대해 동의나 반대를 위하여 대화를 주도하는 특징을 가진 것이 대화 스타일 Ⅱ의 대응적 듣기이며 이 두 가지 듣기 스타일은 정보를 제한하고 막을 뿐만 아니라 좌절과 스트레스를 주는 결과를 초래하는 역기능적 듣기이다.

대화 스타일 Ⅳ

자각적 말하기

자각적 말하기는 생각 없이 말하지 않고 어떤 상황에 관한 자기 경험의 모든 부분을 표현하는 것이다. 이 말하기 스타일은 자신과 상대방을 배려하는 태도로 상대방과 협동하고 연결하는 관계를 위하여 직접적으로 명확하고 솔직하게 표현하며, 특히 다른 스타일에서 말하지 않았던 정보—특히 감정, 소망, 그리고 행동하려는 의지—를 자각하면서 안전하고 진지하게 자신의 말로 표현하여 상대방이 자신을 충분히 이해하도록 하는 것이 특징이다.

자각적 말하기를 하는 방법으로 자신의 경험에 접촉하여 있는 그대로를 수용하고, 자신의 경험에 대한 소유의식과 책임감을 가지고 자기 조절(self-control)을 하면서 다음에 대해 표현하는 것이다. 즉 문제 확인하기, 의견차이와 갈등문제를 인정하고, 자신의 행동에 책임지기, 사과하기와 용서 구하기, 감사와 즐거움 등의 긍정적 감정 표현하기, 걱정과 속상함, 미안함 등의 부정적인 감정 표현하기, 지지와 소망을 밝히기, 새로운 행동 약속하고 지키기 등이 전달되는데 그 구체적인 방법은 다음 말하기 기술장에서 다루게 된다.

자각적 말하기를 하면 상대방에게 깊고 풍부한 정보를 전달하여 자신의 진실한 생각, 감정, 소망을 공유하게 되고, 문제를 진지하게 의논하여 서로에 대한 이해가 깊어짐으로써 관계에서 친밀감과 신뢰감, 연결감이 증진되고 문제해결을 위한 행동이 실행되는 효과가 있다. 그리고 이러한 자기개방은 상대방의 개방을 촉진하고 상호 간에 새로운 이해와 문제해결능력을 증진시키는 긍정적인 결과를 가져온다.

그러나 모든 상황에서 자각적 말하기를 하는 것은 지혜롭지 못할 수 있다. 예를 들어 상대방에 따라 자신의 솔직한 자기개방을 좋지 않게 이용하거나 다른 목적을 위한 수단으로 삼을 수도 있고 그 결과 말한 사람이 상처를 받거나 관계가 악화될 수 있는 것이다.

경청하기

경청하기는 문제의 핵심과 상대방을 충분히 이해하는 방법이다. 이 듣기 스타일은 스타일 II의 평가식 듣기나 대응적 듣기처럼 대화에서 일부러 영향을 미치려고 하거나 통제하려 하지 않고, 또 스타일 III의 탐색적 듣기처럼 주도하면서 이해하기를 추구하는 것이 아니고, 상대방이 할 말을 다 해서 마음을 다 표현하도록 따라감으로써 이해하기를 추구한다. 그 구체적인 방법은 다음 경청 기술 장에서 다루기로 한다. 경청하기의 결과로 정보 확장이 촉진되어 아주 풍부한 내용을 공유함으로써 안전하게 문제를 해결하며 관계가 강화되는 긍정적인 효과가 있다.

Miller 등(2011)은 신경심리학자들이 주장하는 두뇌의 두 가지 회로 개념을 이용하여 이상의 대화 스타일들을 낮은 수준(내리막 길)과 높은 수준(오르막 길)의 두 가지 방식으로 표현하였다. 낮은 수준의 대화방식은 두뇌 아래와 중간 부분을 거쳐 행동에 도달하는 길로 반사적이고 무의식적, 본능적이며, 아주 강력하고 쉽게 흥분되기 때문에 두뇌의 사고기능을 제한한다. 주로 비언어적 메시지로 빠르게 전달되며, 스타일 II의 다툼식 말하기, 앙심품고 말하기, 평가식 듣기, 대응적 듣기가 이에 속한다. 반면 높은 수준의 대화방식은 두뇌 중간부분에서 상부를 거쳐 행동에 도달하는 길로 두뇌의 사고 기능을 활성화시켜 이성적이고 의식적으로 자각하게 하여 두뇌 중간 부분에서 발생한 강력한 욕구와 정서를 통합하고 조절함으로써 차분하게 대처하는 특징을 가진다. 주로 언어적 메시지로 느리게 전달되며, 스타일 Ⅲ의 탐색적 말하기와 듣기, 스타일 Ⅳ의 자각적 말하기와 경청하기가 이에 속한다.

그러므로 낮은 수준(내리막 길)의 대화방식은 문제나 긴장상황이 발생하였을 때 감정 조절을 하지 못해 문제를 해결하지 못하고, 상황을 더 어렵게 만들거나 갈등을 상승시키며 관계에 손상을 가져오는 단절된 커뮤니케이션이다. 이에 반해 높은 수준(오르막 길)의 대화방식은 원초적인 감정에 끌리기보다는 탐색적으로 문제에 대해 사고할 기회를 갖고, 자신과 상대방에 관한 이해를 확장함으로써 문제를 완벽하게 이해하고, 문제 상황에 효과적으로 대처하기 위한 자신의 모든 능력을 활용하여 협동적인 관계로 만들어주는 연결된 커뮤니케이션이다. 이중 높은 수준의 대화방식은 배우지 않아도 자연 발생적으로 나타나는 낮은 수준의 대화방식과 달리 배우고 연습하고 반복적으로 훈련하여야만 습득되는 속성이 있다. 따라서 부부 사이에 그리고 자녀와 높은 수준의 대화방식을 사용하고 올바른 대화문화를 정착하려면 시간을 내어서 대화법 프로그램에 참가하여 배우고 생활에 실천하는 것이 필수적이다.

Chapter 15

대화 진단

최근 모 신문사에서 조사한 내용이다. 전국 40~50대 남녀 500명에게 '하루 평균 부부 대화 시간'을 물었다. '하루 30분 미만'이라는 응답이 42%, '30분~1시간'이 29%였다. '배우자가 가장 야속하게 느껴질 때가 언제인가?'라는 질문도 있었다. 남성 35.4%는 아내가 '본 척 만 척 무관심할 때'이고, 여성 54.3%는 남편의 '늦은 귀가 · 외박'이라고 답했다(독서신문, 2012). 대체로 대화가 적은 부부일수록 남편이 아내의 이야기를 차분하게 들어주지 않고 말하는 주제를 바꾸어 대화를 주도하고 자기주장을 앞세워서 지배하려는 성향을 보인다. 그리고 아내는 남편에게 사소한 것이라도 말하고 싶어하고, 남편이 조금이라도 챙겨주기를 원하나 자신의 마음을 남편에게 정확하게 전달하지 못하는 경향을 보인다. 그 결과 부부의 대화는 의도하지 않던 방향으로 가게 되고 대화가 불통되어 한집에 살면서도 타인처럼 느껴지게 된다. 결국 부부간의 소통 부진이나 불통이 부부를 '가까이 있어도 머나먼 당신'이 되게 하여 부부문제의 원천이자 문제해결을 막는 장애물이 되는 것이다.

다음의 진단표를 이용하여 자신의 부부 대화를 진단하고 자녀와의 대화도 진단하기로 한다.

부부 대화 진단

다음과 같은 대화 진단을 통해 자신의 부부 대화 개선 방안을 찾아보면 도움이 된다.

※ 다음 사항에 해당하는 것을 직접 기입하거나 보기 중에 골라 ○표하시오.

1. 하루 평균 배우자와 대화하는 시간이 어느 정도입니까? ________시간 ________분

2. 배우자와 대화할 때 주로 어떤 주제에 대해 얘기하십니까?

____

3. 자신과 배우자는 다음의 여러 대화유형 분류에서 각각 어떤 대화유형에 속합니까?

A: Hawkins 등의 의사소통 유형

	자신	배우자
1) 차단형	______	______
2) 표출형	______	______
3) 억제형	______	______
4) 친숙형	______	______

B: Satir의 대화유형(스트레스 상황에서)

	자신	배우자
1) 회유형	______	______
2) 비난형	______	______
3) 초이성형	______	______
4) 산만형	______	______
5) 일치형	______	______

C: Miller 등의 대화 스타일

대화 스타일		자신(전체 100%)	배우자(전체 100%)
대화 스타일 I	일상적 말하기, 습관적 듣기		
	일 중심 말하기, 습관적 듣기		
대화 스타일 II	통제식 말하기, 평가식 듣기		
	다툼식 말하기, 대응적 듣기		
대화 스타일 III	앙심품고 말하기, 대응적 듣기		
대화 스타일 IV	탐색적 말하기, 탐색적 듣기		
	자각적 말하기, 경청하기		

4. 스트레스 상황에 당신은 배우자와 어떻게 대화하십니까?

	예	아니오
1) 나는 속 얘기를 배우자에게 잘하는 편이다.	______	______
2) 나의 감정과 기분을 배우자에게 잘 말하는 편이다.	______	______
3) 배우자를 공격하는 듯한 말이나 거친 말을 한 적이 있다.	______	______
4) 말 할 주제에서 벗어나지 않는 편이다.	______	______
5) 말하기 전에 미리 생각해보고 말을 하는 편이다.	______	______
6) 내가 바라는 것에 대해 분명하게 표현한다.	______	______
7) 배우자의 말을 끝까지 들은 다음 대답하는 편이다.	______	______
8) 배우자의 말에 귀 기울이고 집중해서 듣는 편이다.	______	______
9) 배우자의 말을 들을 때 그 배경의 감정까지 이해하는 편이다.	______	______
10) 들으면서 배우자의 속사정을 잘 이해하는 편이다.	______	______
11) 배우자가 얘기를 충분히 하도록 반응하고 격려한다.	______	______
12) 정확하게 들었는지 확인하기 위해 들었던 말을 요약한다.	______	______
13) 의견 충돌이 생기면 상대방 입장을 파악하려고 하는 편이다.	______	______
14) 문제를 의논하기 위한 시간과 장소를 미리 제안한다.	______	______
15) 문제에 대해 차분하게 대화로 해결하려고 한다.	______	______
16) 배우자에게 나의 결정에 따르도록 강요하는 경우도 있다.	______	______
17) 배우자와 의견이 대립하면 말싸움을 한 적이 있다.	______	______
18) 문제에 대해 의논해도 해결이 되지 않아 대화가 소용없다는 생각을 한 적이 있다.	______	______

■ 채점 시 3번 문항, 16번~18번 문항은 '아니오'를 1점씩 계산하고, 1번~2번 문항과 4번~15번 문항은 '예'를 1점씩으로 하여 합산함

- 부부 대화에서 나의 말하는 방법은?(1번~6번 점수합계) ______________
- 부부 대화에서 나의 듣는 방법은?(7번~12번 점수합계) ______________
- 부부 대화에서 나의 갈등해결방법은?(13번~18번 점수합계) ______________
- 부부 대화에서 내가 개선하는 노력을 해야 할 것은?(각각 총 점수 3점 이하는 개선 노력이 필요함)

____

5. 부부 대화의 유형, 스타일, 방법 전반에서 자신이 바꾸고 노력하여야 할 것은?

대화 유형: ____

대화 스타일: ____

대화 방법: ____

자녀와의 대화 진단

다음과 같은 대화 진단을 통해 자신의 자녀와의 대화 개선 방안을 찾아보면 도움이 된다.

※ 다음 사항에 해당하는 것을 직접 기입하거나 보기 중에 골라 ○표하시오.

1. 하루 평균 자녀와 대화하는 시간이 어느 정도입니까? ________시간 ________분
2. 자녀와 대화할 때 주로 어떤 주제에 대해 얘기하십니까?

____

3. 자녀와 대화에서 자신과 자녀는 다음의 여러 대화유형 분류에서 각각 어떤 대화 유형에 속합니까?

A: Hawkins 등의 의사소통 유형

	자신	자녀
1) 차단형	______	______
2) 표출형	______	______
3) 억제형	______	______
4) 친숙형	______	______

B: Satir의 대화유형(스트레스 상황에서)

	자신	자녀
1) 회유형	______	______
2) 비난형	______	______
3) 초이성형	______	______
4) 산만형	______	______
5) 일치형	______	______

C: Miller 등의 대화 스타일

대화 스타일		자신(전체 100%)	자녀(%)
대화 스타일 I	일상적 말하기, 습관적 듣기		
	일 중심 말하기, 습관적 듣기		
대화 스타일 II	통제식 말하기, 평가식 듣기		
	다툼식 말하기, 대응적 듣기		
	앙심품고 말하기, 대응적 듣기		
대화 스타일 III	탐색적 말하기, 탐색적 듣기		
대화 스타일 IV	자각적 말하기, 경청하기		

4. 스트레스 상황에서 자녀와 대화할 때 당신은 어떠하십니까?

	예	아니오
1) 나는 자녀에게 하고 싶은 말을 솔직하게 하는 편이다.	______	______
2) 나의 감정과 기분을 자녀에게 잘 말하는 편이다.	______	______
3) 자녀를 공격하는 듯한 말이나 거친 말을 한 적이 있다.	______	______
4) 말 할 주제에서 벗어나지 않는 편이다.	______	______
5) 말하기 전에 미리 생각해보고 말을 하는 편이다.	______	______
6) 내가 바라는 것에 대해 분명하게 표현한다.	______	______
7) 자녀의 말을 끝까지 들은 다음 대답하는 편이다.	______	______
8) 자녀의 말에 귀기울이고 집중해서 듣는 편이다.	______	______
9) 자녀의 말을 들을 때 그 배경의 감정까지 이해하는 편이다.	______	______
10) 들으면서 자녀의 속사정을 잘 이해하는 편이다.	______	______
11) 자녀가 하고 싶은 얘기를 충분히 하도록 반응하고 격려한다.	______	______
12) 정확하게 들었는지 확인하기 위해 자녀의 말을 요약한다.	______	______
13) 의견 충돌이 생기면 자녀의 입장을 파악하려고 하는 편이다.	______	______
14) 문제를 의논하기 위한 시간과 장소를 미리 제안한다.	______	______
15) 문제에 대해 차분하게 대화로 해결하려고 한다.	______	______
16) 자녀에게 나의 결정에 따르도록 강요나 설득하는 경우도 있다.	______	______
17) 자녀와 의견이 충돌되어 말싸움을 한 적이 있다.	______	______
18) 문제에 대해 의논해도 해결이 되지 않아 자녀와의 대화가 소용없다는 생각을 한 적이 있다.	______	______

□ 채점 시 3번 문항, 16번~18번 문항은 '아니오'를 1점씩 계산하고, 1번~2번 문항과 4번~15번 문항은 '예'를 1점씩으로 하여 합산함.

- 자녀와의 대화에서 나의 말하는 방법은?(1번~6번 점수합계) ____________
- 자녀와의 대화에서 나의 듣는 방법은?(7번~12번 점수합계) ____________
- 자녀와의 대화에서 나의 갈등해결방법은?(13번~18번 점수합계) ____________
- 자녀와의 대화에서 내가 개선하는 노력을 해야 할 것은?(각각 총 점수 3점 이하는 개선 노력이 필요함) ____________

5. 자녀와의 대화의 유형, 스타일, 방법 전반에서 부모로서 자신이 바꾸고 노력하여야 할 것은?

대화 유형: ____________

대화 스타일: ____________

대화 방법: ____________

Part 03

부부 대화법

Chapter 16

부부 대화를 위한 준비

부부간의 대화가 효율적이고 원활하여지려면 대화하기 전에 준비가 필요하다. 즉 배우자와 제대로 대화하려면 내가 말하고 싶을 때 하고 싶은 말을 그냥 하는 것이 아니라 대화의 상대가 되는 배우자의 상황을 고려하여 상대방이 대화할 준비가 된 상태에서 시작하여야 한다. 특히 충분하게 의견을 나누고 결정해야 할 일이 있을 때에는 준비된 대화를 하는 것이 중요하다. 만약 배우자와 의견차이가 생겨 대립할 수 있는 주제를 같이 의논해야 할 때, 상대방의 상황을 고려하지 않고 대화를 시도한다면 본래 의논해서 해결하려는 방향과 어긋나게 다툼이 생겨 이야기를 꺼내기 전보다 더 사이가 나빠질 수 있다. 다툼이 많은 부부들은 배우자의 행동이 마음에 들지 않아 바로잡아 주려고 아이나 다른 사람이 있든 없든 배우자가 어떤 상황인지 상관하지 않고 잘못된 행동을 지적하고 고칠 것을 강요하며, 상대 배우자는 이에 반발하여 싸움이 끊임없이 계속되게 된다.

그러므로 대화를 시작하기 전에 자기 스스로 대화할 마음가짐과 태도를 점검하는 것과 더불어 배우자를 이해하려는 마음가짐을 갖고, 대화 시간과 주제, 대화 규칙, 대화 계획 등에 서로 합의하고 대화기법을 익히는 등 준비가 필요하다. 다음에서 구체적인 대화 준비 방법을 살펴보기로 한다.

자신과 배우자를 배려하는 태도 갖추기

긍정적인 자아상과 자신을 배려하는 태도

말은 말하는 사람의 마음 표현이고 태도를 반영한다. 부드럽고 바른말을 쓰려면 말하기 전에 먼저 자신의 생각과 감정, 소망 등 자신에 대하여 분명하게 자각하고 인정하여야 하고 이를 말로 표현할 수 있는 용기와 자신감이 있어야 한다. 그 선결조건이 열등감이나 피해의식, 방어적 태도에서 벗어나 높은 자존감을 갖고 자신의 가치와 고유성을 소중하게 여기며, 긍정적인 자아상 및 자신을 배려하는 태도를 갖추는 것이다. 그러므로 제대로 대화를 하기 위해서는 대화 기술을 배우고 훈련하는 것보다 먼저 자신이 누구인가를 이해하여 자신의 욕구와 생각, 감정, 행동을 알아차리고 자기 자신을 소중히 여겨야 한다. 그래야 자신의 에너지를 낭비하지 않고 효율적으로 사용할 수 있고 편안하게 자신을 사랑하고 다른 사람을 있는 그대로 존중할 수 있게 된다.

대개 자존감이 낮은 사람들은 다른 사람들의 평가에 전전긍긍하고 끊임없이 남과 비교하며, 자기확신이 없어 예민하고 자신을 비하하기 쉽다. 그런데 자존감은 타고나는 것이 아니라 대부분 어린 시절에 가족 안에서 부모로부터 인정받고 가치 있는 존재로 받아들여질 때 향상되는 속성이 있고, 또 성장기에 중요한 사람－교사, 또래, 가족원, 친척 등－에게서 인정받는 정도에 따라 길러지는 능력이다. 현 상황에서 자존감을 키우는 방법으로는 부모, 가족 등 가까운 사람과의 관계에서 변화가 필요한 자신의 미성숙한 부분과 용서하고 용서받음이 필요한 과거를 직시하는 것, 또한 자신의 인생 각본에 영향을 미친 가족구조와 과거의 기억들을 이해하는 것, 자신의 해결되지 않은 과제의 실마리를 풀어내기 위하여 지속해서 성찰하는 것, 그리고 항상 자신과 주변 사람, 현 상황 등에서 감사할 점을 발견하고 배울 점을 지속적으로 찾는 것 등이 있다.

이중 자신에게 적절한 방법을 찾아 노력하고 혼자서 어려우면 전문가의 도움을 받는 것이 좋다.

대화 상대를 존중하고 배려하는 태도

대화 상대의 인격을 존중하고 있는 그대로를 소중히 여기며 배려하는 태도를 가지는 것은 대화다운 대화를 하는 필수조건이다. 특히 상대방이 자신의 의견에 반하는 언행을 하고 실망스런 모습을 보일 때 일반적으로 자존감이 낮거나 대화법을 훈련받지 않은 사람들은 곧바로 비난하거나 무시하는 언행을 하기 쉽다. 그러나 자존감이 높고 대화법을 훈련받아 높은 수준의 대화를 하는 사람들은 이 경우에도 상대방을 비난하거나 무시하는 태도가 아니라 상대방의 인격과 의견을 존중하고 배려하는 태도를 가지고 대화를 나눈다. 그러므로 의견충돌과 갈등상황, 감정이 상하는 상황에서도 대화 상대를 존중하고 배려하는 성숙한 태도를 지속적으로 가지기 위해서는 개개인의 생활 전반에서 자존감을 키우고 인격적으로 성장하며 공감능력을 키우는 것이 필요하다. 이렇게 볼 때 개인이 기울인 인격적 성숙과 자존감의 증진, 그리고 공감 능력을 키우기 위한 내공만큼 어떤 상황에서도 평상심을 유지하고 제대로 대화를 할 수 있는 준비를 한다고 할 수 있다.

자신과 배우자의 대화 심리와 대화 방법의 차이 이해하기

부부가 모든 일에 일심동체가 되는 것은 불가능한 일이다. 부부는 많은 유사성에도 남녀라는 성차가 있고, 또 기질과 성격도 다르며 성장환경이 상이한데 따른 문화적 차이가 작용하여 동일한 상황과 동일한 경험에 대해서 서로 의견과 바라는 것, 느낌, 욕구, 기대, 해석 등이 다를 수 있다. 그러므로 부부가 대화하다가 단절하는 일이나 싸우는 일이 일어나지 않고 서로 마음이 연결되는 대화를 하기 위해서는 남성과 여성에 따른 성차와 두 사람의 기질과 성격 특성의 차이, 문화적 차이 등을 충분히 알고 이해할 수 있어야 한다. 즉 부부가 자기 중심성에서 벗어나 상대의 심리적 특성과 대화 특성, 문화적 차이점 등을 잘 파악하고 이해하여야 서로 코드를 맞춘 대화를 할 여건이 조성되어 상호 간에 이해의 폭과 공감대가 커질 수 있는 것이다.

이를 위해서는 자기 입장만 생각할 것이 아니라 상대의 욕구와 말하는 의도를 충분히 이해하여야 하고, 상대가 원하는 대로 맞춰주는 노력을 해야 한다. 예로 대부분의 여성은 관계 지향적 대화를 하는 경향을 보여서 아내가 출근하는 남편에게 '오늘 일찍 와요'라고 말할 때, 아내는 '일찍 귀가해서 함께 지내고 싶어요'를 의미할 수 있다. 그러나 이에 대해 정보전달과 일에 초점을 둔 대화를 지향하는 남편은 '내가 일찍 귀가하면 나에게 무슨 일을 시키려고 하나?'라고 생각해서 '왜 일찍 와야 하는데?'라고 반응할 수 있다. 또한 아내가 친밀감과 관심을 표현하기 위해 '웬일로 오늘 이렇게 일찍 왔어요?'라고 남편에게 질문하면 남편은 '왜 일찍 오면 안 돼? 내가 내 집에 일찍 오는 것이 뭐가 문제야?'라고 반응하는데 이는 많은 남성이 아내의 질문을 간섭이나 참견으로 인식하는 경향이 있음을 보여주는 것이다.

그리고 성격 유형이 부부간에 다를 때도 서로에 대한 이해가 부족하면 대화를 지속하기 어렵다. 예를 들어 내향형인 사람은 그때마다 마음을 표현하기보다 속으로 많이 품고 있고, 결론이 확실해질 때야 간단하게 요점만 이야기하면서 상대가 자신의 말하는 의도를 충분히 이해할 것으로 기대하는데, 외향형인 상대는 답답하고 진행과정에서 본인이 소외된 것을 섭섭해하며 마음을 알 수 없는 사람이라고 불만을 호소한다. 반면 외향형인 사람은 시시콜콜한 얘기까지 풍부한 대화를 나누고 상대도 자신의 이야기에 반응하고 자기표현을 많이 하길 바라지만 내향형인 상대는 멋쩍어하고 반응을 거부하거나 자기표현을 하지 않아 상호 간에 엇박자를 이루기 쉽다. 또한, 사고형인 사람이 사실중심의 분명하고 정확한 표현과 논리성을 선호하지만, 감정형은 공감해주는 부드러움을 선호한다. 그에 따라 사고형인 경우 배우자에게 차갑고 냉정하고 인간미가 적다는 불만을 듣기 쉽고, 감정형은 배우자에게 논리적이지 못하고 부정확하며 원칙 없이 행동한다는 불만을 듣기 쉽다.

그러므로 대화하기 전에 자신과 배우자가 어떤 의도와 욕구, 감정, 생각을 갖고 있고 성격과 행동 특성이 어떠한지에 대해 충분히 이해하여야 이에 맞게 대화를 할 수 있게 되는 것이다. 그리고 자신과 차이가 나고 기대와 다른 배우자의 언행을 볼 때 이를 갈등의 원인으로 생각하고 배우자를 바꾸려고 하기보다는 현재의 차이점을 그대로 인정하고 그 점이 서로의 부족한 점을 채워주며 둘이 협동적으로 살아가는 데 도움이 된다는 것을 알아차리면 대화를 할 준비가 되었다 할 것이다.

부부의 정서적 교류와 유대감 유지하기

일상적인 대화와 긍정적인 언어

지금까지 대화를 많이 하지 않던 부부가 갑자기 대화를 시작하려고 하면 어떻게 공통의 대화 소재를 찾아낼지 몰라서 힘든 경우가 많다. 이럴 때 일상적인 말하기부터 시작하는 것이 좋다. 예를 들어 '잘 잤어요?', '잘 자요!', '아침 드세요!', '잘 다녀올게요!', '오늘도 고생 많았지요?', '어서 오세요!', '잘 다녀오셨어요?', '저녁 먹읍시다', '당신도 들어요!', '이것 괜찮아요?', '오늘 잘 지냈지?'처럼 인사말을 하는 것이다. 그리고 계절의 변화나 날씨에 관하여 말하거나 상대방의 관심사나 취미생활처럼 가벼운 이야기를 꺼내는 것이다.

이런 가벼운 대화들은 부부 사이에 윤활유처럼 작용하여 관계를 부드럽게 만들어주고, 다음 대화로 넘어가기 위한 디딤돌로 작용한다. 그런데 이렇게 가벼운 대화를 하찮게 생각하면 안 된다. 이 말들은 상대방에게 관심을 두고 있고 마음을 쓴다는 것을 보여주는 말이기 때문이다. 그런데 이런 일상적인 대화조차도 하지 않는 부부들이 우리 주변에 있다. 부부 사이가 악화되어 상담실을 찾는 내담자들이 서로에게 원하는 것으로 아침에 일어나서 배우자로부터 '잘 잤어요?'라는 인사말을 듣고 싶다는 말을 하는 경우가 있는데 이는 부부 사이에 주고받는 가벼운 인사말이 부부 사이를 가깝게 하는 것임을 보여준다.

최근에 분주하다 보니까 서로 대면하지 않고 휴대폰을 이용하여 일상적인 말을 교환하는 부부가 많아졌는데 이는 간단한 정보를 빨리 교환하기 편리하고 상대에게 자신의 성의와 관심을 보여주는 좋은 방법이 될 수도 있다. 어떤 부부는 집에서 얼굴을 보면서 대화하다 보면 감정이 솟아올라서 싸우기 때문에 대화하지 못하고 둘이 떨어져 있을 때 휴대폰만으로 대화를 나누니까 싸우지 않아 좋다는 경우도 있다. 그러나 대화라는 것은 원래 얼굴을 마주 보고 대면해서 상대방의 반응을 직접 눈으로 확인하며 정보, 생각, 감정을 공유하는 것이므로 단지 문자를 이용하여 메시지를 교환하는 방법으로는 대화에서 얻을 수 있고 나눌 수 있는 것들이 제한적일 수밖에 없다.

더욱이 부부가 진지하게 문제에 대해 심도 있는 대화를 나누어야 할 때에 감정 상하지 않고 관계를 나쁘게 하지 않으면서 필요한 정보를 주고받으려면, 평소에 자주 얼굴을 보면서 가벼운 일상적인 대화를 나누는 것과 더불어 관계를 좋게 하는 따뜻하고 긍정적인 언어를 진심으로 교환하는 것이 중요하다. 예를 들어 '고마워', '당신 덕분에 잘해냈어', '사랑해!', '이거 참 맛있네!', '당신 밤늦게까지 고생했네', '당신 많이 피곤하겠어요', '많이 힘들었지?', '당신은 정말 대단해요!', '아주 멋있어!', '당신을 믿어요',

'힘 내세요', '당신과 함께 있으면 나는 행복해' 등의 말을 주고받는 것이다. 이런 말들은 말하는 사람과 듣는 사람의 사기를 높이고 기분 좋게 하며, 열심히 살아갈 에너지를 공급하는 작용을 할 뿐만 아니라 개인의 잠재적 능력을 최대로 발휘하게 하고 관계를 친밀하게 만드는 작용을 한다고 한다. 반면 짜증과 분노, 비난, 비교, 경멸, 조롱, 훈계, 지시, 명령, 책임 전가 등의 부정적 언어를 주고받게 되면 두 사람 모두 사기가 떨어지고, 집중력과 사고력이 작동하기 어려워지며, 살아갈 에너지를 상실하게 되고 긴장과 스트레스가 증가하여 더욱 부정적 정서가 상승하는 결과를 가져오게 된다. 그러므로 부부가 풍부한 대화를 나누면서 협동적으로 의논해가는 동반자로 살기 위해서는 일상적인 대화와 함께 긍정적인 언어를 교환하는 것이 생활화되어야 한다.

유대감을 증진시키는 공동의 활동

부부가 함께 즐기는 활동이 많을 때 대화 소재도 풍부해지고 자연스러운 대화를 나눌 수 있다. 예로 부부가 같이 밥 먹고, 같이 산책하고, 같이 집안일을 하고, 같이 쇼핑하고, 같이 운동하거나 같이 취미생활을 하고, 같이 웃는 시간을 가질 때 부부간의 유대감이 커진다. 그리고 부부가 이런 견고한 유대감이 있을 때 이를 기반으로 의견 충돌이 생기거나 싸울 소지가 있는 쟁점들에 대해서 긴장하거나 감정이 상하는 일이 없이 차분하게 의견을 교환하고 심도 있는 대화를 할 수 있게 된다.

대화 규칙 정하기

대화 규칙이란 대화를 효과적으로 하게 하고 싸움으로 확대되는 것을 미리 막는 장치이다. 예를 들면 대화 순서 지키기, 주제에서 벗어난 얘기를 하지 않기, 타임아웃(timer-out), 과정점검(check process) 등이 있다.

대화 순서 지키기

한 사람이 말을 하는 동안에 그 상대는 반드시 듣는 사람이 되어야 하고, 말하는 사람의 이야기가 끝난 다음에 이야기를 시작하기로 정하는 것이다. 이는 두 사람이 한꺼번에 서로 자신이 말하겠다고 하거나 또는 상대의 말을 듣지 않고 중단시켜서 대화의 흐름이 막히는 일을 방지하기 위한 규칙으로 이렇게 순서를 지켜서 대화를 함으로써 각자 충분히 공평하게 말할 기회를 갖게 되고 효율적인 대화를 하게 된다.

대화 주제에서 벗어나지 않기

대화의 주제를 한 가지로 정하여 그에 관하여 얘기하고 다른 주제로 곁가지 치거나 그 범위를 벗어나 산만해지지 않도록 하는 것이다. 이 규칙을 따르게 되면 부부가 한 주제에 집중하여 이에 관한 각자의 견해를 충분히 교환하게 됨으로써 문제의 본질과 핵심을 정확하게 파악하여서 문제를 해결하고 의사 결정에 도움이 된다.

타임아웃 장치

이 장치는 대화를 끝내거나 중단하기 위한 것이다. 대화하다가 약속한 시간이 다 되어서 마무리를 하려고 할 때는 '정해진 시간이 되었으니 여기까지 얘기를 끝내고 다음 얘기는 나중에 합시다'라고 한다. 또는 대화하는 도중에 한쪽이 급한 사정이 생기거나 지치거나 분노감정 때문에 대화가 중단될 상황일 때, 그리고 싸움으로 될 것 같은 상황이 될 때 사용된다. 즉 부부가 대화하다가 더 대화를 계속하면 제대로 대화를 하기 어려운 상황이 될 것으로 판단되는 사람이 '타임아웃'이라고 하거나 '잠깐 쉬자'고 제안하면 상대는 '알았다'고 답변하고, 제안한 사람이 곧바로 그곳에서 나가 30분 정도 쉬거나 걸어서 감정을 진정시킨 후 다시 대화 재개를 약속하는 것이다. 흔히 분노감정은 초기에는 이성으로 조절할 수 있지만 조금씩 분노감정이 커지면 사람의 인지작용에 영향을 미쳐서 객관적이고 이성적인 대처 방법보다는 감정적이고 대응적인 대처방법을 사용하게 되고, 서로에게 상처를 주는 언어와 행동을 유발하게 된다. 실제 많은 부부간의 언어폭력과 서로에게 상처를 주는 태도와 행동들은 이 분노감정을 통제하지 못한 채 계속 얘기를 주고받는 상황에서 유발되는 경우가 많다. 그러므로 얘기하다가 화가 나거나 지칠 때는 반드시 이 타임아웃 장치를 활용하면 부부 대화가 부부싸움으로 비화되는 것을 막을 수 있어 대화문화 정착에 도움이 된다.

과정점검 장치

이는 대화를 나누고 있는 주제가 아닌 두 사람이 대화하는 방법과 규칙에 관하여 확인하여 대화규칙을 준수할 것을 환기하는 것이다. 예를 들면 상대방이 경청할 차례인데 중간에 말을 중단시키거나 가로채고 자기의 말을 할 때 "내가 얘기할 차례이고 당신은 듣는 차례이니까. 할 말이 있으면 내 얘기를 끝까지 들은 후 하세요."라고 말하는 것이다. 또는 상대방이 대화주제에서 벗어난 얘기를 하는 경우에 "지금 당신은 우리가 이야기하고 있는 주제와 관련 없는 것들을 얘기하고 있는데 하던 얘기로 돌아가서 얘기를 나누자."라고 하는 방법이 있다.

대화 계획 세우기

적절한 대화 시기와 장소, 참여자

진지한 대화를 하고자 할 때 충동적이나 우발적으로 대화를 시도하기보다는 먼저 부부간에 대화를 나눌 적당한 시간을 약속하는 것이 좋다. 예를 들면 아이들이 잠든 밤 9시 이후에, 식사 후 설거지한 다음에, 주말 오후처럼 부부가 시간을 같이 낼 수 있는 시기를 정하는 것이다. 이때 피해야 할 시기가 있다. 예를 들면 식사하기 전에, 식사 중에, 늦은 밤에, 아침에 출근하기 전에, 즐겨보는 TV 프로그램 방영시간, 음식준비를 하는 시간 등은 대화해도 능률이 오르지 않고 마음의 준비가 되어 있지 않은 시기이다.

그리고 장소는 두 사람만 있을 수 있는 곳으로 정한다. 이때 피해야 할 장소는 아이들이나 친척, 친구들이 있는 곳이고, 또 식탁이나 침실 등이다. 만약 식탁에서 대화하다가 부부가 언쟁하게 되면 음식을 즐겁게 먹을 수 없게 되고 아이들이나 다른 가족원들의 즐거운 식사시간을 방해하게 된다. 그리고 만일 침실에서 대화하는 경우는 배우자가 듣다가 먼저 잠들게 되어 대화가 중단될 수 있고, 또 대화 중 말싸움이 벌어지면 부부만의 쉴 공간이 전쟁터가 될 수 있다. 어떤 경우에는 침실에서 대화하는 도중에 다투게 되어 남편이나 아내가 애들 방이나 거실에 가서 잠을 자게 되어 문제가 더 확대될 수 있다. 그리고 아이들이나 친척, 친구들이 있는 곳에서는 가능한 부부간에 대립할 주제로 대화해서는 안 된다. 만일 그런 경우 부부문제가 사적인 문제가 되지 못하고 주위 사람에 싸움이 생중계되고 문제해결이 오히려 꼬일 수 있다.

대화의 참여자로는 대화주제에 따라 범위가 달라야 한다. 예를 들면 부부간의 문제라면 부부 외의 사람은 제외하고 부부만 참여해야 한다. 또 자녀도 알아야 하고 자녀의 의견을 들어야 할 주제이면 자녀를 대화에 참여시키는 것이 바람직하다. 그러므로 누가 대화에 참여할 것인지에 대해 부부간에 합의한 후 대화 계획을 세우는 것이 좋다.

대화하는 시간

진지한 대화를 해야 할 때 언제 할 것인가를 계획하는 것 외에 얼마 동안 얘기할 것인가를 미리 정하면 평화롭게 대화를 계속할 수 있게 된다. 대화를 끝내는 시간을 정하지 않으면 한쪽은 계속 얘기를 해서 결말을 보고자하고 다른 한쪽은 대화를 끝내고자 하여 다툼이 생길 수 있다. 이런 경우 상대방의 상황을 이해하지 못하게 되면 '너무 한꺼번에 많은 얘기를 나누고 해결이 될 때까지 붙잡고 말하려고 하니 지치고 힘들다'고 생각하거나 '자신이 밀리니까 비겁하게 얘기를 중단한다', '성의가 없어서 대화를 끝내려고 한다'는 등의 오해를 할 수 있다. 그러므로 대화를 시작하기 전에 30분간 또는 1시간 동안 얘기하자고 약속을 하는 것이 필요하다. 그리고 약속한 대화 시간이 다 되면 하던 얘기를 마무리 짓고 다음에 또 대화하는 시간을 가지기로 약속하는 것이다.

대화 주제의 범위 넓히기

대체로 사람 간에 이야기하는 주제는 한 사람 또는 두 사람 모두의 관심사나 의논을 해서 결정해야 할 것, 갈등이나 문제를 해결하는 것과 관련된 것이다. 부부간의 대화 부족현상은 함께하는 시간 자체의 부족도 있지만 대화 주제의 범위가 한정되어 있는 경우가 많다.

흔히 대화의 주제(issue)는 다음 세 가지로 구분된다.

정보성 주제

첫째, 정보성 주제(topic issue)가 있다. 이는 대화하는 두 사람을 제외한 주변과 외부 사건에 관한 것들과 자녀나 부모, 친척, 이웃 등 제삼자에 관한 것들, 신문, 라디오, TV, 인터넷검색 등에서 보고들은 정보들, 돈의 입출금과 재정 상태에 관한 정보들이 포함된다. 예를 들어 "큰애 이가 아파서 치과에 가야겠어요.", "어머님이 보름 동안 병원에 다녔는데 별 차도가 없대요.", "옆집 사람은 주말이면 남편과 함께 스포츠 댄스를 배우러 다닌다고 하네요.", "일기예보에서 오늘 오후부터 비가 온다고 했어요.", "일본에서 대지진이 났대요.", "이번 달에 아파트 관리비가 지난달보다 5만 원 더 나왔네요.", "지난번에 잃어버린 동생네 강아지를 찾았대요?" 등이 있다. 이런 대화는 무엇을 보고 들었는지, 언제 어디에서 무슨 일이 일어났는지, 다른 사람이 무엇을 어떻게 했는지에 대한 정보들을 주로 교환할 뿐 그에 대한 자신의 의견과 생각, 감정, 소망을 나누지 않기 때문에 서로를 제대로 이해하기 어렵고 친밀감이 생기지 않는다는 문제가 있다. 많은 부부가 자녀, 돈, 뉴스 사건처럼 정보성 주제를 교환하면서 대화를 한다고 생각하는 경우가 많은데 부부 사이가 친밀해지려면 이 주제를 넘어서는 더 깊은 주제를 나눌 수 있어야 한다.

개인적 주제

둘째, 개인적 주제(personal issue)가 있다. 이는 대화하는 당사자 두 사람에 관한 것들로 자신과 상대방에 관한 정보와 개인적 의견과 생각, 감정, 소망 등의 경험들이 포함된다. 예로 "요즈음 내 머리에 흰 머리카락이 눈에 띄게 많아졌어요.", "그전보다 잠이 쉽게 들지 않아 이리저리 뒤척이다 늦게야 잠이 드는 경우가 많아졌어요.", "오늘 운동을 많이 했더니 지금 매우 피곤하군요.", "나 아무래도 회사를 옮겨야 할까 봐.", "요즈음 당신 안색이 그전만 못한 것 같네요. 병원에 가 봐야 하지 않을까요?", "제때 음식물 쓰레기를 버리지 않으니 집 안에서 냄새가 나네요. 곧바로 버리면 집이 깨끗할 텐데…." 등이 있다.

관계적 주제

셋째, 관계적 주제(relational issue)가 있다. 이는 대화하는 두 사람의 공통의 관심 꺼리나 두 사람의 관계 상태에 초점을 두는 것들로 공동의 활동, 애정표현과 성생활, 친밀감이나 소원감 등에 관한 것들이 포함된다. 예로 "당신과 오랜만에 단둘이 외출하니까 기분이 좋네요.", "당신이 나를 격려해 주니까 새로운 힘이 나는군요.", "우리 이제부터 서로에 대한 불만을 얘기할 때는 애들이 없는 데서 얘기로 합시다. 집안 분위기나 애들 교육에 문제가 있으니까요.", "요즘 둘이 모두 바빠서 얼굴을 볼 틈도 없으니 우리 사이가 예전 같지 않네요." 등이 있다.

이중 정보성 주제보다는 개인적 주제가 더 개개인의 관심과 의견, 속마음을 표현하는 것이고, 관계적 주제는 부부 사이의 사적이고 내밀한 감정과 깊은 의도를 나타내는 것이다. 대부분의 부부들은 대화하면서 정보성 주제를 많이 나누고, 개인적 주제도 어느 정도 나누지만 관계적 주제는 적게 나누는 경향을 보인다. 대화를 잘 못하는 부부일수록 관계적 주제를 전혀 나누지 않고, 개인적 주제도 거의 나누지 않으며, 정보성 주제만 나누거나 이마저도 극히 제한적으로 나눈다. 그러나 대화를 풍부하게 하는 부부들은 정보적 주제는 물론, 개인적 주제, 관계적 주제를 폭넓게 얘기하는 경우가 많다. 평소에 부부 대화에서 어떤 주제가 어떤 비중으로 다뤄지는지, 혹시 대화할 때 한정되거나 금기시되는 주제가 없는지 점검해보고 부부 사이에 대화 주제의 폭을 넓히는 노력을 하는 것이 부부가 더 풍부한 대화를 하고 정서적 교감을 하는 데 필요하다.

많은 경우 아내들은 남편이 하루 생활을 어떻게 했는지, 늦게 오면 미리 늦게 오는 사유를 말해주길 원하는데 어떤 남편들은 그런 시시콜콜한 얘기를 왜 아내가 알려고 하는지를 이해하지 못한다. 그리하여 남편들은 '내가 말을 하지 않으면 바깥에서 별일이 없었던 것으로 알고 이해해주고 살았으면 좋겠다'는 바람을 아내에게 가지게 된다. 그러나 보통의 아내들은 남편의 하루 생활에 관심이 많고 남편과 소소한 얘기를 주고받아 같이 경험을 공유하는 것이 부부가 제대로 사는 것이라는 생각을 한다. 그러므로 두 사람이 잘 지내기 위해서는 배우자의 입장을 존중하고 서로에게 맞춰가며 대화를 하는 것이 필요하다. 즉, 남편들은 바깥에서만 사람들에게 친절하고 배려를 잘할 것이 아니라 가정에서도 아내에게 자신의 개인적 주제에 관하여 대화를 하여야 부부로서 정서적 공감의 폭을 넓히고 이해하고 살 수 있음을 인식하고 실천하도록 노력하여야 할 것이다. 또한 아내들도 남편이 대화에 소극적일 때 일부러 말하라고 강요하거나 말을 들어달라고 쫓아다니기보다는 일단 남편을 쉬게 한 다음 남편이 긴장하지 않고 들을 수 있는 일상적인 가벼운 대화와 긍정적 언어를 사용하여 부드러운 대화를 시작하면서 점차 대화 주제의 폭을 넓히는 노력이 필요하다.

대화 기술 배우고 활용하기

부부가 효율적이고 생산적으로 대화하려면 충분한 대화준비도 필요하지만, 무엇보다도 대화하는 기술을 잘 활용할 수 있어야 한다. 특히 결혼생활과 가정에 긴장할 사건과 문제가 발생할 때 적절한 대화 방법을 사용하는지 여부가 문제가 해결되고 긴장이 없어지느냐, 아니면 문제해결이 되지 않고 긴장이 커지며 관계가 악화되느냐를 좌우한다. 그러므로 부부가 예민한 주제에 관하여 진지한 대화를 해야 하거나 문제에 관하여 대화할 때는 반드시 미리 대화하는 기술과 갈등을 해결하는 기술을 익혀서 숙련되게 사용하는 것이 중요하다. 다음 장에서 대화하는 기술과 갈등을 해결하는 기술을 살펴보기로 한다.

Check 14 **부부 대화를 준비하기 위하여 자신이 특히 노력할 부분이 무엇인지 점검해 봅시다.**

___01. 대화 태도를 점검하고 자신과 상대를 배려하는 태도를 갖추기

___02. 자신과 상대방의 대화 심리와 대화 방법의 차이를 이해하기

___03. 일상에서 부부의 정서적 교류와 유대감을 유지하기

___04. 대화 규칙을 정하기

___05. 대화 계획을 세우기

___06. 대화 주제의 범위를 넓히기

___07. 대화하는 기술을 배우고 활용하기

Chapter 17

배우자에게 자기표현을 잘하는 방법

우리는 누구나 가까운 사람에게 말을 잘하고 살기를 바란다. 말을 잘한다는 것은 많은 말을 매끄럽고 유창하게 하는 것이 아니고 자신이 다른 사람에게 전하고 싶은 메시지를 정확하게 표현해서 말을 들은 그 사람이 나를 제대로 이해할 수 있도록 하는 것이다. 내가 말하는 의도와 목적이 적절한 상황에서 상대에게 정확하게 전달될 때 마음이 통하고 진정한 소통을 하는 대화가 되는 것이다. 그러나 어떤 경우는 상황이나 말하는 방법, 듣는 사람에 따라 자신의 좋은 의도와 솔직성이 상대에게 부정확하게 전달되어 오해가 생기기도 한다.

흔히 부부 사이에 솔직하고 정확하게 말하지 못하는 사람들이 있는데 대개 이들은 자신의 말이 배우자나 두 사람 관계에 어떤 영향을 미칠까를 생각하여 배우자에게 비난받을까, 거절당할까, 평가절하당하고 무시당하고, 분란을 만들어 관계가 나빠질까 등을 염려한다. 그래서 말을 꺼내는 것보다 말을 하지 않는 것이 더 낫겠다 생각하면 말을 하지 않거나 예민한 말을 피하여 가벼운 주제만 이야기하고, 직접적인 표현보다는 돌려서 우회적으로 이야기한다. 그리고는 상대가 알아서 자신의 마음을 헤아려주고 이해하여주기를 바란다. 이런 말하기는 둘 사이의 충돌을 막고 현상 유지를 하게 하지만 둘 사이에 오해가 생길 수 있다. 계속 이런 말하기를 하면 감정이 억압되어 누적된 감정이 엉뚱한 방향으로 표출될 수 있고, 문제에 대한 이해가 충분하지 못하여 의사결정과 대책 마련이 어려워진다.

의사를 표현하는 말하기 방법은 말하는 내용과 목소리, 표정과 몸짓, 자세 등이 있다. 말하는 방법 중 말하는 내용은 7%만이 작용하고 나머지 93%는 목소리, 억양, 크기, 몸짓, 태도가 작용하여 말하는 사람의 의도와 목적이 전달된다고 한다. 즉, 말하는 내용보다는 표정, 몸짓, 태도 같은 비언어적 요소와 감정을 내포하는 목소리, 억양, 크기 등의 비중이 훨씬 더 크다는 것이다. 이를 잘 활용하면 말로 표현하기 어려운 것들을 효과적으로 전달할 수 있지만 말의 내용과 비언어적 요소가 일치되지 않으면 혼란과 오해를 가져올 수 있다.

그러므로 말을 제대로 하려면 말 그 자체만 의존해서는 안 되고 상대로 하여금 나를 충분히 이해할 수 있도록 목소리와 표정, 태도 등에 진심을 담아서 말의 내용과 일치되게 내 마음을 솔직하고 정확하게 전달하여야 한다. 그 방법으로 먼저 배려하는 대화 태도로 상대에게 대화를 요청하는 것과 한 가지 주제에 관하여 자신의 마음속에서 일어나는 여러 경험을 자각하고 그것을 표현하는 말하기 기술을 활용하는 것이다. 구체적인 방법은 다음과 같다.

배려하는 태도로 대화 요청하기

말하기 기술을 활용하기 이전에 중요한 것은 동일한 정보나 상황에 대해 배우자가 나와 다른 경험을 할 수 있다는 것과 차이 자체가 정상적이고 잘못된 것이 아님을 인정하고 존중하는 것이다. 그리고 대화를 가로막는 장애물인 낮은 자존감과 잘못된 사고방식－과도한 기대나 비현실적 기대, 자기중심적 사고, 선택적 인지, 극단적인 사고, 성급한 결론, 고정관념과 편견, 자기비하, 강박적 사고, 억측과 비교의식, 비판과 비난－에서 벗어나 자신과 배우자 모두를 배려하는 태도로 상대방에게 대화를 요청한다.

이는 지금 이 자리에서 대화를 같이 나눌 수 있는지 상대방에게 물어보는 것으로 “여보, 오늘 낮에 있었던 일에 대해 이야기하고 싶은데 지금 시간 되나요?”라고 하거나 “여보, 나 당신에게 할 얘기가 있는데 지금 시간 괜찮아요?”라고 한다. 만일 상대가 이야기 나눌 수 있다고 하면 말하기를 시작하면 되지만, 바쁘거나 피곤하거나 등의 이유로 시간을 내기가 어렵다고 답변하면 “그래요, 그럼 언제 같이 이야기할 수 있을까요?”라고 다시 대화를 요청하는 것이 좋다.

이렇게 대화를 요청한 다음 상대가 허락할 때 말하기를 시작하는 것은 대화 상대를 존중하고 배려하는 것을 행동으로 보여주는 것이고, 상대도 존중을 받고 배려를 받고 있음을 경험하여 준비된 대화를 부드럽게 시작할 수 있는 이점이 있다. 만일 말하고 싶다고 해서 상대방을 고려하지 않고 아무 때나 대화를 시작한다면 이는 대화준비와 대화 태도 측면에서 잘못된 것이고, 상대도 존중과 배려를 받지 못하여 처음부터 대화가 순탄치 않게 될 수 있다.

자신의 경험과 마음을 자각하기

말을 꺼내기 전에 잠시 할 말을 생각하여 자신이 말하려는 의도와 마음속에 있는 것들을 정확하게 알아차리는 것이 중요하다. 이렇게 말하는 것은 말을 잘못하거나 말로 실수하는 일을 줄이는 좋은 방법이다. 대개 말을 잘하지 못하거나 말에 실수가 많은 사람 중에는 생각 없이 말을 내뱉듯이 하거나 이말 저말 함부로 말하고, 거친 말을 하거나 장황하게 떠버리는 말을 하고, 상대에게 말할 기회를 주지 않고 혼자 계속 말하는 경우가 있다. 이런 말들은 다시는 주워담을 수 없게 되고 돌아오지 않는 화살이 되어 상대의 마음에 상처를 주게 되며 오해를 불러일으킨다. 특히 감정이 상해서 정선

된 언어표현이 어려운 상황에서는 감정을 진정시키는 시간을 가진 후 말을 하는 것이 매우 중요하다.

다음의 말들은 대화법을 배우지 않은 사람들이 감정이 상할 때 상대방에 대해 배려를 하지 않고 생각 없이 사용하는 표현이다.

- 통제식 말: 명령, 지시, 가식, 과장, 추측, 조종
- 다툼식 말: 비난, 비판, 책망, 비교, 인신공격, 따지는 질문, 극단적인 말
- 앙심품는 말: 빈정, 자기비하, 책임 회피, 빗댐, 조롱

말하기의 본질은 자신에게 있는 정보와 경험한 것들과 마음을 상대방에게 정확하게 전달하는 것이다. 그러므로 말을 잘한다는 것은 웅변조의 말을 하는 것이 아니고 자신 안에 있는 전하고 싶은 정보와 경험들을 정확하게 알아서 상대방에게 잘 표현하는 것이라 할 수 있다. 만일 자신의 정보와 경험, 마음을 정확하게 모르면 상대에게 자신의 것을 제대로 드러낼 수 없을 것이고 그러면 상대에게서 이해받기가 어려워질 것이다. 그러므로 자신을 잘 표현하고 상대로부터 제대로 이해받기 위해서는 먼저 자신 안에 있는 것을 정확하게 알아차려야 한다.

이처럼 말하기 전에 자신 안에 있는 것들을 알아차리도록 돕는 것이 바로 자기와의 대화(self-talk)인데 이는 자신의 경험과 그에 대한 생각이나 감정, 바람 등을 스스로 되물어보는 것이다. 즉 외부에서 시각, 청각, 후각, 미각, 촉각 등의 다섯 가지 감각기관을 통해 관찰한 사실들과 그에 대한 자신의 해석과 생각, 감정과 기분, 그리고 소망과 욕구, 행동들을 정확하게 알기 위해 스스로에게 되물어 보는 것이다.

첫째, 관찰한 사실을 알아차리는 방법은 자신의 감각기관을 통해 관찰한 것들을 작각하는 것으로 예를 들면 '내가 누가 언제 어디에서 무엇을 어떻게 하는 것을 보고 들었는지?', '내가 언제 어디에서 무슨 맛을 보았고, 무슨 냄새를 맡았는지?', 등에 관하여

자기대화를 한다.

둘째, 생각을 알아차리는 방법은 사건, 상황, 사람들에 대해 해석하고 평가하고 예상하는 것으로 예를 들면 지금 '어떤 생각이 들지?', '어떤 일이 예상되지?' 같은 자기대화를 한다. 그리고 '가격이 싸다', '가정에 소홀하다', '날 무시한다', '나에게 관심이 없다', '열심히 일한다', '책임감이 있다', '인색하다', '게으르다', '돈을 헤프게 쓴다', '융통성이 없다', '몸이 약하다', '사과할 것이다', '내 생일을 챙겨줄 것이다' 등의 해석과 예상, 기대를 하는 것이다.

셋째, 감정과 기분을 자각하는 방법은 자신의 과거 경험이나 현재 경험에 대한 느낌을 알아차리는 것으로 예를 들면 '지금 내 기분은 어떻지?', '나는 어떤 기분을 느끼고 있지?'라고 자기대화를 하는 것이다. 보통 우리는 생활하면서 자신과 상대방의 감정 부분을 잘 의식하지 않고 스쳐지나 가기 때문에 자신의 감정을 알아차리지 못하고 행동반응을 먼저 나타내는 경우가 많다. 그리고 의식한다 해도 감정을 말로 표현하기보다 표정과 행동으로 나타내는 경우가 흔하다. 예를 들어 기쁜 상태에 있으면 얼굴과 어깨 등의 근육이 이완되고 표정이 밝아진다. 반면 화가 나면 숨이 가빠지고 얼굴이 붉어지며 얼굴과 어깨 근육이 긴장되고 주먹이 쥐어지며 목소리가 커진다.

감정을 잘 표현하려면 자신의 감정을 인식하는 과정이 먼저 필요하다. 내가 지금 어떤 감정을 느끼고 있는가를 알아차려야 그다음에 언어와 표정, 자세로 이를 적절하게 표현할 수 있는 것이다. 특히 부정적 감정의 표현에서 이 과정이 매우 중요하다. 그래서 막연하게 '기분 나빠'라고 말하는 것보다 '실망스럽다', '불안하다', '지루하다', '불편하다', '화가 난다' 등처럼 구체적인 감정을 표현할 수 있는 것이다.

여러 감정 중에서 특히 감사와 칭찬, 인정하는 표현을 자주 사용하는 것이 관계개선에 도움이 된다. 대다수의 부부관계 전문가들은 관계를 증진하고 생산적인 대화를 하기 위해서는 감사, 칭찬, 인정 등의 긍정적인 감정을 표현하는 언어와 단점 지적, 불만 같은 부정적인 감정을 표현하는 언어의 비율을 5 : 1로 하도록 제언하고 있다. 배우자의 단점을 지적하더라도 최근의 행동 자체에 대하여 말하고 인간성을 거론하거나 지나친 비판을 해서 자존심에 상처를 주는 일이 없도록 주의해야 한다.

넷째, 자신의 소망을 알아차리는 방법은 현상과 상황에 따른 자신의 바람, 욕구를 생각하기 위해 예를 들면 '내가 원하는 것이 무엇이지?', '내가 무엇을 바라고 있지?'라고 자기대화를 하는 것이다. 바람이란 자신과 다른 사람이 어떻게 되거나 행동하거나 갖기를 바라는 것들을 의미하는데 이는 대부분 자신을 위한 욕구들이다. 예를 들면 '인정받고 싶고, 존경받고 싶고, 돈을 많이 벌고 싶고, 착한 일을 하고 싶고, 성공하고 싶고, 맛있는 음식을 먹고 싶고, 가정적인 사람이 되고 싶고, 행복하게 살고 싶고, 여행하고 싶고, 스포츠를 잘하고 싶고, 날씬해지고 싶고, 예뻐지고 싶고, 좋은 자동차를 가지고, 좋은 친구를 사귀고 싶고, 좋은 남편, 좋은 아내가 되고 싶고, 대화를 많이 하고 싶고' 등의 소망이 있다.

다섯째, 자신의 행동을 알아차리는 방법은 과거에 내가 그 주제와 관련해서 어떻게 행동했고 현재는 어떻게 행동하고 있고, 앞으로는 어떻게 할 것인가를 알아차리는 것으로 예로 '내가 그전에 어떻게 행동했지?', '지금 어떤 행동을 하고 있지?', '앞으로 어떤 행동을 할 것이지?'라고 자기대화를 하는 것이다. 이렇게 자신의 과거 행동과 현재 행동, 미래 행동을 자각하게 되면 예를 들면 '그전에 당신에게 짜증을 많이 냈었다', '지금은 많이 참고 있다', '앞으로는 짜증을 내기보다 분위기를 즐겁게 하는 노력을 해보겠다'처럼 자신의 행동 부분을 정확하게 표현할 수 있게 된다.

이처럼 말하기 전에 자신의 경험과 마음속 의도에 주의를 기울여서 자신을 알아차리고 아는 것은 이기적이거나 자기중심적이 되는 것이 아니라 자신의 마음과 경험의 모든 부분을 소중히 여기고 배려하여 파악하는 것으로, 이로써 속과 겉이 일치된 의사소통을 할 수 있게 된다.

말하기 기술 사용하기

미네소타 부부 대화법에서 말하는 기술은 다음 여섯 가지로 되어있는데 이를 아는데 그치지 않고 실제로 구체적인 방법을 훈련받고 연습을 많이 해야만 숙달될 수 있다.

자신의 말로 표현하기

이 기술은 자신이 말하는 내용이 자신의 주관적인 것임을 인정하면서 자신을 스스로 대변하는 말하기 방법으로 '나는', '내가' 등으로 말을 시작하는 것이다. 이처럼 자신의 말로 표현하면 '다른 사람은 어떻게 볼지 모르겠지만 내가 보기에는, 내 입장에서는 어떠하다'는 의미를 지닌다. 즉 나는 구체적 사실을 그렇게 보고 생각하고 느끼지만, 상대방은 나와 다른 경험과 생각, 기분을 가질 수 있다고 인정하는 것이다. 예로 "나는 그것에 대해 생각해 볼 시간이 필요해요.", "내 생각에는~", "제가 피곤해서 지금 졸리네요." 등이 있다. 이렇게 말할 때 듣는 상대는 말을 더 명확하게 듣게 되고 말하는 사람의 사정을 정확하게 이해하게 된다.

그런데 부부간에는 다른 누구와의 관계보다도 친밀하고 서로에 대한 기대와 요구수준이 높으며 마음이 일치되어야 한다는 생각 때문에 상대가 나와 의견이나 가치관이 다를 때 상대를 비난하고 지적하는 말을 하기 쉽다. 그리고 부부 사이에는 자신의 행동보다는 상대방의 행동이 더 잘 관찰되기 때문에 '당신은'이라는 말로 대화를 시작하는 경우가 많다. 예를 들면 "당신은 내 말을 듣지 않아요.", "당신은 화를 잘 내요.", "당신은 씻지 않는 것이 버릇이 되었어요.", "당신은 도대체 내 말을 믿지 않아요.", "왜 이렇게 늦게 와요?" 등으로 표현한다. 이런 말을 듣게 되면 상대는 말하는 사람의 말에 관심을 기울이고 이해하기는커녕 자신이 비난당하고 공격받고 참견 당한다고 생각하게 되어서 반발하거나 공격적 자세와 방어적 자세를 취하게 된다.

또한, 이처럼 '당신은'이라는 표현 외에도 다른 사람을 빗대어 말하는 표현인 '다른 사람들은', '남들은', '남자(여자)들은'처럼 말하는 사람이 누구인지 분명하지 않은 '주인 없는 말하기'가 있다. 예로 "남들은 처가식구들한테 잘한다는데.", "사람들이 그러는데 남자는 다 도둑이래요.", "여자들은 너무 변덕이 많아.", "요즘 남자들이 다 마마보이인 것이 문제야." 같은 말은 명확성이 결여되어 있고 진정한 의미가 무엇인지 궁금하게 만든다. 그리고 이런 표현은 피상적으로 다른 사람들이 모두 자신의 의견에 동의하는 것 같지만, 그것이 얼마나 정확한지 아무도 알지 못하는 문제점을 가지며 그 말에 대해서 책임을 지지 않으려는 의도가 있다.

그러므로 무엇이든지 상대방에게 이야기를 하고 싶을 때는 "당신은 왜 ~한거야?"라고 말하고 싶어도 이를 자제하고 자신의 말로 표현하는 말하기 기술을 사용하여 '나는~'으로 시작하는 말로 바꾸는 것이 중요하다. 이럴 때 비로소 자신의 속마음을 정확하게 전달할 수 있게 되고 상대방을 비난하거나 화를 돋우지 않고 대화를 제대로 할 수 있게 된다.

그러면 '당신은~'으로 시작하는 말을 자신의 말로 표현하기 기술을 사용하여 고친 예를 비교해보자.

- 당신은 왜 매일 늦게 다니는 거야?
  → 나는 당신이 연락도 없이 늦게 들어오면 걱정이 돼.
- 당신은 나에게 관심이나 있어요?
  → 내가 보기에 당신의 나에 관한 관심이 예전 같지 않아서 속상해요.
- 당신은 왜 나에게 아무 이야기도 안 해주는 거야?
  → 나는 당신에게서 아무 이야기도 듣지 못하면 무시당하는 것 같고 속상해.
- 당신은 언제 한번 자발적으로 집안일을 한 적이 있나요?

→ 내 생각에 우리가 같이 바깥에서 일하고 오면 같이 집안일도 하는 것을 기대했는데 그렇지 않으니 불공평하고 힘들어요.

- 지나가는 사람들에게 물어봐요. 당신 같은 사람하고 살 사람이 있나? 나나 되니까 당신 같은 사람하고 사는 거라고.

  → 나는 요즈음 당신에게 존중받지 못해서 실망스럽고 속상해요.

- 당신이 엄마 맞아? 당신은 아이들보다는 딴 데 정신 팔고 살아서 문제야.

  → 나는 당신이 엄마로서 아이들을 세심하게 돌보기를 기대했는데 요즈음 무슨 사정이 있는지 그렇지 않으니 화가 나고 지쳐요.

- 당신에게는 당신 부모님만 있고 우리 부모님은 보이지도 않지요?

  → 내가 보기에 당신이 우리 부모님에게 관심을 적게 둬서 속상해요.

- 당신은 내가 피곤한지 몰라서 그래요?

  → 나는 오늘 많이 돌아다녀서 아주 피곤해요.

- 당신은 온종일 설거지도 안 하고 뭘 했어?

  → 내가 집에 와서 보면 오늘 무슨 일이 있었는지 설거지 그릇이 쌓여 있고 정리되지 않아 집이 지저분해 보여 편안히 쉴 수 없네요. 내가 바라는 것은 설거지를 그때그때 해서 집안이 정리된 거예요.

- 당신은 사람이 무책임해.

  → 나는 당신이 약속시각에 연락도 없이 오지 않아서 걱정도 되고 화가 났어요. 다음부터는 약속을 지켰으면 좋겠어.

- 당신은 항상 말투가 문제야.

  → 내 생각에는 당신의 말투가 지금보다 더 부드러워지면 대화가 잘 될 것 같네요.

- 당신은 사람이 왜 그렇게 지저분해요?

  → 내가 당신에게 바라는 것은 당신이 벗은 양말이나 빨랫감을 빨래통에 넣는 것이에요.

연습1 잘못된 말하기를 자신의 말로 바꾸어 표현하는 연습하기

01. 당신은 평소에 게을러서 문제야.

→

02. 어떻게 내 생일을 잊어버릴 수 있어?

→

03. 난 원래 당신만큼 똑똑하지 못해서.

→

04. 당신은 한번도 내 마음을 이해해주지 않았어요.

→

05. 몰라서 물어? 당신이 알아서 잘해야지.

→

06. 당신은 내가 밉죠?

→

07. 요즘 여자들은 남편을 부려먹으려고 해.

→

08. 다른 남자들은 다 처갓집에 잘한다는데 우리 부모님은 사위복도 없어서.

→

09. 당신은 왜 그렇게 시끄럽게 잔소리를 해대는 거야?

→

10. 내가 사람을 잘못 봤지 저런 성질인 줄 알았으면 결혼 안 하는 건데.

→

정답 예

1. 나는 당신이 조금 부지런해졌으면 좋겠어요. 예를 들면….
2. 나는 당신이 내 생일을 기억하지 못한 것을 보니까 내 존재감이 없어져서 정말 슬퍼요.
3. 나는 당신이 내 의견을 듣지 않고 무시하니까 아주 속상해요.
4. 나는 당신이 내 마음을 이해해주길 바래요.
5. 나는 지금 당신한테 많이 서운해요. 지난번에 약속한 것을 지켜주길 바래요.
6. 나는 당신이 나에게 서운한 마음을 가졌을까봐 염려되네요.
7. 나는 당신이 나에게 여러 일을 시키고 나의 사정을 배려하지 않는다는 생각이 들어서 자존심이 상하네요.
8. 나는 당신이 우리 부모님께 좋은 사위노릇 할 것을 기대했는데 그렇지 못해 실망했어요.
9. 나는 당신이 나를 걱정해서 하는 이야기를 들을 때 나를 간섭하고 참견한다고 생각되어 불편한 기분이네요.
10. 내 생각에 나도 부족한 점이 많아 고쳐야 하지만 당신도 고칠 점을 고쳐서 우리 사이가 더 좋아지길 바래요.

관찰한 사실 표현하기

막연한 이야기를 하는 것이 아니라 실제로 일어났던 상황과 사건에 대해 말하는 것으로, 자신이 관찰하고 경험한 특정한 장소와 시간의 구체적인 사실을 제시하는 것이다. 이처럼 보고, 듣고, 냄새 맡고, 맛보고, 만지고, 기억한 것 등의 구체적인 근거를 말하게 되면 그에 따른 나의 마음을 배우자가 더 정확하게 이해할 수 있게 된다. 이때 사실 그대로를 표현하는 것이 중요하다. 만일 과장해서 표현하거나 분명하지 않은 추측성 표현은 듣는 사람을 불편하게 만들 수 있다. 예로 '어제 몇 시에 누가 어디에서 무엇을 하는 것을 보았어요' 같은 표현과 '요즈음', '종종', '자주', '가끔'으로 시작하는 표현은 바람직하지만 '만날', '항상', '늘', '언제나', '한번도', '전혀', '절대로' 같은 표현은 잘못된 것이다.

관찰한 사실에 관한 잘못된 표현을 제대로 고친 예를 비교해보면 다음과 같다.

- 당신은 늘 아침마다 짜증을 내는데….
  → 어제 아침에 당신이 애들에게 큰소리를 치는 소리를 들으니까….
- 당신은 약속시간에 맞추어 온 적이 한 번도 없는데….
  → 어제 당신이 온다는 시간보다 30분 늦게 오는 것을 볼 때….
- 당신은 늘 설거지를 미루고 쌓아놓으니까….
  → 내가 보기에 싱크대에 설거지할 그릇들이 자주 쌓여 있는 데….
- 당신이 맨 날 나를 보고 따라다니면서 잔소리를 하니까….
  → 나는 자주 당신에게서 이거 해 저거 해라는 이야기를 들으니까….
- 당신은 집에만 오면 항상 컴퓨터 게임을 하는데….
  → 나는 요 며칠 새 당신이 컴퓨터 앞에 밤 12시까지 앉아있는 것을 보았는데….
- 당신이 방을 정리 정돈하는 것을 한 번도 본 적이 없는데….
  → 내가 보기에 당신이 종종 방을 정리 정돈하지 않는 것을 보는데….
- 당신은 늘 말만 하고 행동은 전혀 변하지 않는데….
  → 지난번에 당신이 나에게 다음부터 집안에서 큰소리를 지르지 않겠다고 하고 다음 날 또 거실에서 큰소리를 지르는 것을 봤는데….
- 당신은 음식을 만들 때 늘 냄새를 풍기는데….
  → 지금 집 안에 생선 굽는 냄새가 진동하는데….

생각 표현하기

생각을 표현한다는 것은 내가 관찰한 사실에 대한 해석과 평가, 판단, 예상과 기대

등에 관하여 말하는 것이다. 예를 들면 다음과 같이 표현한다.

"요즘 잠이 부족해서 집중력이 떨어진 것 같아요.", "당신은 내 말에 관심이 없는 것 같네요.", "당신이 날 무시한다는 생각이 들었어요.", "난 그것이 매우 중요하다고 믿어요.", "나는 그런 일이 가능할 것 같은데요.", "내 생각에는 당신이 그 일을 좋아할 것 같았어요.", "이번에는 당신이 약속을 꼭 지킬 것으로 기대합니다.", "내 생각에는 이것보다는 저것이 더 실용적이고 가격도 저렴한데요.", "내 생각에 나는 조금 자기중심적인 면이 있는데 당신은 자상하고 배려를 잘하는 사람이에요.", "당신도 피곤할 텐데 바쁜 나를 도와주고 애들도 잘 봐줘서 내가 수월하게 일을 마칠 수 있었어요.", "당신 덕분에 내 건강이 유지된다 생각해요."

이런 표현들은 배우자가 나의 해석과 평가, 판단, 기대 등을 정확하게 이해하는 데 도움이 된다. 또한, 이러한 생각에 관한 표현을 함으로써 배우자가 나의 감정의 이유를 이해하는데도 도움이 된다. 많은 경우에 관찰한 사실을 말한 후에 곧바로 그에 대한 자신의 감정을 표현하는데 이렇게 하면 배우자는 내가 왜 그런 감정을 느끼는지를 충분히 이해하기 어렵다. 그러므로 감정을 표현하기 전에 가능한 감정을 갖게 된 이유에 대해 구체적으로 설명하는 것이 필요하며 바로 그 부분이 관찰한 사실과 생각을 표현하는 것이다.

감정 표현하기

이는 자신의 감정과 기분을 직접 말하는 것이다. '내가 느끼기에는…'라는 말을 쓸 수도 있고 이 말을 쓰지 않아도 감정을 표현할 수 있다. 예를 들면 "(집을 새로 단장하니까) 신혼기분이 드는군요.", "(당신에게 그 말을 들으니) 정말 안도감이 드네요.", "(당신이 그런 생각을 했다니) 나도 마음이 아프군요.", "고마워요.", "화가 났어요.", "불안했어요.", "행복했어요.", "미안했어요.", "억울한 마음이 들었어요.", "걱정이 되었어요." 등으로 표현하는 것이다.

흔히 생각이란 말 대신에 느낌이란 말을 사용하는데 생각하는 것과 느끼는 것을 혼동하지 않는 것이 중요하다. 예를 들면 "당신은 머리가 매우 좋고 치밀한 사람이라는 느낌이 드네요."라고 말할 때 이는 느낌을 말하는 것이 아니라 생각을 말하는 것이다. 그러므로 "당신은 머리가 매우 좋고 치밀한 사람이라는 생각이 드네요."라고 표현하는 것이 정확한 표현이 된다.

그리고 감정은 대부분 비언어적으로 표현된다. 예를 들면 같이 하는 시간을 내주고, 선물을 주고, 포옹하고, 웃는 일 등은 친밀감과 친근감, 반가움, 사랑, 우정 등의 긍정적인 감정을 나타내는 것이다. 반면 멀리 달아나려고 하고, 이야기를 잘하지 않고, 고함을 지르거나 문을 쾅 닫기, 화난 표정, 울기 등은 거리감과 미움, 적대감, 속상함, 섭섭함, 분노, 좌절감, 실망감 등의 부정적 감정을 나타내는 것이다.

우리는 예전부터 드러내놓고 감정을 말로 표현하기보다는 은근히 알 듯 모를 듯 나타내는 경우가 많았고, 부정적인 감정을 죄책감과 연결시켜서 다른 사람에게 말로 표현하는 것을 꺼리는 경향이 있다. 그러나 우리가 느끼는 감정은 언어적으로 표현되지 않더라도 표정이나 자세, 음성, 말투, 어조 같은 비언어적 방법으로 나타나게 되어있고 그 영향력은 매우 크다. 그리고 이처럼 비언어적으로 표현되는 감정은 그 이유와 배경에 대한 설명이 없으므로 상대방에게 매우 불분명하게 전달될 수밖에 없고, 그 결과 상대방이 말하는 사람의 감정을 정확하게 이해하는 데 필요한 정보를 주지 못하는 문제가 있다.

그러므로 자신의 감정을 상대방에게 이해받고자 하면 먼저 자신의 감정을 정확하게 알아차리고 내가 지금 어떤 감정을 느끼고 있는지, 그 이유는 무엇인지를 생각하고 얼굴 표정이나 목소리 등과 일치되게 감정을 말로 표현하여야 한다. 예를 들어 상대방이 나를 실망하게 한 경우에 "당신은 항상 날 실망하게 한다니까!"라는 표현은 자신의 말로 표현하기라는 말하기 기술을 사용하지 않아 잘못된 것이고, "나는 당신에게 실망했어요."라는 표현은 자신의 말로 표현하기와 감정 표현하기의 두 가지 말하기 기술을 사용한 것이다. 또 흔한 방법으로 "나는 어제 당신이 오랜만에 일찍 온다고 연락하고서 연락도 없이 30분이나 늦게 오는 것을 보면서 실망했고 화도 났고, 걱정도 되었어요."라고 표현하는데 이는 자신의 말로 표현하기와 관찰한 사실 표현하기, 감정 표현하기 등 세 가지 말하기 기술을 사용한 것이다. 그러나 이보다 더 상대방에게 자신의 감정을 충분히 이해받기 위해서는 이에 생각 표현하기라는 말하기 기술을 추가하여야 한다. 즉 "나는 어제 당신이 오랜만에 일찍 온다고 연락하고서 연락도 없이 30분이나 늦게 오는 것을 보면서(자신의 말로 표현, 관찰한 사실) 무슨 일인지 모르나 나하고의 약속을 소홀히 생각하고, 기다리는 나를 배려하지 않는다는 생각이 들어(생각) 실망했고 화도 났고(감정), 무슨 일이 생겼나 해서(생각) 걱정도 되었어요(감정)."라고 표현하는 것이다.

또 하나의 예로 만일 남편이 귀가하여 아내가 반갑게 맞아주지 않고 아이와 놀고 있는 것을 보았을 때 "사람이 집에 들어오는데 인사도 안 하고 뭐하는 거야?"라고 할 수 있는데 이는 말하기 기술을 사용하지 않은 잘못된 표현이다. 이보다 조금 나은 표현은 "나 아까 화가 많이 났었어."라고 말하여 자신의 말로 표현하기와 감정을 표현하기의 두 가지 말하기 기술을 사용하는 것이다. 그리고 이보다 더 나은 표현은 "내가 아까 집에 들어오는데 당신은 나를 쳐다보지도 않고 아이와 놀고 있는 것을 보니까 화가 많이 났었어."라고 말하여 자신의 말로 표현하기, 관찰한 사실 말하기, 감정 표현하기 등 세 가지 말하기 기술을 사용하는 것이다. 그리고 이보다 더 충분히 이해받을 수 있는 표현은 "내가 아까 집에 들어오는데 당신은 나를 쳐다보지도 않고 아이와 놀고 있는 것을 보니(자신의 말로 표현, 관찰한 사실) 당신도 아이와 하루 종일 씨름할라 피곤하겠지만 그래도 집에 들어오는 나를 남편으로 인정하고 관심이 있으면 그렇게 모른 체하지 않을 텐데 그렇지 않으니까 내가 당신에게는 이런 존재밖에 안 되나 해서 (생각) 화가 많이 났었어(감정).”라고 하여 생각 표현하기 기술을 더 추가하는 것이다.

이처럼 자신의 말로 표현하기와 관찰한 사실, 그에 대한 자신의 생각을 말하고 감정을 표현하게 되면 말하는 초점이 상대방의 태도나 행동보다는 말하는 사람의 마음으로 바뀌게 되어 논쟁의 소지가 줄어들게 된다. 그리고 듣는 상대방도 방어하려는 생각 없이 말하는 사람의 마음을 정확하게 이해할 수 있고 적절한 반응을 할 기회를 받게 되어 대화를 효율적으로 할 수 있다.

소망 말하기

상당수의 부부는 같이 살다 보면 서로 바라는 것들을 알게 되니까 구태여 말하지 않아도 내가 원하는 것들을 배우자가 알아서 해주어야 한다고 생각한다. 그러나 이것은 불가능한 일을 바라는 것이고 그런 생각을 하게 되면 실망하는 일을 자주 겪게 된다. 그리고 상대방에게 나의 욕구와 소망을 말하지 않으면 상대방은 추측해서 행동하게 되므로 내가 바라는 행동을 하지 않을 가능성이 높게 되는 것이다. 그러므로 자신이 바라는 것들을 분명하게 말하여 배우자에게 자신의 욕구와 바람을 알리는 것이 중요하다. 부부가 살면서 서로가 원하는 것이 무엇인지 알아야 자발적으로 그에 반응하고 협동적으로 살게 되기 때문이다. 물론 배우자가 나의 소망을 알게 된다 해서 곧바로 소망이 이루어지는 것은 아니지만 내가 원하는 것들을 배우자가 이해하게 되면 배우자는 그에 대해 반응을 하게 되고 나는 배우자에게 반응할 기회를 주게 되는 것이다.

그러나 다른 말하기 기술을 사용하지 않은 채 바라는 것만을 표현하면 상대방을 교묘하게 조종하거나 강요하고 잔소리와 간섭하는 것으로 받아들일 수 있음을 유의해야 한다. 예로 “나는 주말에 새 옷을 사고 싶어요. 당신도 그걸 바라지요?”라고 말하면 상대방이 반대하지 못하도록 교묘하게 꾸며낸 말이 되는 것이다. 이처럼 상대방의 결정을 조종하고 유도하는 일은 부부 사이에는 바람직하지 않다. 부부 사이에는 배우자에게 내가 원하는 것을 알게 하는 것이 중요하며, 그다음에 배우자가 어떻게 반응하느냐는 것은 배우자의 자발적인 몫에 속하는 것이다.

그러므로 소망을 말할 때 듣는 상대방이 나의 소망의 배경을 충분히 이해할 수 있도록 잘 표현하는 것이 중요하다. 이를 위해서 소망을 말하기 전에 다음의 질문을 스스로에게 해보는 것이 좋다.

- 내가 배우자에게 바라는 것은 진정으로 배우자를 아끼고 소중하게 여기기 때문인가? 아니면 배우자를 내 식대로 조종하려는 마음 때문인가?
- 내가 배우자에게 바라는 것은 배우자와 나 양쪽의 행복과 관계개선에 도움이 되고자 하는 마음 때문인가? 아니면 나의 편리와 욕심을 채우려는 마음 때문인가?
- 나는 배우자가 나에게 바라는 것에 기꺼이 응해줄 의사가 있는가?

이상의 질문에서 배우자를 소중히 여기고 배려하며, 두 사람 모두의 행복과 관계개선에 도움이 되는 소망일 때, 그리고 배우자의 소망에 반응할 의사가 있을 때에 자신의 소망이나 바라는 것들을 표현하는 것이 좋다. 이때 다음 몇 가지 사항을 유념하면 배우자가 나의 소망을 오해하지 않고 제대로 이해할 수 있다.

- 배우자를 존중하고, 부부 두 사람이 다 잘되기를 원한다는 마음을 비언어적 메시지로 전달한다.
- 한꺼번에 너무 많은 것을 바라지 말고, 상대방의 반응을 재촉하거나 서두르지 않는다.
- 배우자의 자존심을 상하지 않게 긍정적인 방향으로 소망을 말한다.

- 나의 소망을 배우자가 즉각 이루어주지 않아도 나는 여전히 배우자를 믿고 존중하겠다는 마음을 가지며, 배우자의 반응을 기다려주고 받아들일 준비를 한다.
- 자신도 열린 마음으로 배우자가 바라는 것을 이해하려고 하고 배우자의 소망을 이루는데 도움을 주고자 하는 마음을 가진다.
- 바라는 것의 배경을 말하기 기술들을 활용하여 설명한 후에 긍정적이고 구체적으로 소망을 표현하며, 이때 누구를 위한 소망인지를 명확하게 해야 불분명함에서 오는 오해를 방지할 수 있다. 예를 들면 나 자신을 위한 소망인지, 배우자를 위한 소망인지, 두 사람 모두를 위한 소망인지를 잘 구분하여 말하게 되면 정확하게 이해할 수 있게 되고, 이기적이고 자기중심적인 소망이나 조종이나 강요, 간섭으로 받아들이지 않게 된다.

모든 부부들은 바라는 것들을 갖고 대화를 한다. 그래서 바라는 것을 말할 때 '내가 바라는 것은~'라고 하거나 '나는 당신에게 ~를 바래요'라고 하거나 '나는 ~싫어요'라고 표현하기도 한다. 어떤 것이든 이런 표현은 자신을 위한 소망을 말하는 것이다. 이 경우에 바라는 것을 구체적으로 표현하는 것이 상대방이 나의 소망을 이해하는 데 도움이 된다. 예를 들어 '집안일을 같이 하길 원해요', '늦게 오지 않았으면 좋겠어요'라고 하는 것보다는 '쓰레기 버리는 일과 진공청소기로 청소하는 일을 해주길 바라요', '저녁 식사 시간에 맞추어 7시 전에 오면 좋겠어요'라고 한다.

그런데 이처럼 내가 배우자에게 원하는 것들을 얘기하는 경우 실제로 그 소망은 배우자를 위한 것으로 얘기하지만, 그 말을 듣는 배우자는 자신을 위한 얘기로 생각하지 않는 경우가 많고 하나의 강요나 잔소리로 받아들이기 쉽다. 그러므로 부부간에 소망을 얘기할 때는 이 소망이 '나' 자신이 원하는 것을 이루기 위해서 인지 아니면 '배우자'가 원하는 것인지, 그리고 '우리' 모두가 원하는 것인지를 생각해 볼 필요가 있다. 그래서 나 자신이 원하는 것을 이루기 위해서 배우자가 무엇을 해주기를 원하는 경우는 실제로는 배우자를 위한 소망이기보다는 나를 위한 소망의 성격이 더 강하므로 '나를 위한 소망'이라고 얘기하는 것이 좋다. 그러면 듣는 사람은 강요나 잔소리로 듣거나 이용하기 위한 요구로 해석하지 않게 된다. 예를 들면 남편이 아내에게 '내가 좋아하는 음식을 만들어주기를 바란다'고 할 때는 아내를 위한 소망이 아니라 남편 자신을 위한 소망인 것이다. 만일 아내가 남편에게 '청소기로 집 안 청소를 해주길 바란다'라고 말하는 경우에 그렇게 하는 것이 남편보다는 아내에게 더 도움이 된다면 그것은 남편을 위한 소망이 아니고 아내를 위한 소망이다.

그리고 상당수의 부부들은 배우자를 위한 소망이라고 하면서 자신의 배우자에 대한 소망을 표현하는 경우가 있다. 예를 들면 "당신을 위해서 내가 바라는 것은 운동해서 살을 빼는 것이에요.", "당신을 위해서 내가 바라는 것은 술을 줄이고 집에 일찍 귀가하는 것이에요."라고 말한다. 이런 표현은 배우자가 조종당하거나 간섭당한다는 오해를 불러일으킬 수 있으므로 조심해야 한다. 왜냐하면, 자신이 바라는 것은 대부분이 자신을 위한 소망이고 상대방을 위한 소망도 사실은 자신이 상대방에게 바라는 것들이 많기 때문이다.

상대방을 위한 소망이라는 것은 나 자신 위주로 소망을 말하는 것에서 벗어나 상대방 입장에서 바라는 것들을 생각하게 하는 장치로서 상대방이 바란다고 직접 언급했던 것이어야 한다. 그러므로 배우자를 위한 소망을 말할 때 배우자가 원하는 것을 말이나 행동으로 표현한 것을 기준으로 말한다. 즉 내 입장에서 배우자에 대한 소망이 아니라 배우자 입장에서 원하는 것으로 확인되는 것들을 말하는 것이 배우자를 위한 소망 말하기 방법이다. 예를 들면 아내는 남편이 담배를 끊기를 바라지만 남편은 담배를 조금 줄이고 집 바깥에서 피기를 원한다면 아내는 남편을 위한 소망으로 '조금씩 담배를 줄이고, 집 밖에서 담배를 피우기를 바란다'고 하는 것이다.

그리고 우리를 위한 소망은 우리 모두를 위한 소망을 표현하는 것인데, 이것은 각자의 입장만 고려하지 말고 두 사람 모두의 이익과 공동의 선을 고려하도록 하여 공동체와 관계 차원의 소망을 표현하게 하는 방법이다. 예로 "우리 둘이 지금보다 더 잘 지내기를 바라요.", "부모님이 건강하고 가족이 지금처럼 화목하게 지내면 좋겠어요." 등이 있다. 이것들을 우리를 위한 소망이라고 하면서 얘기하면 막연히 얘기하는 것보다 더 명확한 의사전달이 되는 것이다.

예를 들면 다음과 같다.

- 나를 위한 소망
  - 오늘 하루 종일 걸어 다녀서 피곤하니 쉬고 싶어요.
  - 내 생일날 당신에게서 작은 선물이라도 받아보았으면 좋겠어요.
  - 내가 지금 바쁘니까 오늘 저녁 설거지는 당신이 해주길 바라요.
- 다른 사람을 위한 소망
  - 당신이 말했듯이 집에서 당신이 편안하게 지내면 좋겠어요.
  - 당신이 말했듯이 당신이 가정에서 존경받는 남편, 좋은 아빠가 되길 바라요.
  - 당신이 말했듯이 당신이 직장에서 승진했으면 좋겠어요.
- 우리를 위한 소망
  - 우리가 그전처럼 서로 믿고 살기를 바라요.
  - 우리가 진지하게 대화를 하는 시간을 정기적으로 가졌으면 좋겠어요.
  - 우리 사이가 더 가까워졌으면 좋겠어요.

자신의 행동에 대해 말하기

우리는 보통 말할 때 자신의 행동에 대해서 말하지 않는 경우가 많다. 흔히 자기 의견과 감정, 바라는 것들을 잘 얘기하지만, 자신이 그전에 어떻게 행동을 하였고, 지금 어떻게 행동을 하며, 앞으로 어떻게 행동을 하겠다는 것을 말하는 것은 쑥스러운 일로 생각하고, 구태여 말로 표현하기보다는 행동으로 보여주면 된다고 생각한다. 더욱이 자신의 앞으로의 행동에 대해서 자세하게 얘기하는 것은 '말만 앞선다', '말이 많으면 실수도 잦고 가벼워 보인다'는 선입관이 작용하여 좋지 않게 생각하는 경우가 많다. 그래서 자신의 행동이나 앞으로의 행동계획에 대해 말하는 것에 익숙하지 않고 특히 남성들은 이런 경향이 현저한 것 같다.

그러나 부부 사이에는 어떤 인간관계 보다 많은 것들을 나누고 공유하는 것이 좋고, 서로에게 자신의 행동을 알리는 일은 과거와 현재, 미래의 모든 사건에 관련되어 있다. 나중에 할 일을 미리 말하는 미래 행동 말하기는 배우자에게 그에 대한 대비를 할 수 있게 하고, 배우자를 배려하고 중요한 존재로 여긴다는 생각을 갖게 하며, 서로의 행동에 대한 쓸데없는 추측이나 오해를 막는 효과가 있다. 이 미래 행동 말하기는 '난 반드시 ~하겠다'라는 결심과 행동의지를 포함하는데 비해 소망 말하기는 '내가 원하기는~', '난 ~싶어요' 등처럼 단순한 바람을 포함하는 점이 다르다. 과거 행동을 말하는 것도 아무 말도 하지 않고 혼자 결정하고 행동하는 것보다 상대방을 배려하고 존중하는 느낌을 갖게 하고, 자신의 행동에 대해 잘 인식하고 있다는 것을 상대방에게 이해하게 하는 효과가 있다. 또한 현재 자신의 행동에 대해 알려주는 일은 지금 하고 있는 행동 특히 부정적 행동에 대해서 설명이 필요할 때에 더욱 더 필요하다. 예로 자신이 집에 왔다가 잠깐 나갔다 온다고 하고 한 시간 만에 돌아와서 왜 그랬는지, 갑자기 어떤 급한 일이 생겼는지 설명을 하면 상대 배우자는 이해가 되는 것이다.

예를 들면 다음과 같은 표현이 있다.

- 오늘 오전에 당신한테 여러 번 전화했었지요.
- 아까 무엇인가를 좀 생각하느라 당신이 하는 말을 못 들었어요.
- 난 지금 당신에게 잔소리하지 않으려고 많이 노력하고 있어요.

- 앞으로는 주말마다 집안 청소를 맡아 하겠어요.
- 그전에 당신에게 담배를 끊으라고 잔소리를 했었지요.
- 감기약을 먹어서인지 아까 자꾸 졸았네요.
- 오늘은 집에 가기 전에 마트에 들러 과일을 사려고 해요.

부부가 대화하면서 6가지 말하기 기술을 모두 사용하는 경우는 흔하지는 않지만, 논쟁이 될 만한 이야기를 할 때, 그리고 문제해결과 의사결정을 위해 의논할 때에 이 말하기 기술을 사용하면 싸우거나 대화가 중단되지 않으면서 대화다운 대화를 할 수 있게 된다. 즉 배우자에게 내가 무엇을 보고, 듣고, 생각하고, 느끼고, 바라며 행동할 것인지를 잘 표현하게 되면 배우자가 나를 충분히 이해하고 그 결과 배우자의 자발적인 협조를 얻어낼 수 있게 된다. 그리고 이렇게 말하면 상대방의 심중을 추측하거나 읽으려고 신경을 곤두세울 필요가 없고, 상대방이 왜 그러는지 몰라서 당황하거나 오해하는 데 따른 정신적인 에너지의 손실과 낭비도 막을 수 있어 효율적인 의사전달을 할 수 있게 된다.

그러므로 배우자가 나의 속마음과 견해와 감정을 충분히 이해하기를 바라면 내가 먼저 대화 요청을 한 다음 배우자가 들을 준비가 되어 있는 적절한 때와 장소에서 말하기 기술을 사용할 필요가 있다.

말하기 기술을 사용한 부부들에게서 다음의 효과들이 나타났다.

부부 대화법을 훈련받은 많은 부부가 말하는 소감 중에 공통으로 나오는 것은 그전에는 화가 나면 말을 하지 않거나 소리를 지르는 일이 많았는데 교육에 참가해 말하기 기술을 사용하면서부터 그전처럼 행동하지 않아서 말로 인한 실수와 싸움 일이 줄어들고 서로서로 속마음을 제대로 이해하게 되면서 사이도 좋아졌다는 것이다. 또 폭력예방 교육 프로그램에 참가한 남편들에게 양성평등 교육과 분노조절 기술과 함께 이 말하기 기술을 교육한 결과 역시 큰 효과를 볼 수 있었다. 남편들이 그전에는 아내가 자신의 자존심을 상하게 한다 싶으면 큰소리를 지르거나 욕을 하고 물건을 던지고 물리적 폭력까지 행사한 적이 있었는데 교육 후에는 자신의 화나는 감정을 이런 말하기 방법으로 설명하는 식으로 바뀌었다. 아내들도 화가 나면 말꼬리를 붙잡고 늘어지고 '너 메시지'를 쓰면서 같이 인신공격하고 비난하며 다툰 적이 많았었는데 역시 부부 대화법을 배우면서 말하기 기술을 사용하니 마음이 편안해지고 싸움이 줄어들었다고 보고하였다. 또 어떤 아내들은 부부 대화법을 혼자 와서 배우고 훈련받은 후에 용기를 내어 남편에게 말하기 기술을 사용하여 자신의 고마운 감정이나 미안했던 감정을 표현하였더니 남편이 협조적으로 바뀌고 아내를 따라 말하기 기술을 사용하여 대화를 편안히 잘할 수 있었다는 사례도 있었다. 또 불화상태에서 아내가 대화법 훈련에 소극적이어서 혼자 참가했던 한 남편이 숙제로 말하기 기술을 사용하여 아내에게 그동안의 잘못을 사과하고 노력하겠다는 다짐을 한 결과 다음 회기부터 아내가 함께 훈련받게 되고 관계도 좋아지는 사례도 있었다.

Chapter 18

배우자 이해를 위한 경청 방법

경청의 중요성

의사소통의 가장 큰 목적은 '서로 이해하는 것'이다. 그러나 많은 사람이 이것을 '내 의견을 잘 전달하는 것'으로 여기고 있는 듯하다. 말을 잘하고 싶어 하는 사람이 많기 때문이다. 그러나 진정한 소통은 먼저 상대방의 이야기를 정확히 들어야 한다. 잘 모르겠으면 질문을 통해 명확히 파악하는 것도 중요하다. 그래서 의사소통의 핵심은 경청과 질문이다. 이는 상담의 핵심 기법이기도 하다. 경청은 '나의 관점'이 아니라 '상대방의 관점'에서 듣는 적극적인 의사소통 방법이라고 할 수 있다. 특히 상대방의 행동과 생각이 이해가 되지 않을 때 상대방의 진정한 뜻을 이해하려면 몸짓과 소리의 변화까지 감지하면서 경청해야 한다. 이러한 경청노력을 통하여 상대방에 대하여 알게 되고 상대방에 대한 존중과 관심을 전달하게 되는 결과, 상대방은 자신이 충분히 존중받고 이해받고 있다고 생각되어 편안해지며, 나의 말에 더 많이 귀 기울이게 된다. 부부간에 오해, 불신, 충돌이 그치지 않고 소원하거나 적대적인 관계로 지내는 가장 큰 이유는 상호 간에 이해부족 때문이고, 이는 상대방의 말을 경청하지 않는 데서 비롯된다. 그러므로 부부가 친밀하고 화합하며 행복하게 지내려면 상대방의 말을 경청하여 상대방의 진심을 이해하여야 한다.

경청의 장애 요소

경청이 어려운 이유

잘 듣는 것은 잘 말하기보다 더 어렵다. 왜 그럴까? 그 이유에 관하여 생각해보자.

첫째로 상대방의 이야기를 끝까지 들어줄 만큼 내가 시간이 없고 한가롭지 못하다는 생각들이 작용해서 그럴 수 있다. 이는 정말 들어줄 시간이 없기보다는 상대방의 얘기를 들을 때 동시에 들려오는 자신이 하고 싶은 말을 다스릴 마음의 여유가 없기 때문이다.

둘째로 상대방의 얘기를 들어주다 보면 상대방의 의견에 따르는 것으로 오해를 받을 수 있고, 자신의 생각이 없어지거나 생각이나 행동이 변화되어야 할지도 모른다는 두려움이 작용하는 것이다. 즉 상대방의 얘기에 몰입해서 듣다 보면 내 의견을 주장하고 관철하는데 불리할 수 있다는 생각들이 작용하는 것이다.

셋째로 상대방의 얘기를 들어주다 보면 자신이 다루기 어려운 내용이 드러나 당황하게 되고 자신의 내보이고 싶지 않은 감정이 표면에 드러날지 모른다는 두려움이 있기 때문이다.

경청의 장애 요소 중 가장 보편적인 것은 자신을 방어하려는 태도와 상대방에 대해 갖고 있는 편견이다.

좋지 않은 듣기 행동

좋지 않은 듣기 행동에는 외적인 것과 내적인 것으로 구분할 수 있다.

외적인 행동

첫째로 주의를 기울이지 않는 행동으로 상대방이 말을 하고 있는데 딴 곳을 보고 있거나 하품을 하거나 하던 일을 계속하는 경우, 또는 다른 일을 시작하는 경우이다.

둘째로 말이나 행동으로 상대방이 말하는 것을 중단시키는 것으로 상대방의 말을 듣다가 "요점이 뭐야, 간단히 용건만 말해."라고 하거나 "당신에게서 무슨 말이 나올지 난 다 알아. 그만 얘기해.", "그런 말은 이제 그만 했으면 좋겠어." 등의 자기 말을 하거나 자리를 뜨는 것들이 있다.

셋째로 상대방의 말을 다른 의미로 해석하고, 과장하거나 축소하며 자신에게 유리한 쪽으로 해석한다.

넷째로 상대방의 말을 끝까지 듣지 않고 미리 판단하고 평가하거나 결론을 내리고 상대방이 할 말을 넘겨짚어 말을 하거나 질문이나 충고를 하는 것으로 "그것 몇 개째 사는 거야?"라고 하거나 "또 실수했군.", "내가 잘못했다는 얘기지?", "그렇게 부정적으로 보면 안 되지.", "당신은 다 잘했다는 거지?", "내가 하는 말을 듣지 않아서 그렇게 된 거야."라고 하는 것이다.

다섯째로 상대방의 이야기의 초점을 피하고 말을 얼버무리기, 상대방에게 극단적이고 단정적인 말로 대답하기 등이 있다. 즉 "내 말은 당신에게 불만이 있다기보다 다른 사람들이 그렇다 하는 거지?", "알았어, 문제가 많은 내가 없어지면 될 것 아니야.",

"당신 얘기는 늘 똑같아, 그만해!", "당신 이야기는 너무 유치해서 대답하고 싶지도 않아.", "또 시작했군, 그 소리 계속하면 나 나갈 거야.", "당신은 그걸 말이라고 하는 거야? 말이 되어야 대화를 하지." 등이 있다.

내적인 행동

상대방의 이야기를 들으면서 겉으로는 듣고 있는 것처럼 보이지만 귀를 기울이지 않고 건성으로 듣고, 상대방의 말하는 것을 속으로 평가하기, 자신의 생각을 계속하기, 다음에 할 말이나 공격할 말을 준비하기 등이 있다.

좋지 않은 듣기 유형

Coleman과 Wisdom(2004)은 좋지 않은 듣기 유형을 다음 여섯 가지로 구분하였다.

첫째, 도덕가 유형이다. 이 사람은 "그렇게 하지 않았어야 해. 다음부터는 이렇게 해야 한다."라고 훈계하거나 교훈하는 것을 좋아한다.

둘째, 판단자 유형이다. 이 사람은 상대방을 이해하기보다 평가하고 비판하여 잘못된 점과 고쳐야 할 점을 찾는 데 더 관심을 둔다.

셋째, 전지자 유형이다. 이 사람은 상대방보다 많이 알고 지적으로 우월하다고 생각해서 자신의 유식함을 뽐내고 조언과 가르침을 주려고 한다.

넷째, 분석가 유형이다. 이 사람은 상대방의 심리를 분석하고 문제를 진단하기를 즐기며, 상대방을 이해하고 수용하기보다는 주도하고 캐묻는데 관심이 많다.

다섯째, 위로자 유형이다. 이 사람은 지나치게 상대방을 안심시키려 하고 모든 것이 잘될 것이라고 위로만 하여서 문제나 상대방의 속마음을 제대로 이해하기 어렵다.

여섯째, 지배자 유형이다. 이 사람은 상대방을 위압하는 태도를 지니고 지배하고 통제하려는 자세를 보여서 말하는 사람이 위축되고 긴장감을 가지게 된다.

잘 듣지 않은 결과

배우자의 말을 경청하지 않은 결과는 어떠한가? 유명한 가족치료자인 Satir는 '자신의 자아상이 온전하지 못하고 자존감이 낮은 사람들이 남의 말을 경청할 줄 모른다'고 하였다. 그리고 역시 유명한 가족치료자인 Haley는 '상대방의 말을 잘 들으려 하지 않고 자기주장만 하는 것은 부부간의 권력싸움에서 상대방을 패배시키고 자신만 이기려는 이기적인 행동이며, 그 결과 진정한 승리가 되지 못하고 패배자의 보복이 이어지는 악순환 문제가 발생한다'고 하였다. 그러므로 상대방의 말을 경청하지 않는 것은 상대방의 존재를 무시하는 행위이고 자신이 이기적이고 성숙하지 못한 자아상을 가지고 있음을 나타내는 것으로 그 결과 다음의 어려움이 발생하게 된다.

첫째로 잘 들어주지 않음으로써 상대방의 상황과 속사정을 제대로 파악할 수 없고 상대방을 이해하고 그의 경험을 받아들이는 데 지장을 받는다. 어떤 경우는 상대방의 갑작스러운 태도 돌변과 행동 변화에 당황하는 일도 겪을 수 있다.

요즈음 황혼이혼이 늘어나고 있는데 대부분 아내 쪽에서 남편에게 이혼을 요구하는 경우가 많다. 이때 남편은 몹시 당황하게 되고 아내의 태도 돌변에 낭패감과 배신감을 느끼며 노후생활에 대한 불안감과 실패감, 괴로움을 호소하고 어떻게든 이혼을 막아보려고 전전긍긍하게 된다. 그러나 그 아내의 입장을 보면 결혼 이후 평생 남편의 가부장적 권위와 위압적 요구, 폭언이나 폭력 등에 의해 시달리고 인격적 무시와 긴장, 억압을 받으며 살아왔으나 장래에 대한 두려움, 자녀에 대한 책임감 때문에 참고 지내왔다. 그러다가 어느 날 자녀가 성장하고 자신의 삶을 돌아보게 되면서 공허감과 허무감을 겪고 더는 눈치 보며 살지 않겠다는 자각이 작용하여 잃어버린 세월을 보상받는 방법으로 이혼을 요구하는 것이다. 이런 불행한 사건은 결혼생활 동안 남편이 아내의 마음과 속사정을 잘 파악하거나 이해하는데 관심을 두지 않았고, 아내도 속마음을 잘 표현하지 않은 데 그 원인이 있지만, 특히 남편의 노력부족에 더 기인한다. 즉 남편들이 아내를 동등한 인격체로 인정해주고 아내의 얘기에 귀를 기울여서 아내의 입장을 이해하고 배려하는 노력이 부족하여 자기의 방식대로 결혼생활을 했던 것에 문제 원인이 있는 것이다.

둘째로 잘 듣지 않음으로써 바른 상황판단과 적절한 대처에 지장을 받는다. 경청하면 상대방이 말하는 내용과 의도와 그 뜻을 잘 파악할 수 있고 어떻게 내가 반응하고 행동할 것인지 판단할 수 있다. 그러나 잘 듣지 않게 되면 주관적인 상황판단으로 잘못된 반응을 할 수 있다. 잘 듣지 않는 대부분의 사람은 끝까지 잘 듣고 상대방 얘기의 전체적인 내용을 파악하기보다는 자신이 받아들일 수 있는 부분까지만 듣거나 선택적으로 내용을 듣기 때문에 상황파악을 제대로 못하여 적절하지 못한 반응을 보이는 것이다.

예를 들면 남편이 퇴근했는데 아내가 "오늘 백화점에서 세일한다고 하기에 갔다가 먹을 것하고 마실 차를 사왔어요. 이 차는 건강에도 좋다는군요. 당신하고 같이 마시려고 해요."라고 아내가 말할 때 만일 남편이 '나는 돈 버느라 고생하는데 아내는 한가롭게 옆집 아줌마들하고 차나 마시려고 내가 별로 좋아하지 않는 걸 알면서 차를 사오다니!'라고 아내의 말을 부분적으로 이해하게 되면 그 반응이 "웬 차를 사왔어? 남편은 죽으라고 일하는데 아내라는 사람은 한가롭게 집에서 차나 마시고 또 우리 집 이 동네 사랑방 되겠네!"라고 하게 되고 그다음에 이어지는 아내의 반응이 부정적이 될 것은 뻔한 이치이다.

또 다른 예로 맞벌이 가정에서 남편이 "오늘 종일 직장을 그만 다닐까 말까 고민했다."라고 말할 때 그 아내는 '이 남자가 내가 직장에 다닌다고 나를 믿고 직장에 사표를 내려고 하는구나. 참을성도 없고 무책임한 사람 같으니라고.' 그러면 우리 집은 어떻게 될 것인지 걱정이 되어 "당신이 제 정신이에요. 이제 애들도 학원에 가기 시작하고 돈 들 일도 많아졌는데 당신은 나만 믿고 무책임하게 그러면 어떻게 해요?"라고 반응할 수 있다. 그 결과 문제에 대한 이해와 의논이 아니라 감정폭발과 싸움이 된다.

셋째로 잘 듣지 않음으로써 대화가 단절되고 관계가 악화한다. 즉 한 사람이 경청하지 않으면 상대방도 경청하지 않게 되어 서로 상대방이 말을 할 때 상대방의 존재를 인정하지 않고 자기 마음대로 반응하며 감정적으로 대응하게 되는 결과, 두 사람 모두 계속 말을 할 수 없게 되어 마음을 닫게 된다. 그 결과 둘 사이에 친밀감과 일치감은 더욱 약화되고 거리감과 차이점이 커짐으로써 관계가 멀어지고 나빠지게 되는 것이다.

우리나라 가정의 대화에서 가장 공통적으로 발견되는 것은 남성들이 경청하는 방법을 알지 못하는 경우가 많은 것이다. 그래서 많은 아내가 남편과의 대화 부족을 느끼고 많은 자녀가 아버지와의 대화 단절을 호소한다. 그런데 당사자인 남성들은 그런 아내와 자녀들의 문제의식을 인정하지 않으며 아내가 남편을 무시하고 거세어졌고, 아이가 아버지에게 대든다는 식으로 인식하는 경우가 많다. 사람은 남녀, 아이 어른 할 것 없이 누구나 내 말을 잘 들어주고 내 마음을 인정해주며 알아주는 사람에게 말문을 열고 얘기를 할 수 있고, 그럴수록 둘 사이는 친밀하게 되고 관계가 좋아지는 것이다. 그리고 자신의 이야기에 대하여 상대방이 판단하고 평가하고, 심판하는 것을 원하는 사람은 아무도 없고, 듣는 사람이 이런 반응을 보이면 말하는 당사자는 긴장되고 불편해지기 마련이다. 그러므로 가정에서 배우자와 더 많은 대화를 하기 원하고 잘 지내기를 원하면 먼저 남편이 아내가 말하는 것을 경청하는 노력을 하는 것이 필수적이고, 아내도 함께 경청하는 노력이 필요하다.

따라서 잘 듣는 것이 대화를 잘하는 지름길이고 갈등이나 문제해결을 잘하는 정서적 기반이 되고 첫걸음이 된다. 보통 말하는 방법과 듣는 방법은 어렸을 때부터 습관처럼 길러진 것이므로 이미 잘못된 대화 습관을 지니면 고치기가 쉽지 않다. 자신의 대화 습관을 고치고 부부간의 효율적인 대화가 정착되기 위해서는 부부가 같이 시간을 내어 교육을 받고, 배운 것을 생활에 계속 적용하고 실천하여야 한다. 부부가 서로를 충분히 이해하고 살아야 하기 때문에 이 경청 방법이 처음에는 배우기 어려울지라도 매우 중요한 가치가 있다.

경청 기술 사용하기

부부 한쪽이 다른 쪽에게 말을 한다는 것은 자신의 상황이나 생각, 감정 등을 같이 나누고 다른 쪽에게 이해받고 협조받고 싶은 목적이 작용한다. 그렇다면 배우자의 이야기를 들을 때 가장 먼저 갖추어야 할 것은 무엇일까? 그것은 당연히 그가 처해있는 상황과 심정을 함께 느끼고 이해하려는 자세이다. 상대방이 말하는 내용뿐만 아니라 그의 속마음까지 이해하려는 적극적인 자세가 중요한 것이다. 즉 상대방이 하는 말을 경청하기 위해서는 기본적으로 상대방을 소중한 존재로 생각하고 배려하는 태도가 있어야 한다. 그리고 이를 토대로 경청 기술을 활용하는 것이다.

잘 듣는 방법의 핵심은 자신의 관심을 잠깐 접어놓고 배우자를 이해하기 위해서 배우자가 말하는 것을 따라가는 것이다. 이를 구체적으로 살펴보면 다음 다섯 가지 경청 기술이 있다.

주의 집중하여 듣기

주의 집중하여 듣기는 대화할 때 모든 관심을 말하는 상대방에게만 쏟고 몸과 마음을 다하여 그 사람의 말을 귀담아듣는 것이다. 이를 구체적으로 말하면 상대방이 이야기할 때 자신의 생각을 비우고, 상대방을 바라보면서 귀와 눈으로 나아가 몸 전체로 진지하게 귀를 기울여 말하는 내용을 따라가는 것이다.

자세는 시선을 말하는 상대방에게 두고 몸도 그쪽으로 약간 기울인다. 상대방이 얘기하는데 텔레비전이나 휴대폰, 컴퓨터를 보고 있거나 읽을거리를 보거나 라디오를 듣거나 전화기를 들고 있거나 딴 곳을 쳐다보는 것이 아니라 하던 일을 중지하고 상대방의 얼굴을 바라보는 것이다.

그리고 도중에 말을 중단시키거나 끼어들지 않고 상대방의 말이 끝날 때까지 귀 기울여 내용을 듣는 것이다. 이때 상대방의 얼굴표정과 몸의 움직임, 자세, 말하는 태도를 관찰하고 말의 어조, 억양, 속도, 음높이, 강약 등의 비언어적 표현에도 주의를 기울여 그 의미를 파악한다.

그리고 열린 마음으로 상대방의 경험과 표현하는 것들을 이해하려고 따라가는 것이다. 예를 들면 상대방이 보고 들어서 관찰한 사실, 생각과 해석, 감정, 소망, 행동에 대해 깊은 관심을 갖고 파악한다. 그리고 상대방이 말하지 않은 마음영역에도 주의를 기울이고 언어적 표현과 비언어적 표현의 일치 여부를 주시한다.

이러한 주의 집중하여 듣기를 하면 상대방의 관점에서 상황을 보게 되고 상대방의 표면적 감정에서 드러나기 어려운 내적 감정도 파악하게 된다. 또 말하는 입장에서는 자신의 마음과 감정을 배우자가 받아주고 헤아려주고 이해해주었다고 느낌으로써 감정이 발산되고 편안해지며, 이성적으로 문제를 바라보고 대화를 계속할 마음이 생기게 된다. 이렇게 주의 집중하여 듣기 기술을 사용하면 상대반을 충분히 심도있게 이해하게 되고 상대방도 자기표현을 더 잘하는 결과를 가져오는 것이다. 이처럼 모든 관심을 기울여 듣는 것은 바로 이런 메시지를 전달하는 것이다. “당신은 내 인생에서 가장 중요한 사람이에요. 우리의 관계를 소중히 하는 만큼 당신의 생각과 감정에 대해 알고 이해하고 싶어요.” 그러나 무언가를 하면서 주의 집중하여 듣지 않는 것은 다음을 의미한다. “당신은 나의 여러 관심사 중 한 가지일 뿐이에요. 계속 얘기하세요. 난 이것저것 하면서도 다 듣고 있어요.”

상대방의 말을 인정해 주기

상대방이 표현한 경험의 내용과 관련하여 적절하게 반응해 줌으로써 상대방이 무엇을 말하려고 했는지 속마음을 읽고 인정해준다. 이렇게 하려면 내가 상대방의 입장에서 생각하고 느껴보려고 해야 한다. 이렇게 할 경우 그가 이미 표현한 어떤 감정이나 생각을 부연해서 설명해주면 효과적이다. 또 비언어적으로 상대방의 이야기 내용을 인정해주는 방법도 사용한다. 이런 방법은 서로를 수용하고 신뢰하며 호의적이게 하고 따뜻한 감정을 갖게 한다.

예를 들면 고개를 끄덕끄덕하거나 ‘그랬었구나!’, ‘아, 그래요!’, ‘그랬었군요!’, ‘그래’, ‘그럼!’, ‘아하!’, ‘응!’, ‘음’, ‘정말 그렇겠네’, ‘충분히 그럴 수 있지’, ‘그럴 만도 하지’ 등의 말을 해서 맞장구를 쳐주는 것, 상대방의 감정이나 소망을 언급해주기(‘많이 속상했구나’, ‘그래서 화가 많이 났군요’, ‘걱정이 많이 되었군요’, ‘많이 힘들었군요’, ‘안타까운 마음이 드셨군요’, ‘마음이 많이 아팠겠군요’, ‘그런 기분이었군요’, ‘내가 당신을 이해해주길 바랐겠네요.’) 등이 있다. 그리고 맞장구 쳐주는 반응 중에 ‘그래’, ‘그래서?’, ‘정말?’, ‘맞아!’, ‘재미있네’ 등의 반응은 진심으로 상대방의 경험을 인정할 목적으로 사용할 때는 적절한 표현이지만 진심이 아니거나 부적절하게 남발해서 표현하는 일은 삼가야 할 것이다.

요점 되돌리기

요점 되돌리기는 상대방이 말한 내용을 간추려 자신의 말로 요점을 전달하고 정확하게 이해하였는지 확인하기 위한 경청 기술이다. 이때 내 생각을 더 보태거나 들은 것 중 중요한 부분을 빠트리지 말아야 하고, 요점 되돌리기를 제대로 했는지 확인하는 것이 좋다.

말하는 사람은 상대방이 제대로 요점 되돌리기를 하여 자기의 얘기를 제대로 이해했다는 확신이 들면 '바로 그거야'라고 하거나 '맞았어, 바로 그 말을 했어'라고 종료를 선언한다. 만일 상대방이 요점 되돌리기를 제대로 못했거나 잘못하는 경우에는 말하는 사람이 '그게 아니고…'라고 하면서 잘못되었거나 빠뜨린 부분을 다시 말한 다음 듣는 사람이 정확하게 요점 되돌리기를 하면 '바로 그거야!', '맞았어, 바로 그말이야'라고 하여 정확하게 이해하였음을 확인한다.

요점 되돌리기를 할 때는 "그러니까 당신은 ~라는 얘기를 하는 거지요?"라고 한다. 예를 들면 "그러니까 당신은 내가 지난번에 약속을 지키지 않아서 실망했고 화가 났다는 거지? 그리고 나에게 원하는 것은 약속했으면 꼭 지키고 만일 약속을 못 지키게 되면 미리 말해달라는 얘기를 하는 거지?"라고 하는 것이다. 또는 "내가 듣기에 당신이 이런 이런 이야기를 한 것 같은데. 맞아요?"라고 하기도 한다. 그리고 이 기술을 배우자가 자신의 말을 정확히 이해하였다고 확인할 때까지 계속해서 사용한다.

이러한 요점 되돌리기 기술은 복잡한 문제나 의견충돌 가능성이 있는 주제에 관하여 대화할 때, 그리고 거절할 때 사용하면 더 효과적이다. 흔히 복잡한 문제에 경청하는 일은 많은 에너지가 소요되고, 오랫동안 집중하여 듣기 어렵기 때문에 이렇게 요점 되돌리기 기술을 사용하여 정확하게 이해하였는지 확인하는 작업 없이 계속 듣다 보면 오해와 억측이 생길 수 있고 듣는 일이 피곤하고 불편할 수 있다. 또 의견이 대립하거나 반대 의견을 교환하는 경우에 이러한 요점 되돌리기 기술을 사용하지 않고 상대방의 말이 끝나자마자 그와 반대되는 말이나 거절하는 표현을 하게 되면 자존심이 상하고 긴장이 조성될 수 있다. 어떤 사람은 상대방의 말이 끝나면 "알았어.", "알았어요.", "당신 말을 이해해.", "당신 마음을 알겠어."라고 말하기도 하는데 이런 표현은 상대방의 말을 정확하게 이해하였는지 확인하기 위해서는 오해의 소지가 있고 불충분한 방법이다. 이보다 더 효과적으로 상대방의 말을 정확하게 이해하였는지 상대방과 자신에게 확인하는 방법이 바로 요점 되돌리기이다.

예를 들어 상대방의 의견과 상치되는 의견을 말하거나 상대방의 부탁을 거절하여야 하는 경우에 상대방의 말이 끝나자마자 곧바로 내 의견을 말하는 것보다는 "알았어요." 또는 "당신 말을 이해해."라고 한 다음 내 의견을 말하는 것이 더 좋은 방법이 될 수 있다. 그러나 이보다 더 확실하고 효과적인 것은 상대방이 했던 말을 요점 되돌리기를 하여 정확하게 이해하였는지를 확인한 다음에 내 의견을 말하는 것이다.

정보 요청하기

정보 요청하기 기술은 상대방이 충분히 말하게 하려고 더 하고 싶은 얘기가 없는지 상대방에게 묻는 것이다. 대부분의 사람은 이야기를 계속해도 좋은지를 알아보기 위하여 잠시 말을 중단하고 듣는 사람을 살펴본다. 그리고 상대방이 자신의 이야기를 더 들을 마음이 있다고 판단될 때 더 많은 얘기를 이어가고 이때 속 깊은 얘기를 하게 된다. 이 기술은 듣는 사람이 말하는 상대방에게 아직 표현하지 못한 내용이 있으면 충분히 표현하도록 기회를 주는 단계이다. 예를 들면 잠시 상대방이 이야기를 중단할 때, 내가 지시하거나 대응하려는 충동을 느낄 때 이런 방법을 사용한다. "좀더 말씀해 주세요.", "더 듣고 싶네요.", "제가 잘 이해할 수 있도록 좀더 상세히 말씀해 주세요.", "제가 더 알아야 할 것이 있나요?", "그에 대해서 더 자세히 얘기해 주시겠어요?", "저에게 얘기할 것이 더 있으세요?" 등처럼 부드럽게 말을 유도함으로써 배우자가 더 많은 것을 충분히 말하도록 하는 것이다. 이 기술을 사용하면 상대방도 할 말을 충분히 했다는 느낌이 들고 듣는 사람도 상대방을 이해하기 위한 많은 정보를 얻을 수 있으므로 양쪽에 도움이 된다. 그리고 말하는 사람들은 흔히 처음부터 아주 중요한 말을 하지 않고 서론 부분을 얘기하면서 듣는 상대방이 충분히 이해해줄 것 같을 때 본격적으로 다음 얘기(감정, 소망, 미래 행동들)를 하는 경우가 많다. 그러므로 상대방이 이야기 앞부분을 말할 때 주의 집중하여 듣기, 인정하기, 요점 되돌리기를 하고 듣기를 끝낸다면 상대방의 속 깊은 이야기를 듣고 이해할 기회는 없어지는 것이다. 따라서 진지하게 의논하거나 깊은 대화를 나누어야 할 때는 반드시 말하는 상대방에게 정보요청을 하여야 이해의 폭을 넓힐 수 있다.

개방 질문하기

질문하기 기술은 항상 사용하여야 하는 것은 아니고 상대방을 이해하고 싶은데 상대방이 먼저 말을 하지 않을 때 상대방을 탐색하기 위해 질문하는 것이다. 예로 남편이 퇴근 후에 아내에게 "오늘 하루 지내면서 기분이 어땠나요?" 또는 "내가 도울 일이 무엇일까?"라고 질문하는 것은 아내를 소중히 여기고 아내의 감정을 이해하고자 하는 행동이다. 또한, 아내가 남편에게 "오늘 하루 어땠어요?" 또는 "이번 주말에 어떤 계획을 갖고 있나요?"라고 질문하는 것도 역시 남편을 소중히 여기고 남편의 계획을 이해하려는 행동이다. 그리고 상대방의 얘기를 들으면서 이해가 불충분한 점이나 궁금한 점이 있을 때 질문하기 기술을 사용한다. 즉 상대방이 말하는 내용에서 모순되는 것을 발견하거나 말의 내용과 표정이 상치되는 것을 발견하였을 때 더 설명해달라고 질문할 수 있다. 질문할 때는 가능한 개방적으로 하여야 상대방으로부터 더 풍부한 얘기를 들을 수 있고 충분한 이해를 할 수 있다.

예를 들면 '그렇다', '그렇지 않다' 나 '예', '아니요'라고 답하게 하는 질문은 피하고 '마음이 어떠세요?', '그에 대한 당신의 생각은 어떠세요?', '그때 어떤 느낌이셨어요?', '내가 어떻게 하길 원하나요?', '앞으로 어떻게 할 것인가요?' 등처럼 상대방이 자유롭게 답할 수 있는 질문을 하는 것이 개방질문이다. 그리고 '왜'로 시작하는 질문은 상대방에게 그 이유를 묻기보다 비난하는 의미로 전달되어 방어적인 반응을 유발하므로 피하는 것이 좋다. 그 대신에 '어떻게 해서 그런 생각을 하셨나요?'라고 하거나 '그렇게 느낀 원인이 무엇이라 생각하나요?'라고 물어본다.

예를 들면 다음과 같이 질문한다.

- 당신이 직장생활에 대한 이야기를 할 때 기운이 없어 보이는데 무슨 일이 있는지 얘기해 줄 수 있어요?
- 당신은 어머니에 대해 얘기할 때 좋은 분이라고 하면서도 불만스런 표정을 짓는데 당신의 설명을 듣고 싶군요.
- 아까 당신의 얘기에서 그 문제에 대한 당신의 해결 방안이나 소망은 말하지 않았는데 그 부분을 얘기해 주셨으면 합니다.
- 나에게 원하는 것을 알고 싶어요.

이 경청 기술은 Rogers의 치료적 관계형성 기법을 발전시킨 것으로 이를 제대로 사용하면 상대방의 말하는 내용을 공감적으로 이해하고 수용할 뿐만 아니라 상대방에 대해서 정확하게 알게 된다. 그에 따라 말하는 사람도 자기 생각과 감정을 명확하게 파악할 수 있고, 듣는 사람이 자신의 말을 제대로 이해하였다는 것을 확인함으로써 자기 가치감과 자존감이 증진되는 경험을 하게 된다.

연습2 다음 폐쇄질문을 개방질문으로 바꿔보고 그에 따른 답변의 차이를 생각하기.

01. 당신은 그때 매우 슬픈 마음이었겠네요?

→

02. 그때 친구와 같이 있었나요?

→

03. 그때 거기에서 옷을 샀어요?

→

04. 그 일이 있을 때 당신은 집에 있었어요, 없었어요?

→

05. 당신은 그때 왜 전화를 했었나요?

→

06. 그때 당신은 어머니에게 왜 그런 말을 했지요?

→

07. 아침에 전화하길 바라나요?

→

정답 예

1. 당신은 그때 어떤 기분이었나요?
2. 그때 누구와 같이 있었나요?
3. 그때 거기에서 무엇을 하셨지요?
4. 그 일이 있을 때 당신은 어디에 있었지요?
5. 당신이 그때 어떻게 해서 전화를 하셨나요?
6. 그때 당신은 어떻게 해서 어머니에게 그 말을 하게 되었나요?
7. 언제 전화하길 바라나요?

tip! 경청하기 위하여 노력해야 할 11가지

1) 상대방이 어떤 말을 해도 나의 마음 문을 닫지 않는다. 상대방이 기분 상하는 말을 하거나 내 의견과 상반되는 말을 해도 그것을 존중하고 말을 듣지 않는 행동을 삼간다.
2) 상대방의 말을 끝까지 들어준다. 중간에 말을 가로채거나 자리를 뜨는 행동을 삼간다.
3) 상대방의 말을 액면 그대로 받아들이고 다른 의미로 해석하지 않는다. 상대방의 말을 과장하거나 축소하거나 자신에게 유리한 쪽으로 해석하는 일을 삼간다.
4) 미리 판단을 내리거나 평가하거나 추측하지 않는다. 상대방의 말을 끝까지 듣지 않고 성급하게 판단하지 않아야 하고 상대방의 마음을 꿰뚫어 보고 있는 것처럼 넘겨짚지 말아야 한다.
5) 상대방의 이야기를 듣다가 관심이나 초점을 딴 곳으로 돌리지 않는다.
6) 내 생각을 덧붙여서 결론을 미리 내리거나 상투적인 훈계와 조언을 하지 않고, 부정적인 평가를 미리 내리지 않는다.
7) 상대방이 얘기하는 동안 다음에 할 말을 준비하지 않는다.
8) 상대방의 말이 부정확한 경우에는 개방질문을 해서 계속 이야기를 하여 정확하게 자기표현을 하도록 돕는다.
9) 상대방의 말을 경청하다가 계속 들을 수 없는 상황에서는 '잠깐 쉬자(타임아웃)'고 제안한다.
10) 부부가 공평하게 서로 존중하고 상대방의 말에 귀를 기울여야 한다. 상대방에게 나를 존중하고 나의 이야기를 경청하도록 요구하는 만큼 나도 상대방을 존중하고 상대방의 말을 경청해야 한다. 만일 이 균형이 깨어지면 원만한 대화가 될 수 없다.
11) 만일 상대방이 다툼식 말하기나 앙심품고 말하기를 하는 경우에 대응적 듣기를 하기보다 경청하고 감정을 인정해주고, 요점 되돌려주기를 함으로써 싸움으로 비화하는 것을 막는다.

tip2 배우자 이해를 촉진하는 실천방법

- '그럴 수가 있어?'에서 '그럴 수도 있지'로 태도를 바꾸라.
  나 중심에서 벗어나 배우자 중심으로 바꾸고 배우자 입장에서 보는 것이다.
- 배우자의 말 속에 담긴 마음을 읽어라.
  배우자가 무엇을 말하려고 하는지 진심으로 알려고 노력하고 배우자의 말 속에 담긴 마음을 읽는 것이다.
- 배우자의 감정을 존중하라.
  배우자가 어떤 기분을 느끼는지를 늘 관심을 갖고 그 감정을 인정하는 것이다.
- 배우자가 중요하게 생각하는 것이 무엇인지를 파악하라.
  배우자가 강조하는 가치관이나 신념이 무엇이고 그것이 왜 그렇게 중요한지를 알려고 하는 것이다.
- 배우자가 진정으로 바라는 것이 무엇이고 어느 정도 바라는지를 질문하라.
  배우자가 바라는 소망을 알고 그 우선순위를 알기 위해서는 질문할 필요가 있기 때문이다.

참고 13

경청에 관한 성구

사연을 듣기 전에 대답하는 자는 미련하여도 지혜로운 자의 귀는 지식을 구한다. (잠언 18:13, 15)

사람마다 듣기는 속히 하고 말하기는 더디게 하며 성내기도 더디게 하라. (야고보서 1:19)

Chapter 19

잘못하는 대화와 잘하는 대화 사례

가사에 대한 대화 사례

맞벌이하는 아내가 부엌에서 설거지하는 동안 남편이 소파에 누워서 텔레비전을 보고 있는 것을 보니 '나는 직장에 갔다 와서 앉아보지도 못하고 식사준비를 하고 있는데 남편은 밥만 먹고 일어나 자기 숟가락 밥그릇 하나 싱크대에 갖다 놓지도 않고 저렇게 텔레비전만 보다니 난 뭐야?'라는 생각이 들었다. '지금 빨래도 걷어서 개켜야 하고 청소도 해야 하고 쓰레기도 버려야 하는데 뭘 하고 있는 거야?'라고 생각하니 화가 났다. 그래서 다음의 대화가 오갔고 결국에는 싸움이 되었다.

잘못하는 대화

아내: 청소 좀 해줘요.

남편: (소파에 비스듬히 누운 채 텔레비전을 보면서) 알았어.

아내: (목소리를 높여서) 청소 안 해요? 진공청소기로 청소하는 것이 뭐가 힘들어서 그러고 있는 거지. 당신 내 말 듣고 있는 거예요?

남편: 알았다니까.

아내: 당신 지금 뭐 하는 거예요? 난 바빠 죽겠는데 한가하게 텔레비전이나 보고 내가 해 달라 해서 한 번도 제때에 해준 적이 없다니까. 아이고 속 터져.

남편: (언성이 높아져서) 뭐라고? 내가 해준 일이 없다고? 언제 내가 한 번도 안해줬어? 오늘은 청소 안 해도 깨끗한데 뭘. 나중에 하지.

아내: 언제 당신이 알아서 제때에 집안일을 했다는 거예요? 한 번도 그런 적이 없어요. 그리고 이것이 깨끗한 거예요? 청소하기 싫으니까 별소리를 다 하네. 나는 돼지우리 같은 데서 살 수 없어요.

남편: 살기 싫은 사람이 하면 될 것 아냐. 돈 좀 번다고 만날 남편을 부려 먹으려고 하고 해줘도 안 해줬다고 하고. 아이고 성질나.

아내: 내가 언제 당신한테 돈 번다고 위세 떨었어요. 말도 안 되는 소리 하지 말아요. 하기야 아들만 위하는 어머니한테 제대로 배운 것이 있을 리 없지.

남편: 내가 집안일 안 했다며? 너 그렇게 말할 수 있니? 그리고 우리 어머니 얘기는 왜 들먹이는 거야. 그래 너희 엄마는 너보고 남편에게 이렇게 하라고 가르치던? 아이고 성질나(리모컨을 바닥에 던지고 문을 쾅 닫고 나가버린다).

이 부부는 가사분담에 대해서 다른 생각을 하고 있는데다가 대화 기술을 사용하지 않아서 대화가 불통이 되고 말싸움이 된 사례이다. 우선 이 부부의 대화하는 상황과 자세를 볼 때 아내는 집안일을 하면서 남편에 대한 불만과 짜증이 쌓여있는 상태이고 남편에 대해 존중하는 자세가 있지 않다. 역시 남편도 아내의 가사분담에 대한 강요로 불만이 있고 아내의 짜증 섞인 불평을 들으면서 화가 난 상태이고, 아내의 얘기를 존중하는 태도가 부족하다. 그래서 기본적인 대화 태도가 문제가 있고 두 사람 다 '너—메시지'를 사용하며, 피해야 할 말인 '항상, 만날, 한번도' 등의 말이나 다른 사람까지 끌어들이는 말 그리고 경청하지 못하는 것이 잘못되었다. 그래서 상대방에 대한 이해가 되지 않고 문제도 풀지 못한 채 대화 도중에 싸움이 발생하게 되었다.

이 부부가 대화법을 배운 후로 똑같은 상황에서 부정적인 사고를 긍정적인 사고로 바꾸어 상대방을 존중하고 솔직한 태도를 보이고 대화법 기술을 적용하게 되었다. 아내는 그전에는 '남편이 집안일을 하기 싫으니까 저렇게 미루는 거야. 남편은 기본적으로 나를 사랑하지도 않고 배려하지도 않아. 남편은 아주 자기중심적인 사람이야. 그래서 내가 이일 저일 하느라 얼마나 피곤하고 힘든지는 관심도 없어. 자기 혼자만 편하면 되는 이기주의자야. 시어머니가 그렇게 키워서 교양이 없어.'라고 생각하였다. 그러나 대화법을 배운 후로 남편에 대해 '남편이 보고 싶은 텔레비전 프로그램이 있나 보다. 알았다고 대답했으니까 조금 있다가 청소하겠지. 남편은 경상도 남자라 무뚝뚝하지만 착실한 점은 있어. 그리고 집에서 남자가 가사일하는 것을 보고 자라지 않아서 익숙하지 않은데도 내가 해달라고 하면 늦게 해서 그렇지 해주기는 하잖아. 그리고 마음먹고 청소했다 하면 나보다 깨끗하고 깔끔하게 잘하는 면도 있잖아. 그러니 이해하자.'라고 생각하는 것이다. 남편은 그전에는 '아내는 돈 좀 번다고 나를 부려 먹으려고 해. 자기가 할 수 있는 것도 나에게 꼭 시킨단 말이야. 요즘 여자들은 약아서 남자를 휘두르고 살려고 하거든. 나는 아내보다 직장 스트레스도 많고 지치니까 집에서 쉴 수 있어야 하는데 아내는 내 입장을 몰라줘.'라고 생각했었다. 그러나 대화법을 배운 후로 아내에 대해 '아내가 청소해달라고 하는 것은 아내가 피곤하고 힘들어서 그런 거야. 텔레비전 보느라고 아내가 말하기 전에 미리 알아서 청소를 안 했지만 조금 있다 해야지.'라고 생각하는 것이다. 그래서 다음과 같이 부드럽게 대화가 되었다.

잘하는 대화

아내: 여보, 청소해야 하는데 내가 설거지도 해야 하고 빨래도 개야 하고 바빠요. 그러니 당신도 청소 좀 해주면 좋겠는데.

남편: 알았어. (텔레비전 보면서) 나 이것마저 보고 5분 있다가 할게요. 쓰레기도 비워야 하는 것 아니오. 조금 있다가 할 테니까 걱정하지 말아요.

아내: 그렇게 해요.

남편이 TV채널을 돌리는 경우 대화 사례

아내가 아이랑 같이 TV드라마를 보고 있는데 귀가한 남편이 오자마자 다음과 같이 얘기하고 아내가 맞대응함으로써 대화가 싸움이 된 사례이다.

잘못하는 대화

남편: 당신 뭘 하는 거야? 애 데리고 드라마나 보고 잘한다. 리모컨 이리 줘! 뉴스 봐야 해. 얘, 너는 네 방에 가서 공부해.

아내: 당신은 왜 그렇게 애 앞에서 나를 무안을 주고 또 애한테 소리 지르고 그래요? 집에서 드라마 볼 수도 있지. 어떻게 뉴스만 보고 살아요? 그리고 당신이 그렇게 애한테 소리 지르니까 애가 아빠를 무서워하는 거라고. 딴 집 아빠들은 애랑 친구처럼 지내던데 당신은 뭐예요?

남편: 그런 드라마 허구한 날 봐서 뭘 해. 엄마가 교육적으로 좋은 프로그램을 골라서 애를 보게 하고 아니면 책을 읽든지 해야지. 엄마가 그 모양이니 애 성적이 그 모양이지. 그나마 내가 애 교육을 생각하고 소리라도 지르니까 애가 이 정도라도 된 거야. 내가 그렇게 안 하면 애 꼴이 뭐가 되었을까?

아내: 내가 어떻게 했기에 애 성적이 나쁜 것을 내 탓이라고 하는 거예요? 애 교육 걱정하는 당신은 그래 왜 집에서 애 숙제 하나 봐주지 않고, 스포츠 중계는 시끄럽게 듣고 그래요?

남편: 이게 어디서 남편에게 큰소리야. 딴 집 여자들은 알아서 아이지도 잘만 하던데. 자고로 머릿속에 아무것도 든 것이 없는 여자가 드라마나 보고 남편에게 말대꾸하고 그러더라.

아내: 당신 말 다 했어요? 요즘 어떤 세상인데…. 당신 간덩이가 부었구먼.

이 부부는 역시 상대방에 대해 부정적인 사고방식과 고정관념을 지녀서 서로 상대방을 존중하지 않는 것이 대화에서 그대로 나타난다. 남편은 '아내가 드라마를 좋아하는 것은 머리가 비어서 그렇다. 아이 교육은 엄마가 해야 하고 아이 지도가 되려면 집에서 무서운 사람이 있어야 하는데 아내가 너무 원칙이 없어서 내가 지도 하는데 사사건건 남편에게 대들고 무시한다.'라고 생각한다. 한편 아내는 '남편이 집에서 폭군처럼 군림하고 아내의 자녀지도와 살림하는 수고를 인정하지 않는다. 남편은 자신의 생각만 옳다고 고집하고 식구들을 자기 뜻대로 휘두르려고 하는 것이 문제다.'라고 생각한다. 그리고 사용해서는 안 되는 말인 '비교하는 말, 너—메시지, 비난하는 말'을 사용하고 대응적 듣기를 해서 두 사람의 대화가 싸움으로 바뀌었다.

이를 존중하는 태도를 바꾸고 대화 기술을 쓰도록 훈련받은 후 부부는 다음과 같이 대화 태도가 달라지고 그에 따라 대화가 개선되었다. 남편은 '아내가 아이와 같이 드라마를 보는 것은 생각이 있어서 그럴 거야. 아내도 살림하느라 스트레스를 받으니까 드라마라도 보고 해소해야지. 요즈음 인기 드라마를 안 보면 사람들하고 얘기할 때 소외된다 하던데 드라마를 안 볼 수는 없을 거야. 아내도 생각이 있으니까 있다가 책도 읽고 애 숙제도 봐주겠지.'라고 생각하는 것이다. 아내는 '남편이 저렇게 말하는 것은 아이 교육에 유달리 관심이 많아서 내가 더 아이 교육에 열성적이 되길 원해서 그래.

남편은 착하고 가정을 좋은 가정으로 만들려는 마음이 많은 사람이야. 남편의 의도는 내가 남편과 보조를 맞추어 아이를 잘 지도해서 아이가 자기능력을 잘 발휘하길 바라는 거야.'라고 생각하는 것이다.

잘하는 대화

남편: 잠깐 그 프로그램 끝나고 나하고 얘기 좀 할까요?

아내: 네. 이 프로그램 거의 끝나가니까 조금 있다가 얘기하지요. (5분 후 프로그램이 끝나고 아이는 방으로 들어간다.)

남편: 집에 들어오면서 당신이 아이와 같이 드라마를 보는 것을 볼 때, 내 생각에는 당신이 좋아하는 드라마를 보고 쉬기도 한다는 것을 이해는 하지만 아이에게는 그 드라마나 당신의 TV 보는 모습에서 좋은 영향을 받지 못할 것 같아요. 그 시간에 아이가 책을 읽거나 뭔가 다른 일을 하는 것이 더 좋을 텐데….

아내: 그래요.

남편: 내가 원하는 것은 당신은 드라마를 보더라도 아이는 제 방에서 책을 읽거나 공부를 하면 좋겠소. 아니면 당신이 할 수 있다면 가능한 애가 집에 있을 때는 드라마를 보지 않고 집에서 공부하는 분위기를 만들어 주길 바라요.

아내: 당신 생각이 그렇구나. 당신 얘기는 내가 아이랑 같이 텔레비전 드라마 보는 것이 애 교육에 좋지 않으니까 앞으로 자제하길 바란다는 것이지요?

남편: 맞아요, 내 말은 바로 그거예요.

아내: 그것에 관하여 더 할 이야기 있어요?

남편: 없어요.

아내: 알았어요. 습관적으로 보다 보니까 그만 애 교육에 신경 쓰지 못했군요. 내가

자제해야지요.

남편: 당신이 그렇게 선선히 답변해주니 고맙네요.

휴일 보내기 대화 사례

남편이 모처럼 시간을 내어 휴일에 아이들 둘하고 강변 고수부지에 가서 자전거를 타기로 하고 아내에게 같이 가자고 하였다. 아내는 에버랜드에 가서 놀이기구도 타고 외식도 했으면 하는데 남편은 외식을 싫어하고 사람 많은 곳에 가서 기다리는 것을 싫어하기 때문에 군말 없이 김밥을 싸고 준비해서 따라나섰다. 고수부지에 가서 남편이 아들 자전거 타는 것을 가르치면서 아내보고 잡으라고 하는데 아내가 제대로 잡지 않으니까 자전거가 쓰러졌다. 그러자 남편이 말했다.

잘못하는 대화

남편: 당신 뭘 하는 거야. 그렇게 잡으니까 자전거가 쓰러지지. 저리 가. 그렇게 머리가 안 돌아가나? 아이보다 못해.

아내: (기분 나쁜 표정으로 가만히 있다.)

남편: 그렇게 가만히 있으면 어떻게 해? 이리 와서 제대로 잡아야 할 것 아니야.

아내: 언제는 잡으라고 했다가 언제는 잡지 말라고 했다가 나보고 어떻게 하라는 건지 모르겠네.

남편: 당신은 눈치가 없고 말귀도 못 알아듣는 먹통이야.

아내: (묵묵부답)….

이 경우는 남편이 아내의 의사를 묻지도 않고 혼자서 휴일 일정을 결정했고, 아내는 싫은데도 표현도 하지 않고 억지로 따라나선 데 우선 원인이 있다. 그리고 남편은 아내가 싫은 내색을 보일 때 그것을 확인하고 아내에게 말할 기회를 주어서 아내의 의견을 존중하고 유연하게 해결책을 찾아야 함에도 자기식으로 밀어붙여서 너-메시지를 쓰고 비난하는 말을 하고 있다. 그리고 아내는 솔직하게 자신의 불만과 소망을 얘기하지 않는 문제를 갖고 있다. 남편이 아내에게 미리 휴일 일정을 상의하지 않고 애들 앞에서 통보하는 것은 외아들로 성장하면서 계속 혼자서 의사 결정하던 습관이 작용하고 있고, 또 아내가 휴일에 돈을 써서 재미있는 놀이시설에 가는 것만이 잘 보내는 것으로 생각하고 교육적인 면을 고려하지 않으니까 그 생각을 바로잡아야겠다는 생각에서였다. 아내 얘기를 들어보니 남편의 그런 생각은 오해이다. 아내는 남편의 휴일 보내는 방법이 애들에게 교육적이라고 생각하나 항상 그렇게 돈만 아끼고 재미있는 곳에 가지도 않고 외식도 안 하는 것에 불만이 있다고 하였다. 즉 두 사람은 솔직하게 자신을 표현하지 않음으로써 얼마든지 협상해서 아이들과 의미 있는 시간을 보낼 수 있었는데도 잘못된 대화를 함으로써 가족 전체의 기분이 상하는 결과를 낳고, 애들 앞에서 아내가 남편에게 야단맞는 모습을 보이고 상처를 받는 일이 일어난 것이다.

만일 이 부부가 서로 존중하고 배려하면서 이렇게 대화를 하면 원만한 대화가 될 것이다.

잘하는 대화

남편: 이번 휴일 날 애들이랑 한강 고수부지에 가서 자전거를 같이 타려고 하는데 당신 생각은 어때요?

아내: 애들이랑 자전거를 타는데 나는 뭘 해요? 나는 자전거도 못 타고. 그러지 말고 에버랜드에 갑시다. 맛있는 것도 사 먹고 놀이기구도 타고 애들이 그걸 더 좋아할 텐데….

남편: 알았어. 그런데 날이 아직 쌀쌀하니 에버랜드는 다음에 가고 작은 애가 자전거를 타고 싶어 하니 자전거 타는 법을 가르쳐주러 고수부지에 가서 식구끼리 바람도 쐬고 오면 어때요?

아내: 그래요. 따뜻해지면 놀이기구 타러 가고 이번에는 고수부지에 가죠. 그런데 아직 날씨가 쌀쌀하니 김밥보다는 따뜻한 음식을 사 먹는 것이 어떨까요? 내가 간식은 챙길 테니까. 나도 모처럼 쉬는 날 식사준비에서 벗어나고 싶거든요.

남편: 그래요, 당신 얘기는 다음에 놀이기구 타러가고 이번에는 애들을 고수부지에 데리고 가서 자전거 타게 하고 점심은 외식으로 해결하자는 거죠?

아내 ; 네, 맞아요, 바로 그 말이에요.

남편: 더 할 얘기 있어요?

아내 : 없어요.

남편: 알았소. 그렇게 합시다.

아내: 내 의견을 존중해줘서 고마워요.

늦게 귀가하는 문제 대화 사례

잘못하는 대화

아내: 당신은 도대체 하루도 일찍 오는 날이 없어요.

남편: 에이, 남자가 그럴 수도 있지. 뭘 그래?

아내: 뭘 잘했다고 큰소리에요?

잘하는 대화

아내: 어젯밤에 당신이 12시가 넘도록 연락도 없이 오지 않아서 무슨 일이 생겼나 불안했어요. 여러 번 당신에게 연락해도 불통이고 밖에 나가서 서성거리기도 하고 잠을 자려 해도 계속 불안해서 잠도 못 자고. 그래서 연락도 없이 늦은 당신에게 화가 나서 당신이 올 때 일부러 문을 늦게 열어 준 거예요.

남편: 그래서 그랬었군.

아내: 앞으로 늦게 되면 늦어도 8시까지는 미리 전화해줘요. 그러면 나도 마음 편하게 기다릴 수 있고요. 그리고 당신도 그런 일로 나하고 언쟁하지 않아도 되고요. 저는 당신과 함께 있는 시간을 더 잘 지내고 싶어요.

남편: 음, 그러니까 당신 얘기는 내가 어제 연락도 없이 늦어서 걱정되고 화도 났다는 얘기군. 그래서 문을 늦게 열어줬고. 당신이 나에게 원하는 건 내가 늦게 되면 8시까지는 미리 전화해 달라는 거지요?

아내: 예. 맞아요, 바로 그 말이에요.

남편: 음, 더 할 얘기는 없어요?

아내: 아니요, 없어요.

남편: 알았어요. 어제는 오랜만에 친구들 만나서 어울려 한잔하고 당구에 열중하다 보니까 전화소리를 못 듣고 연락도 못 해 미안했소. 그렇게 노력해보겠소.

아내: 그런 일이 있었군요. 그러니까 당신은 어제 일에 대해 미안하고 앞으로 늦게 되면 미리 전화하겠다는 얘기지요?

남편: 맞아요. 바로 그 말이에요.

약속시간에 늦은 경우 대화 사례

잘못하는 대화

남편: 도대체 지금 몇 시야? 당신은 항상 늦는군.
아내: 늦을 수도 있지 뭘 그래요? 많이 늦은 것도 아닌데 왜 그렇게 소리치고 그래요? 창피하게.
남편: 아니 이 사람이….

잘하는 대화

남편: 당신이 어제 제시간에 안 와서 사고가 난 건지 집에 무슨 일이 생긴 건지 걱정도 되고, 연락이 안 돼 화도 났소. 게다가 모임에서 다들 부부가 함께 있는데 나만 혼자니까 제대로 어울릴 수도 없고, 그래서 아주 불편했었지.
아내: 어머! 그랬었군요.
남편: 당신에게 바라는 건 앞으로 미리 준비해서 약속시간을 지키는 거요. 그리고 당신이 늦으면 미리 전화를 해주고 내가 도울 일이 있으면 얘기를 해주는 거요.
아내: 네. 그러니까 당신은 어제 내가 약속시간에 늦어서 걱정도 되고 화도 나고 다른 부부들 있는데 불편했다는 거죠? 그리고 나에게 원하는 건 미리미리 준비

해서 약속시간을 지키고, 늦으면 미리 전화해주고, 당신이 도와줄 일이 있으면 얘기해달라는 얘기를 하는 거죠?

남편: 그렇소. 바로 그 말이요.

아내: 그리고 더 할 얘기 없어요?

남편: 없소.

아내: 사실은 어제 친구한테 전화가 걸려 와서 통화하다가 늦었는데 당신 기다리는 것 생각해서 빨리 서두르다 보니 휴대폰을 놓고 나오게 되어서 연락을 할 수도 받을 수도 없었지요. 그날 따라 택시도 잘 오지 않고 해서 많이 늦었지요. 미리 연락도 하지 않고 당신 기다리게 해서 미안해요. 당신이 도와줄 일은 없고요. 다음부터는 제가 준비를 좀 더 서두르도록 할게요.

남편: 당신 그런 사정이 있었구나! 그러니까 당신 말은 친구하고 전화하다가 늦었고, 휴대폰을 놓고 나와서 연락이 안 되었다는 거지요. 그리고 그 일에 미안하고 앞으로는 미리 준비해서 약속 시간을 지키겠다는 얘기지요?

아내: 맞아요. 바로 그 말이에요.

자녀교육에 관한 대화 사례

잘못하는 대화

아내: 큰일 났어요. 민지 성적이 너무 떨어졌어요.

남편: 당신은 집에서 뭐하는 여자야? 애 성적이 이 모양이 되도록 내버려두다니.

아내: 흥, 애한테 관심이나 있었어요? 애가 당신 닮아서 머리가 나쁜 거야.

남편: 뭐라고, 애가 날 닮았다고? 당신은 공부 잘했어? 누구 얘길 하는 거야?

잘하는 대화

아내: 여보, 민지가 어제 성적표를 가져왔는데 70점 맞았더라고요. 나는 나름 한다고 했는데 성적이 너무 기대 이하라 속상했어요. 이러다가는 기초실력이 떨어져서 공부를 계속 못하는 아이가 될까 봐 걱정이 돼요.

남편: 많이 속상했겠네!

아내: 제가 원하는 것은 민지가 공부하는 분위기를 만드는데 당신이 도와줬으면 해요. 이제부터는 민지가 TV 볼 것을 같이 정해서 보게 했으면 해요. 당신도 볼 것만 정해서 TV를 보고 그 외는 책을 읽거나 신문을 읽으면 좋겠어요. 나도 이제부터 그렇게 할 거에요.

남편: 그래요. 당신 얘기는 민지 성적이 떨어져서 속상하고 걱정이 되어서, 앞으로 TV 보는 것을 자제하고 민지가 공부하는 분위기를 만드는데 협조해달라는 거지요?

아내: 네, 맞아요.

남편: 더 할 얘기 있어요?

아내: 없어요.

남편: 알았소. 노력해보겠소.

Chapter 20

부부 갈등

갈등해결의 중요성과 자세

모든 부부는 결혼 생활하면서 배우자와 마음이 하나가 되고 서로 귀히 여기며 행복하게 살기 원한다. 하지만 부부는 남성과 여성이라는 성차가 있고, 또 성장배경과 살아온 경험이 다른 각각의 개체이므로 가치관이나 사고방식, 느낌, 행동, 바라는 것들이 똑같을 수 없고 갈등이 있는 것은 자연스러운 일이다. 실제로 대부분의 부부는 크고 작은 갈등과 의사결정 문제를 안고 살고 있다. 결혼 생활하는 부부치고 자녀지도, 고부관계, 경제, 성격차이 등의 문제로 한 번도 부부싸움을 해보지 않은 사람은 아마 없을 것이다. 가족학자들과 가족상담가들은 행복한 결혼생활이란 갈등이 없는 것이 아니라 갈등을 효율적으로 해결하는 것이라고 주장한다.

현대가족은 부부 사이의 애정적 유대감에 기반을 두고 있으므로 부부간의 갈등이 원만하게 해결되느냐 여부는 안정된 결혼생활을 좌우한다. 그러므로 원만한 결혼생활을 하느냐 위태로운 결혼생활을 하느냐는 문제에 어떻게 대처하는 지, 크고 작은 갈등을 어떻게 해결하는 지가 중요한 관건이다. 부부간의 갈등을 해소하고 의사결정을 하는 과정이 건설적으로 원만하게 이루어지면 부부 상호 간에 더 깊이 이해할 수 있고 모든 역할을 협동적으로 수행할 수 있어 화목하고 건강한 가정을 세워갈 수 있다. 그러나 갈등을 해결하고 의사를 결정하는 과정에서 다툼과 파괴적인 상호작용이 발생하게 되면, 문제해결은커녕 관계가 깨지고 서로 상처를 주고받는 결과를 초래하여 당사자는 물론 자녀에게까지 여러 폐해가 발생하며 총체적으로 취약하고 역기능적인 가족이 될 수 있다.

부부간의 갈등은 자신이나 배우자가 변하거나 두 사람이 같이 변하거나 환경이 변하는 방법 등으로 해결될 수 있다. 갈등해결을 방해하는 요인은 본인의 미성숙, 인내심 부족, 무의식적 왜곡과 부정적 감정, 과음이나 피로 등이 있다. 부부간에 불화가 심한 부부일수록 초기에 작고 사소한 갈등을 효과적으로 해결하지 못하여 갈등이 누적되어있고, 상대방에 대해 원망과 비난, 피해의식, 불안, 불신, 분노, 적대감 등의 부정적 정서로 가득 차있다. 또 이들은 상대방이 변해야 관계가 개선될 것으로 믿고 있는 경우가 많다. 그런데 서로 상대방이 변화하기를 기대하는 것은 현실적으로 실현되기가 거의 불가능하고 시도해도 아주 힘든 작업이다.

그러므로 부부가 원만한 결혼생활을 하려면 부부간의 의견차이나 갈등은 어느 가정이나 있을 수 있는 자연스러운 현상으로 간주하여야 하고, 배우자를 변화시키려고 하기보다는 자신이 변화할 부분을 찾아보는 것이 더 현실적이다. 그리고 갈등 발생 시에는 배우자를 비난하고 바꾸려고 하기보다 배우자 입장에서 생각해보고 배우자를 많이 이해하려는 노력을 해야 하며, 이를 위해 초기에 소통하는 것이 중요하다. 지금까지 알려진 부부간에 갈등을 해결하고 의사결정을 하는 가장 효과적인 방법은 부부간에 충분하게 의사소통을 하는 것이다. 그리하여 갈등을 건설적으로 해결하면 오히려 활기와 역동적인 자극을 주고받아 개인의 발전과 성장은 물론 두 사람의 관계 결속에도 중요한 역할을 하는 긍정적인 면이 있다. '비 온 뒤에 땅이 굳는다'는 말도 있듯이 갈등은 무조건 나쁜 것이 아니고 갈등을 해소하고 의견차이를 좁히는 과정에서 배우자와 자신을 더 잘 이해할 수 있고, 협력적인 태도와 유연성을 기르며 개인적으로 성장하는 기회가 될 수 있다.

부부 갈등의 특징

결혼생활이 갈등적 요소를 지닐 수밖에 없는 이유가 몇 가지가 있다.

첫째, 다른 인간관계보다 부부간에 더 친밀하고 전면적인 접촉을 하기 때문에 개인의 모든 특성이 노출되고 성격과 생활스타일 면에서 서로의 단점과 차이점들을 계속 발견하게 되기 때문이다.

둘째, 결혼생활이 지속되는 한 반복적으로 좋지 않은 점과 차이점, 그리고 그에 따른 부정적인 감정을 계속 경험하는 것을 피할 수 없고 이를 계속해서 인내해야 하는 어려움이 있다.

셋째, 결혼생활 상황과 환경이 매일 변화하므로 의사결정해야 할 상황이 많아지고, 그에 따라 서로 간에 기대의 차이나 의견 불일치에 따른 불만과 좌절감이 누적되기 쉽다.

넷째, 부부간에 설득하려 하고 힘을 겨루는 경쟁심리가 작용하여 자기주장을 앞세우는 결과 충돌과 마찰이 발생하기 때문이다.

부부 갈등의 근원

부부 사이에 갈등의 근원은 매우 많다. 이를 크게 구분하면 다음과 같다.

행동

상대방의 행동이 내가 좋아하지 않는 것일 때 상대방을 비난하게 되고 상대방의 행동을 고치려 시도하다가 상대방이 변하지 않을 때 우리는 좌절감과 실망감을 경험하고 화가 나게 된다. 예를 들면 '미리 연락도 없이 늦게 귀가하는 행동', '정리를 하지 않는 행동', '잘 씻지 않는 행동', '돈을 지나치게 아끼거나 낭비하는 행동', '술이나 담배를 절제하지 못하고 많이 하는 행동', '시가나 처가에 소홀한 행동', '잔소리가 심하고 지나친 요구를 하는 행동', '말이 없고 무관심한 행동', '배우자와 함께하는 시간보다는 친구나 취미생활에 빠지는 행동', '약속 시간을 잘 지키지 못하고 늦게 오는 행동', '컴퓨터게임이나 TV 시청에 지나치게 열중한 행동', '배우자에게 비난하는 말', '집안일을 소홀하게 하는 행동', '배우자에게 큰 소리로 말하고 거친 말을 하는 행동' 등이 행동으로 인한 부부갈등의 일반적인 예이다.

지각의 차이

배우자의 실제 행동이 아닌 자신의 지각이 갈등의 원인이 되기도 한다. 예를 들면 '아내가 매우 사교적이어서 이웃이나 친구와 어울리기 좋아하고 음식을 만들어서 나눠먹는 행동'에 대해 그 남편은 '아내가 실속이 없고 낭비하며 남편을 고립시킨다'고 불평을 하는 것이다. 또는 '남편이 지출을 줄이고 가계부를 정리하는 행동'에 대해 그 아내는 '남편이 너무 인색하고 기분을 낼 줄 모르는 꽉 막힌 사람'이라고 답답해한다. 이런 경우에는 배우자의 행동 변화를 기대하기보다 그 행동에 대한 자신의 지각을 바꾸는 것이 더 쉬울 수 있다.

가치관 차이

부부의 성장 배경과 성격이 다르기 때문에 역할, 음식, 주거, 의복, 금전, 여가, 종교, 친척관계, 자녀지도에 대한 가치관이 다를 수 있다. 예를 들면 '가사의 공유 또는 전담', '어머니역할에 전념 또는 일과 병행', '채식 또는 육식', '아파트 거주 또는 단독주택 거주', '부모님과 동거 또는 별거', '편의주의 또는 형식주의', '권위주의 또는 탈권위주의', '절약 또는 소비', '검소 또는 화려함', '고급 브랜드 옷을 구입하여 오래 입기 또는 싸고 실용적인 옷을 구입하여 자주 변화를 주기', '신용카드 사용하기 또는 체크카드 사용하기', '딴 주머니가 있는 것이 좋은가 또는 없는 것이 좋은가', '정적인 여가활동 또는 동적인 여가활동', '종교에 헌신적 또는 현실 타협적', '친척과 밀착관계 또는 거리 두는 관계', '자녀지도를 엄격하게 또는 부드럽게' 등이 있다.

가치의 차이는 원래 무엇이 좋고 무엇이 나쁘고의 문제가 아니다. 문제쟁점이 되는 것은 나의 가치관을 고수하려고 하여 나와 다른 가치관은 틀렸고 잘못되었다고 생각하며, 다른 가치관을 가진 사람을 이해하려고 하거나 타협점을 찾으려고 하지 않는 것이다.

규칙 습관의 차이

사람들은 성장하고 결혼하면서 가족생활과 관계를 정하는 규칙을 개발한다. 예를 들면 가정에서의 의사소통 규칙, 의식주에 관한 규칙, 금전관리 규칙, 귀가 규칙, 행사규칙, 가족역할에 관한 규칙 등이 있다. 그런데 이런 규칙에 대해 부부간에 차이를 보일 수 있다. 규칙의 차이를 예로 들면 다음과 같다.

- 식사할 때 얘기를 하지 않는다. / 식사할 때 얘기를 즐겁게 한다.
- 식사할 때 TV 시청을 하지 않는다. / 식사할 때 TV 시청을 할 수 있다.
- 화가 나도 내색하지 않아야 한다. / 화나면 감추지 않고 나타낸다.
- 어른이 말씀하실 때는 가만히 듣고만 있어야 한다. / 어른에게 자기 의견을 얘기할 수 있다.
- 식사하는 중에 휴대폰을 사용하지 않는다. / 식사하는 중에 휴대폰을 사용할 수 있다.
- 식구대로 각각 수저가 따로 있다. / 식구들이 수저를 통용한다.
- 어른이 수저를 드신 후에 먹기 시작한다. / 급한 일이 있으면 어른의 식사와 상관없이 식사한다.
- 아침 식사는 밥과 국, 반찬을 먹는다. / 아침 식사는 과일, 우유나 야채, 빵이나 떡 등을 먹는다.
- 외박해서는 안 된다. / 경우에 따라 외박할 수 있다.
- 소파에 누워있으면 안 된다. / 소파에 누워있는 것이 편하고 자연스럽다.
- 저녁 8시까지는 귀가해야 한다. / 밤 12시까지 귀가하면 된다.
- 남편이 귀가할 때 아내가 집에 있어야 한다. / 경우에 따라 남편이 귀가할 때 아내가 집에 없을 수도 있다.
- 남편이 밤늦게 귀가해도 아내는 저녁 식사를 차려줘야 한다. / 9시 이후에 귀가하면 자신이 저녁 식사를 해결한다.
- 휴일에는 가능한 집안 식구와 지낸다. / 휴일에도 일이나 자기계발, 여가활동으로 가족과 함께하지 않을 수도 있다
- 부모님 생신에는 집에서 생신 상을 차려 대접한다. / 부모님 생신에는 같이 외식을 한다.
- 명절, 제사, 생일에는 가족끼리 모여 같이 지내야 한다. / 일이 있으면 가족 모임

을 갖지 않을 수도 있고 여행하거나 휴양지에서 지낼 수도 있다.

- 일찍 일어나고 일찍 잔다. / 늦게까지 일하고 늦게 일어난다.
- 항상 깔끔하게 정리정돈이 되어 있어야 한다. / 가끔 정리정돈하고 살면 된다.
- 가족 중 여자들이 부엌에서 일하여야 한다. / 때에 따라서는 남자도 부엌에서 일할 수 있다.
- 돈 관리는 아내가 담당하여야 한다. / 돈 관리는 남편이 담당한다.
- 아버지가 자녀 용돈을 주어야 한다. / 어머니가 자녀 용돈관리를 하여야 한다.
- 엄격하게 자녀지도를 하여야 한다. / 부드럽게 자녀지도를 하여야 한다.
- 외출하기 전에 집 안 청소와 정리정돈을 하여야 한다. / 집 안 청소와 정리정돈을 꼭 외출하기 전에 할 필요는 없다.
- 미리 준비하고 약속시간 전에 여유 있게 도착한다. / 여러 일을 하면서 약속시간에 맞춰 도착한다.

힘의 균형 · 불균형

부부간의 힘의 균형이 대칭적이냐 보완적이냐에 따라 갈등 발생 양상이 차이를 보인다. 대칭적이면 남편과 아내가 대등하고 동등한 관계를 유지하지만 갈등이 발생하면 서로 자신의 영향력을 증가시키려고 하므로 경쟁적이고 표면적으로 갈등이 표출될 수 있다. 반면 보완적인 경우에는 부부 중 한쪽이 힘의 우위를 차지하고 다른 한쪽은 복종하는 관계이므로 갈등이 발생하면 한쪽은 비난형, 한쪽은 회유형이 되며 은밀한 냉전형의 갈등표출이 되기 쉽다. 어떤 경우는 힘의 균형에서 계속 열세에 있는 사람이 갈등을 겉으로 나타내지 못하고 쌓아두고 있다가 우울증, 편두통, 불면증, 신경성 질환으로 고통을 당하기도 한다.

일 관련 스트레스

부부가 모두 직업을 갖고 일을 하는 맞벌이 가족의 경우에 한쪽만 일하는 홀벌이 가족보다 같이 보내는 시간이 적고, 자녀양육과 가사, 일을 병행하는데 따른 스트레스를 더 많이 겪으며, 그에 따라 부부간 갈등도 더 많이 발생한다. 더욱이 업무 스트레스가 크고 근무조건과 근무시간, 직장 내 인간관계나 보수, 승진 등에 불만이 있거나 신분이 불안할 때 직장에서의 스트레스가 부부간의 갈등에 전이될 수 있다. 또한 전업주부의 경우에도 직업을 갖기를 원하는데 구직에 어려움을 겪게 되면 역시 자신의 역할에 불만이 커지고 가사일과 부모역할에서 경험하는 스트레스가 부부간 갈등으로 전이될 수 있다. 그리고 노부모의 건강악화로 간병과 부양을 담당하는 부부는 기존의 일 관련 스트레스에 간병 및 부양 스트레스가 가중되어 부부 갈등으로 전이될 수 있다.

역할기대와 수행의 불일치

부부가 서로에게 가지는 역할기대에 비해 역할수행이 미흡하거나 불일치하면 갈등이 발생한다. 예를 들면 맞벌이 아내는 남편이 퇴근 후에 집안 정리와 청소하기를 기대하는데 남편이 그 일을 하지 않고 있다면 아내는 실망하게 되고 이것이 반복되면 갈등을 겪게 된다. 또 남편의 경우 아내가 따로 사는 시부모에게 주말마다 안부전화를 하고 격주로 방문하기를 기대하는데 아내가 그에 부응하지 못하면 남편 역시 아내와의 관계에서 갈등의 소지를 갖는다. 그리고 남편이 아내에게 직장에서 돈을 잘 벌고 동시에 가사와 자녀양육에서도 완벽하기를 원한다면 기대를 다 충족할 수 없어 역할모순 상태에 있게 된다. 또한 아내가 남편에게 애인과 친구 같은 동반자를 기대하면서 동시에 아버지처럼 모든 것을 해결해주는 해결사를 기대한다면 역시 역할기대의 모순으로 갈등이 발생하게 된다.

의존과 독립의 부조화

배우자와의 관계에 대한 기대를 의존형, 독립형, 절충형으로 구분하는데(Crosby, 1991) 부부 사이에 유형이 부조화되면 갈등이 발생할 소지가 많아진다. 예를 들면 한쪽은 배우자에게 과도하게 의지하는 '의존형'이고 상대방은 독립심이 너무 강해서 부부간의 유대감을 갖기 어려운 '독립형'일 경우, 한쪽은 쫓아다니고 다른 한쪽은 도망다니는 방식의 부조화가 나타나게 된다. 이때 의존형은 자신의 욕구를 상대방이 다 채워 주어야 한다고 생각하고 유대감을 유지하는 일에 최우선을 두는 데 비해 독립형은 친구, 직업, 사생활 면의 자유와 자율을 중시하므로 갈등이 많아질 수밖에 없다.

부부싸움 예방법

최근 어떤 조사에 의하면 한 달에 한두 번 부부싸움을 하는 부부가 제일 많고 주로 싸우는 이유는 부부간의 의사소통 어려움과 성격차이로 나타났다. 싸우는 주제는 배우자의 행동, 자녀지도 문제, 시가 또는 처가와의 갈등, 경제문제 등이라고 한다. 싸우는 방법으로는 말싸움이 가장 많고 언어적 폭력도 상당수 있으며, 신체적 폭력과 집을 나가는 행동도 있다. 대다수가 30분 정도 싸우고 하루 이내에 화해하는데 남편이 먼저 화해를 하는 경향이고 잘못한 쪽이 화해하는 수도 있다고 한다.

부부간에 싸움이 발생하는 것은 갈등 때문만은 아니며 두 사람 사이에 갈등에 관하여 대화가 통하지 않는 것이 더 크게 작용할 수 있다. 다음 예를 보자.

아내가 옷을 사서 남편에게 "여보, 날 좀 봐요. 이 옷 나한테 어울리죠. 백화점에서 세일하기에 싸게 샀어요."라고 했다. 그러자 TV를 보던 남편이 아내를 보고하는 말이 "당신 나이가 몇 살인데 그 나이에 유치하게 그런 옷을 입나? 남편은 뭘 입고 있나 관심도 없으면서…."라고 했다. 아내는 그 말을 듣고 기분이 나빠진 것은 두말할 나위가 없다. 그래서 "내가 당신 옷에 관심이 없다고? 지금 당신이 입고 있는 옷도 내가 지난번에 사준 거 아니에요? 그리고 당신은 마누라가 걸칠 옷이 없어 세일하는 데 찾아다니면서 싸게 옷을 하나 사오면 잘 샀다는 법이 없어. 내가 옷 사는 게 그렇게 돈이 아까워요? 당신은 척척 목돈 만지면서 맛있는 것 먹고 다니고…. 당신은 언제 날 위해 맛있는 것, 번듯한 외출복 하나 사준 적이 있어? 능력이 없으면 가만히 나 있어야지. 진짜 웃겨."라고 하였다. 그들은 옷 사는 것에서 식사, 애정까지 문제를 확대해 싸움을 했다.

이런 사소한 의견차이에서 부부싸움으로 비화하는 것을 막기 위해서는 다음 사항에 유의해야 한다.

피해의식을 갖고 배우자를 가해자로 보지 않기

대개 갈등이 많고 의견이 맞지 않는 부부들을 보면 배우자에게 당한다고 생각하여 자존심이 상해 있고, 피해자 입장이 되어서 방어할 생각으로 경쟁적으로 자존심 싸움을 하면서 오히려 문제를 악화시키는 경우가 많다. 만약 배우자가 의도적이던 의도적이지 않던 말과 행동으로 감정을 상하게 할 경우 나도 질세라 같이 맞대응하며 자존심 싸움을 하면, 본격적인 싸움이 되어 관계가 깨지는 것이다. 그래서 배우자를 굴복시켜서 패자를 만들고 자신이 승자가 되려고 하면 두 사람 다 패자가 되고, 동반자가 아닌 적으로서 공격과 방어를 반복하는 전쟁터를 만들어가는 것이다. 그러므로 부부 사이에 의견이 맞지 않아 충돌하거나 배우자의 못마땅한 점이 발견될 때는 배우자가 잘못된 생각과 행동을 하니까 자신이 힘들고 고통을 당한다는 피해의식을 갖지 않는 것이 우선적으로 필요하다. 그 대신에 배우자가 나와 다르게 생각하고 행동할 수 있음을 인정하고, 배우자가 일부러 나를 괴롭히고 고통을 주려고 그런 행동을 하는 것이 아니고 배우자 나름대로 사정과 입장이 있어서 그렇게 한다는 사고를 하는 것이다. 그렇게 되면 상한 나의 자존심을 회복하기 위해 배우자를 공격하고 비난하며 자존심 싸움을 하지 않게 되고, 배우자의 사정을 알아보고자 하는 마음이 생기게 된다.

마음이 상할 때 반사적인 반응 대신에 사려 깊은 행동하기

의견이 다르고 배우자에게 실망할 때 신경이 곤두서고 화가 나게 되는 것은 자연스러운 현상이다. 그러나 화가 날 때 어떻게 표현하는가는 갈림길 중에서 하나를 선택하는 것이라 할 수 있다. 하나는 생각 없이 울컥하는 마음에 순간적으로 반응하는 내리막길과, 또 하나는 생각을 하고 감정을 조절하여 순화시켜 표현하는 오르막길이 있다. 내리막길을 선택하면 노력하지 않고 한번 들어서게 되고 그 이후 가속도가 붙어서 부정적인 영향은 걷잡을 수 없이 확대되고 자존심과 관계는 나락으로 떨어지며 문제나 갈등은 더 심화되게 된다. 반면 오르막길을 선택하면 땀이 나고 힘이 들지만 일단 올라가면 멋진 광경을 보게 되고 긍정적 에너지가 확산되어 자존심과 자신감이 커지며 편안해져서 고생을 잊게 한다. 그리고 내리막길은 배우지 않아도 되지만 오르막길은 배우고 노력하여야 하므로 감정조절을 하고 대화법을 활용하는 것이다. 그러므로 아무리 배우자가 못마땅하게 생각되고 화가 나더라도 두 사람의 마음을 닫게 하는 내리막길 대화를 절대로 피하여야 한다. 즉 비난, 모욕, 자기변명, 도피, 인신 공격적 말이나 폭언, 폭력을 사용하는 것은 금물이다. 그 대신에 말다툼하는 상황이나 분위기를 자각하고 자신의 분노감정의 원인을 생각하는 가운데 감정 수위를 조절하고 순화된 언어로 표현하는 오르막길 대화를 하도록 노력하여야 한다.

배우자와 언쟁하기 전에 자신과 배우자를 배려하기

부부가 서로 상반된 의견을 주장하고 충돌하게 되면 긴장이 조성된다. 그리고 이에 더 마음이 상하고 실망스런 일이 발생하는데 에너지까지 고갈되면 짜증과 화가 크게 번져 상황이 악화되고 장기전이 된다. 그러므로 부부가 의견차이로 충돌할 가능성이 있을 때는 먼저 자신을 달래고 돌봐야 한다. 예를 들어 자신의 긴장감을 풀기 위해 자신이 좋아하고 편안해지는 활동을 하여 자기 충전의 시간을 가지는 것이다. 예로 운동하기, 산책하기, 자전거 타기, 음악 듣기, 노래하기, 영화보기, 책 읽기, 등산, 여행, 춤추기, 화초 가꾸기, 애완견 기르기, 악기 연주 등을 하는 방법이 있다. 또한 부부 각자가 배우자에게 제공했던 일상적인 서비스를 중단하지 않고 배우자가 필요한 것을 돌보는 일을 하여야 의견 충돌 시 싸움이 커지지 않게 된다. 즉 의견 다툼이 있더라도 아내는 남편의 식사를 남편 입맛에 맞게 준비하고, 세탁과 옷 정리, 남편의 출퇴근과 시가의 경조사 챙기는 일들을 하여야 하고, 남편은 가계부양, 가사분담, 집안의 힘든 일과 자녀지도에 협조하는 일, 처가의 경조사를 챙기는 일 등을 하여야 한다. 이처럼 충돌 전이나 충돌하는 중, 혹은 후에 배우자로부터 받은 배려와 도움은 긴장을 해소시키고 너그러운 마음을 갖게 함으로써 싸움을 예방하거나 싸움이 더 확대되는 일을 막는 효과가 있다.

배우자와 논쟁하기 전에 자기대화(self-talk)를 하기

대개 부부싸움을 할 때는 자신의 논리와 견해에만 집착하기 쉽고 그로 인해 자기 중심적인 생각과 판단을 하며 극단적인 감정에 빠져있기 쉽다. 그러므로 부부싸움을 예방하고 대화를 하려면 배우자와 논쟁하거나 문제에 대해 말을 하기 전에 스스로 여러가지 점들을 검토하고 자기대화를 하여야 한다. 즉 자신이 문제 삼는 것들을 제대로 보고 듣고, 제대로 해석하고 판단하였는지, 혹시 잘못 보고 잘못 듣고, 잘못 해석하고 조급하게 판단하지는 않았는지, 배우자의 긍정적인 점이 전혀 없는지 혹시 있다면 무엇인지를 자신에게 물어보는 것이다. 그리고 자신의 불편한 감정이 구체적으로 어떤 감정인지를 알아차리고, 자신의 충족되지 못한 소망 중 시급하고 중요한 것이 무엇인지, 그리고 자신의 소망을 바꾸는 방법이나 혹시 배우자가 바라는 소망이 무엇일지를 검토하며, 문제에 대처하는 기존의 자기 행동을 바꾸는 방법을 생각해보는 등 자신을 돌아보는 것이다. 이처럼 자신을 돌아보고 자신에게 물어보면 배우자에 대한 부정적인 생각과 과격한 감정이 완화되게 되고, 자기 중심적 사고에서 벗어나 배우자 입장과 현재 상황에 대처할 자기 몫의 책임을 생각해보는 여유를 갖게 되어 문제해결을 위한 대화를 시도할 수 있게 된다.

배우자를 이해하기 위한 대화 시도하기

부부 중 어느 쪽이든지 상대방에게서 잘못되었다고 지적받거나 비난받으면 상대방의 말을 받아들이지 않고 거부하게 되어 대화가 단절되는 결과, 문제는 해결되지 않는다. 어떤 문제든지 그것이 사소한 문제든 큰 문제든 마찬가지다. 즉 상대방이 자신을 존중하지 않고, 인정이나 이해도 하지 않으면서 자신에게 어떤 요구를 하는 경우에 누구든지 상대방을 인정하지도 이해하지도 않게 되고 마음의 문을 닫게 된다. 그러므로 문제를 해결하기 위한 대화를 하려면 배우자를 이해하고 존중하는 태도로 먼저 배우자의 말을 경청하여야 한다. 이처럼 배우자의 생각과 감정을 이해하고 인정해줌으로써 두 사람의 마음이 연결되는 대화를 하게 되는 것이다. 그 결과 그 상황에서 자신이 취해야 할 행동을 적절히 할 수 있게 되고 배우자도 같이 협동적으로 노력할 수 있게 된다.

한 번에 한 가지 문제에 대해서만 말하기

불만이 마음속에 쌓이고 누적되면 상대방에게 여러 가지 문제를 한꺼번에 쏟아 내게 되어 폭발적인 감정을 조절하기가 어려워진다. 그 결과 감정의 봇물 속에 빠져서 과거의 일이나 다른 문제, 또는 다른 사람의 문제까지 모두 동원하여 전쟁을 시작하고 문제를 더 크게 만든다. 문제의 본질을 이해하고 해결책을 찾으려면 문젯거리를 그때그때 대화로 해소하면서 쟁점이 되는 한 가지 문제만 집중적으로 대화하는 것이 효율적이다.

언쟁 시 규칙을 지키고 마무리를 잘하기

부부 대화가 말싸움으로 바뀔 때 규칙을 정하여 지키는 것이다. 예를 들면 '불이 나지 않는 한 큰 소리를 치지 마라, 같이 화내지 마라, 싸울 때 상대의 자존심과 약점을 건드리지 마라, 폭력을 절대로 사용하지 마라, 양가의 결점을 꺼내지 마라, 잠들기 전에 화를 풀고 자라, 성을 싸우는 무기로 사용하지 마라' 등이 있다. 그리고 말싸움 끝에는 마무리를 잘하는 것이 중요하다. 만약 싸움 끝에 음주나 집을 나가거나, 계속 냉

전상태를 유지하며 묵비권을 행사하고, 제삼자를 끌어들이거나 상대방의 화해 제스처를 무시하고 거부하는 등 화난 감정을 다른 데 연결시켜 감정적 대응을 하는 것은 말싸움이 신경전으로 비화되는 결과를 가져올 뿐 근본적인 해결책이 되지 못하므로 삼가야 한다. 그러므로 말싸움이 될 가능성이 있을 때는 규칙을 지켜서 싸우되 말싸움 후에는 서로 자신의 입장과 행동, 느낌, 원하는 것들을 말함으로써 감정의 응어리를 풀어야 한다. 그리고 그날이 가기 전에 자기 책임을 인정하고 배우자에게 사과하여 먼저 화해를 시도하는 것이 관계를 깨지 않고 열린 대화의 기반을 만드는 지혜로운 방법이다.

참고 14

부정적인 말과 긍정적인 말의 효과

비난과 방어, 고집은 듣는 귀를 막아버림으로써 갈등을 더 심화하고 관계를 악화시킨다. 그러나 상대방을 이해하고 칭찬하며 자신의 잘못을 인정하면, 듣는 귀를 열게 함으로써 갈등이 해소되고 관계가 친밀해진다.

출처: Chapman, G. (2001). p228; Horn, S. (2008). p. 31. 재구성.

Chapter 21

갈등해결 유형과 조건

갈등해결 유형

모든 부부는 갈등을 해소하고 의견 차를 좁혀서 한마음으로 문제에 대처하기 위해 갈등해결을 시도하는데 이 반복적인 해결 과정에서 갈등해결 방법이 유형화된다. 부부들이 문제와 갈등을 해결하는 유형에 따라 잘 해결되는 경우도 있지만 미해결되어 지지부진한 상태로 지속하는 경우도 있다. 한편 이 갈등해결 과정은 부부들이 반복적으로 사용하는 대화 스타일과 관련되며, 그 결과에서 전형적인 패턴을 발견할 수 있다.

회피형

갈등과 문제가 생기면 힘든 상황을 벗어나기 위해서 문제를 피해 가거나 화제를 바꾸고, 문제의 중요성을 무시하거나 부인하는 경우이다. 참고 지내거나 이야기를 꺼리고 접촉을 피하는 행동을 보이며, 문제에 대해서 농담식으로 가볍게 이야기한다. 이 과정을 사용할 때 문제해결은 우연에 맡기거나 지지부진하게 된다. 잠시 동안은 이 과정이 가정평화를 유지하게 하는 것 같지만 오래가면 문제 때문에 힘든 사람의 누적된 불만이 언쟁을 유발하여 문제를 악화시키기 쉽다. 이 유형은 대화 스타일 I인 일상적 말하기와 일 중심 말하기, 관습적 듣기와 연관성이 크다.

설득형

부부 각자가 자신이 생각하는 방식으로 상대방이 행동하도록 설득하고 통제하려는 유형이다. 한쪽 배우자가 강력하게 설득하면 상대편 배우자는 결국 설득당하고 져주게 된다. 이러한 접근으로 문제가 해결될 수는 있으나 부부가 의견을 충분히 교환하여 합의한 것이 아니기 때문에 설득당한 배우자는 설득에 굴복했다는 패배감과 피해의식을 가질 수 있어 비협조적이 되기 쉽다. 만일 상대편 배우자가 설득당하지 않고 오히려 상반된 주장으로 설득하고 통제하려고 하면 곧바로 언쟁형으로 바뀌게 된다. 설득형은 대화 스타일 II인 통제식 말하기와 평가적 듣기와 연관된다.

다툼형

자기주장을 하고 말싸움과 비난, 잘못을 지적하며 다투는 유형이다. 어느 한 쪽이 싸움을 그만두지 않으면 심한 말다툼이나 몸싸움으로 번질 수 있다. 만일 한쪽 편이 항복하게 되면 다툼은 끝나지만, 계속 양보하고 항복하는 배우자는 분노와 원망을 느끼며 위축되기 쉽고, 내면의 불만이 누적되면 상대편을 험담하거나 보복하려고 함으로써 새로운 갈등의 소지가 될 수 있다.

그러므로 이러한 다툼과 항복 과정들은 비록 하나의 해결책에 도달하더라도 만족스럽지 못하고 관계에 좋지 않은 영향을 계속 미칠 수 있다. 한쪽 배우자가 이기는 것처럼 보이지만 장기적으로는 두 사람 모두 지는 것이다. 또 언쟁 과정에서 감정적으로 대응 행동을 함으로써 언어적 폭력이나 신체적 폭력을 행사하는 결과, 서로 상처를 주고받아 관계가 파괴될 위험이 있다. 이 유형은 대화 스타일 II의 다툼식 말하기와 앙심품고 말하기, 대응적 듣기와 깊이 연관된다.

겉돌기형

부부가 말로는 노력하겠다고 하고 합의에 이르지만, 행동으로 실천되지 않고 계속 문제는 지지부진 상태로 있는 유형이다. 문제에 관해 이야기를 많이 나누지만 그들은 문제의 겉면만을 스치고 진정으로 충분한 이해를 하지 못하여 문제해결을 위한 적절한 행동이 실행되지 못하는 것이다. 그들은 미결정인 상태로 계속 지내거나 끝없이 이야기만 하고 행동은 없게 된다. 이 유형은 다툼을 일으키지 않는 안전한 방식이지만 오래가게 되면 행동이 없는 것이 불만스러워진다. 이 겉돌기형은 대화 스타일 III의 탐색적 말하기와 탐색적 듣기에 연관되며 부드럽게 접근하고 많은 이야기를 나누지만 결정을 미루거나 행동이 수반되지 않아 답답해지고 두 사람 사이에 긴장이 조성된다.

타협형

이 유형은 주고받음을 통하여 하나의 타협점에 이르는 것이다. 부부 각자는 갈등문제의 여러 해결책과 관련하여 자신의 손해와 이익을 저울질하고 중요한 이익을 위하여 양보할 것을 어느 정도 양보하는 방법으로 타협한다. 각자는 어떤 것을 얻기 위하여 어떤 것을 주며, 각자가 얻는 것도 있고 잃는 것도 있다. 어느 누구도 자신이 원하는 모두를 얻지 못하지만 두 사람 다 부분적으로 얻는 것이 있다. 대부분 이 유형은 문제나 갈등의 원인을 이성적으로 이해하고 대화로 해결책을 찾는 점에서는 바람직하다. 그러나 문제에 따라서는 부부가 균등하게 양보하거나 타협해서 동등한 교환이 이루어지는 것이 바람직한 해결책이 아닐 수도 있고, 부부 양쪽에게 완전히 만족스럽지 않을 수 있다. 그리고 양쪽이 똑같이 양보하였더라도 자신이 상대보다 더 많이 양보하였다고 생각하여 또 다른 갈등이 발생할 위험이 있고, 또 서로 타협조건이 깨지면 언제든지 무효가 될 소지가 있다. 이 타협형은 지금까지의 갈등해결 유형보다는 상당히 효과적인 해결책이다. 그러나 대화 스타일 Ⅲ의 탐색적 말하기와 탐색적 듣기와 연관되어 있어 안전하게 많은 이야기를 나누지만 충분한 이해가 아닌 부분적인 이해에 그치고, 자신이 더 많이 양보하는 불공평한 조건이라는 인식 때문에 해결책에 대한 만족이 높지 않을 수 있다.

협동형

이 유형은 타협형과 마찬가지로 이성적인 대화를 통하여 하나의 합의에 이르는 것이나 서로 양보하고 절충하는 것을 넘어서서 같이 만족스러운 해결책을 찾기 위해 협동하는 것이다. 협동하는 과정에서 각자는 양쪽 모두에게 이득이 될 양승적(win-win) 해결책을 찾고 만들어 낸다. 부부 두 사람은 충분한 대화를 통하여 자신의 입장과 상대방의 입장을 완벽하게 이해하고 갈등과 문제에 대해 정확하게 파악하게 된다. 그에 따라 갈등과 관련된 오해나 여러 감정이 분명하게 정리됨으로써 두 사람에게 도움이 되는 해결책을 찾기가 쉬워진다. 그들은 각자 자신을 인정하는 솔직한 태도와 함께 상대방을 인정하고 존중하며 이해하는 태도를 보여주게 되고 그 과정들은 대화하는 행동으로 나타난다.

이 협동형 갈등해결 방법은 이해하기와 의견일치에 달려있으므로 이 결과에 이르는데 더 많은 시간이 소요될 수 있다. 그러나 결과는 두 사람 모두에게 만족스럽다. 그리고 '두 사람 모두 이기는' 결정은 관계를 더 결속시키게 된다. 더욱이 협동하는 과정은 초기에 미흡했던 결정이나 부분적인 결정이 누적되어 새로운 갈등이 발생하는 시행착오를 막는 효과가 있기 때문에 장기적으로 시간과 에너지가 절약된다. 이 유형은 대화 스타일 IV인 자각적 말하기와 경청하기와 연관되어 자각적 말하기와 경청 기술을 숙련되게 사용할 수 있어야 한다.

어떤 유형의 접근법을 사용하던 일단 부부 사이에 갈등이 생기면 어떤 결과가 발생하는데 갈등의 결과는 세 가지로 나타난다.

첫째는 문제가 없어지는 것이다. 이는 갈등을 일으킨 문제들이 시간이 지나면서 저절로 사라지는 것을 의미한다.

둘째는 미해결이나 미결정, 불일치 상태로 있는 것이다.

셋째는 해결되는 것이다. 부부가 어떤 행동을 취해서 갈등이나 문제가 결말을 맺게 되는 것이다.

연습3 자신과 배우자의 갈등해결 유형 진단하기

	갈등문제	자신의 갈등해결 유형	배우자의 갈등해결 유형
01.			
02.			
03.			

Check 15 갈등해결 방법을 점검해 봅시다.

번호	현재 자신의 갈등해결 방법	바람직한 갈등해결 방법
1.	"야!", "너" 등 상대방을 낮추어 부른다.	상대방을 존중하는 호칭을 사용한다.
2.	상대방의 의견이 잘못되었다고 생각한다.	상대방의 의견도 일리가 있다고 생각한다.
3.	상대방의 말을 중간에 가로챈다.	내가 말할 차례가 될 때 말한다.
4.	전적으로 비평하고 평가하며 문제를 인간성과 관련시킨다.	구체적인 행동에 초점을 두고 장점과 단점을 모두 언급한다.
5.	대응적이고 방어적인 반응을 한다.	주의 깊게 경청하고 객관적으로 불일치되는 점을 확인한다.
6.	"항상", "전혀" 등의 말을 사용한다.	"대부분", "때때로" 등의 더 구체적인 표현을 한다.
7.	우회적이고 장황하게 이야기한다.	분명하고 짧게 얘기한다.
8.	딴 데를 보거나 시선을 마주치지 않는다.	시선을 마주친다.
9.	엉거주춤하게 앉거나 돌아다닌다.	눈높이를 맞추어 주의 깊게 바라본다.
10.	빈정대는 어조로 말한다.	보통의 어조로 말한다.
11.	주제에서 이탈하는 얘기를 한다.	한 가지 주제를 끝내고 다음 주제를 얘기한다.
12.	가장 좋지 않은 상황으로 생각한다.	열린 마음을 유지하고 성급한 결론을 내리지 않는다.
13.	과거에 매어 있다.	현재에 고정되어 있다.
14.	다른 사람의 마음을 읽어 내린다.	상대방의 의견을 묻는다.
15.	명령하고 강요한다.	부드럽게 요청한다.
16.	자신의 느낌을 무시한다.	느낌을 말로 표현한다.
17.	이성을 잃고 화를 낸다.	이성을 잃지 않고 화가 난 이유를 말로 설명한다.
18.	어떤 일을 소홀히 생각한다.	일이 사소한 것이라도 진지하게 생각한다.
19.	어떤 행동을 할 것을 거부한다.	어떤 행동을 하는 것을 용납한다. 그러나 비난받는 것을 좋아하지 않음을 말한다.
20.	사소한 실수에 대해 잔소리한다.	어떤 사람도 완전한 사람은 없음을 인정하고 작은 일은 대범하게 넘어간다.

▸ 해석: 현재 갈등해결 방법의 사용이 많을수록 갈등해결이 불가능하므로 바람직한 방법으로 노력이 필요함.

갈등해결을 위한 조건

사람들은 갈등 자체를 부정적으로 생각하는 경향이 있으며 가능하면 이를 억제하는 것이 좋다고 생각한다. 그러나 갈등이란 나쁜 것도 좋은 것도 아니다. 갈등이란 인간이 살아있는 존재로서 느끼는 자연스러운 것이며 그것을 어떻게 다루느냐는 해결 과정에 따라 좋은 결과를 낳을 수도 있고 나쁜 결과를 낳을 수 있다. 갈등을 원만하게 해결하는 조건들을 알아보자.

의견차이와 갈등을 인정하기

갈등해결의 출발은 그것을 인정하는 것이다. 남들에게는 친절하고 너그러운 사람이 부부 사이에는 더 인색해지고 고집스러운 것은 부부간에는 의견차이나 갈등이 없어야 한다는 믿음을 가지고 있기 때문이다. 사람들은 부부가 일심동체라고 하면서 부부는 마음과 몸이 하나인 존재이어야 한다고 기대한다. 그러나 사실 부부는 남자와 여자로 각각 성이 다르고 성장배경과 욕구, 목표가 다른 별개의 존재이다. 따라서 부부간에 의견이 다르고 생각과 좋아하는 것, 원하는 것, 취향이 얼마든지 차이가 날 수 있고 이러한 차이는 자연스러운 일이다. 배우자의 행동이나 생각, 감정, 욕구 등이 나와 다르다는 것을 자연스럽고 당연한 것으로 인정할 때 갈등으로 인한 실망과 좌절, 분노, 우울감 등이 줄어들고 감정적인 대응을 억제할 수 있다. 어떤 부부는 아내가 남편에게 어떤 옷을 입도록 권했는데 남편이 그것을 입지 않겠다고 하였다. 그러자 아내는 남편이 자신의 의견을 묵살하고 나를 거부하는 것으로 생각하고 또 말싸움에서 남편에게 진다고 생각해 화를 내게 되어 싸움이 되는 경우도 있다.

따라서 부부는 일심동체라는 말보다는 부부는 각각 다른 별개의 인격체이므로 서로 상대방을 존중하고 서로에게 맞춰가며 공동생활을 하는 존재라고 재명명해야한다. 그래서 배우자가 나와 공통점도 있고 다른 점도 있음을 인정하고 존중하는 것이 갈등을 잘 해결하는 첫 걸음이 되는 것이다.

연습4 나와 배우자의 취향, 성격면에서 공통점과 차이점을 적어보기

01. 공통점

____

02. 차이점

나: ____

배우자: ______________________________________

분노를 조절하여 표현하기

분노란 자연스럽고 정상적인 인간의 정서로서 좌절감을 느낄 때 발생한다. 상대방이 나의 기대를 저버리는 행동을 하거나 내가 원하는 대로 상황이 되지 않고 내가 싫어하는 행동을 상대방이 하거나 상대방이 나의 자존심을 건드릴 때 분노를 느낀다. 부부간에 갈등이 발생할 때도 역시 차이점을 많이 발견하기 때문에 분노감정이 발생하기 쉽다. 분노감정은 인지적, 생리적, 행동적인 반응들로 표현된다. 비난, 비판, 조롱, 모욕하기 같은 공격성은 분노가 행동으로 표현되는 것이다, 분노를 나타내는 방법은 직접 표정이나 말과 행동으로 표현하는 방법, 참는 방법, 적절하게 조절하고 순화시켜 언어로 표현하는 방법 등이 있다. 화를 계속 참거나 폭발시키지 않는 것이 중요하다.

왜냐하면, 의사들은 사람이 화를 억누르고 계속 참게 되면 화병이 생기거나 암에 걸리기 쉽고, 만약 계속 화를 폭발시키면 심장병에 걸리기 쉽다고 하였다. 화가 나는 감정을 계속 갖고 있거나 폭발적으로 화를 내는 것이 자신도 괴롭고 대인관계에도 부정적 영향을 주게 되기 때문이다. 건강하게 분노를 조절하고 언어로 표현하는 방법이 대인관계에서 높은 성숙도를 나타내는 것이다.

분노를 건강하게 조절하고 표현하는 방법은 다음과 같다.

첫째로 화난 감정이 들 때 그 감정을 받아들이고 자신에 대한 것인지, 다른 사람에 대한 것인지를 생각한다.

둘째로 왜 그런 감정이 생겼는지를 생각하고 자신과 상대방을 존중하면서 상황에 대한 자신의 자각을 확인한다. 즉 누구 때문에, 무엇 때문에 화가 나는지 생각하는 것이다. 예를 들면 다른 사람이 나를 무시하거나 공격하는 것 때문에, 또 기대가 좌절되는 사건이 발생할 때, 내 뜻대로 다른 사람이나 기구, 사물이 움직여주지 않을 때 우리는 분노감정을 느낀다.

셋째로 분노를 어떤 방법으로 표현할 것인가를 결정한다. 예를 들면 지금 참고, 수위를 조절하여 나중에 표현할 것인가, 무시해 버릴 것인가, 지금 그것을 표현한다면 어떻게 표현할 것인가 등을 생각하여 한 가지를 선택한다. 분노감정을 느끼는 것은 자연스러운 현상이나 분노를 어떻게 표현할 것인가는 나의 선택사항이기 때문이다.

분노의 정도에 따라 분노를 조절하고 표현하는 방법은 다음과 같다.

- 화가 약간 날 때 분노 조절 방법
  - 이성적이 되는 방법: “내가 지금 무엇 때문에 화가 나지?”라고 자문하며 생각한다. 그리고 “나는 이성을 찾아야 해.”, “진정해야지.”, “잠깐 생각해보자.” 등의 혼잣말을 한다.
  - 긴장을 이완하는 방법: 깊은숨을 들이쉬고 내쉬고 하면서 몸의 여러 근육을 긴

장시키고 이완하는 것을 반복한다.

- 위협적인 자극으로부터 주의를 분산시키는 방법: 자리를 떠나기, 숫자 세기 등을 한다.
- 공격적인 신념을 논박하는 방법: 분노를 일으키는 극단적 생각이나 부정적 생각, 비현실적인 신념이 반드시 옳지 않을 수도 있다고 생각하고 생각을 바꾼다.
- 말하기 기술을 사용하는 방법: 상대방의 말을 경청한 다음 공격적이지 않게 자기표현을 한다. 상대방의 자질이나 인격을 언급하거나 상대방이 얼마나 잘못했는지를 말하고 공격하는 것이 아니라 자신이 화가 났던 이유와 배경을 설명하고 자신이 바라는 것을 덧붙인다. 이때 말하기 기술을 사용하여 관찰한 사실로 내가 언제, 어디에서, 무엇을 보고 들어서, 어떤 생각이 들고, 그래서 화가 어느 정도 났다고 말하고, 자신이 바라는 것이 무엇인지 말하는 것이다. 이외에 자신이 화가 나서 자신이 어떻게 행동했는지도 말하면 더욱 화가 난 이유와 바라는 것, 자신의 행동에 대해 상대방이 정확하게 이해할 수 있게 된다. 예로 "당신이 아침에 식탁에서 아이에게 공부도 못하는 사람은 밥 먹을 자격도 없다는 말을 하니 큰 아이가 시무룩해 있는 것을 보았어요. 내 생각에는 아무리 시험성적이 나쁘게 나왔어도 그런 심한 말을 하는 것은 아이에게 상처를 주고 아빠에게 반항심만 생기게 해요. 그리고 아침부터 집안 분위기를 불편하게 만드는 거죠. 그래서 당신에게 화가 났었어요. 그래서 당신이 출근할 때 아무 말도 하지 않았고 하루 종일 답답하였어요. 앞으로 아이를 타이를 때는 아침 시간을 피해서 다른 때 했으면 좋겠고, 성적과 밥을 연관시키지 않고 부드럽게 말하면 좋겠어요."라고 화나는 감정의 배경과 원하는 것들을 말하는 것이다.

- 화가 심하게 날 때 분노 조절 방법

이때는 물리적 폭력을 예방하는데 초점을 둔다.

— 자신에게 말하는 방법: 예로 "나는 폭력을 선택하지 않을 거야.", "나는 이제 폭력을 쓰는 사람이 아니야."라고 자신에게 말한다.

— 폭력의 결과를 상상하는 방법: 신체적, 물리적 폭력이 일어날 때 무슨 일들이 생길지 상상한다.

— 피해가 적은 화풀이 방법: 베개나 쿠션을 침대에 던지거나 샌드백을 친다. 깨지지 않을 물건을 던진다. 빈터에 가서 소리를 지른다.

— 타임아웃과 물리적 분리방법: '타임아웃'이나 '잠시 쉬자'라고 말하고 그 자리를 떠나 다른 공간이나 집 밖으로 가서 산책하거나 음악을 듣거나 물을 마심으로써 감정을 진정시킨다.

— 자신의 생각을 바꾸는 방법: 상대편 입장이 되어 생각하기, 자신의 과잉기대 인정하기, 상대방의 긍정적인 면을 생각하기, 자신도 결점이 있고 완벽한 사람이 아님을 인정하기, 상대방을 있는 그대로 받아들이기 등의 노력을 한다.

연습5 나와 배우자의 분노표현 방법을 알아보기

01. 나는 화가 많이 나면 ______________________________

그 결과 ______________________________

02. 배우자는 화가 많이 나면 ______________________________

그 결과 ______________________________

03. 내가 노력할 점 ______________________________

04. 배우자가 노력할 점 ______________________________

이기려 하기보다 공존과 협동 방법을 찾기

갈등을 누가 지고 누가 이기는 문제로 보지 말고 두 사람의 공통의 문제로 본다. 대부분 배우자와의 대화에서 자신의 의견이 받아들여지지 않으면 무시당했다고 생각하여 화가 나고 자신이 패배하고 배우자가 이긴 것으로 생각한다. 그러나 갈등해결이란 이기고 지는 게임이 아니고 두 사람이 모두 이기고 만족스러운 해결점을 찾아 같이 공존하고 잘 살기 위한 것이다. 그러므로 갈등을 겪거나 문제라고 생각되고 불편함을 느끼면 그것이 자신의 문제임을 인식하고 문제에 대한 소유의식을 분명히 한다. 즉 내가 불편하고 힘들면 그것이 나의 문제이고 상대방의 문제가 아니라고 생각하는 것이다. 그런데 대부분의 경우 배우자 때문에 힘들고 어려움을 겪는다고 생각하는 사람들은 배우자가 문제라고 생각하여 배우자가 자발적으로 바뀌어 문제를 해결해주기 기대하는데 만약 배우자가 기대한 대로 행동하지 않으면 좌절감을 겪고 화가 나서 배우자를 비난하기 시작하면서 싸움으로 비화한다. 이처럼 문제해결을 하려고 하다가 해결도 되지 않고 관계까지 나빠지는 경우가 상담에 오는 내담자들에게서 아주 흔하다.

그러므로 갈등이나 문제를 해결하기 위해서는 어떤 것이 문제라고 생각하고 불편함을 느끼면 자신이 그 문제에 대한 소유권을 갖고 있고 문제해결을 주도할 책임이 있음을 인정하여야 한다. 그러면 문제에 대해 말할 때 상대방 탓을 하거나 상대방을 비난하는 투로 말하지 않게 된다. 그리고 한 가지 문제만을 갖고 해결을 시도하여야 하며 과거의 문제를 끄집어내거나 다른 사람을 끌어들이며, 약점을 들추거나 인신공격을 하지 않는 것이 중요하다. 특히 배우자의 신체적, 성격적 결함이나 과거의 실수, 혹은 믿고 털어놓았던 개인적인 약점이나 배우자 집안의 단점을 공격하는 것은 문제를 더 심각하게 만들고 문제를 확대하는 일이므로 삼가야 한다.

즉각적 대처보다는 적절한 대화 시간을 찾기

무엇이든지 속전속결로 해결하려고 하지 않는다. 특히 갈등이 심한 상황이나 문제가 복잡한 경우에 한 번에 문제를 해결하려고 시도하는 것은 감정적이고 즉흥적인 대처가 되기 쉽고 이성적인 해결이 어려워지므로 바람직하지 않다. 그러므로 갈등을 느끼는 상황에서 즉각적인 해결책을 제시하거나 반박하는 일을 삼가야 한다. 즉 결정을 내려야 할 일, 견해차이, 문제점 등을 처리하기 위해서는 우발적이나 충동적으로 대화하기보다는 시간을 두고 준비해서 진지하게 심도 있는 대화를 하여야 한다. 어떤 남편은 아내하고 의견대립이 있을 때마다 아이들 앞에서 큰 소리로 싸우고 아이들에게 엄마와 아빠 중 누가 더 잘못했는지 판단하게 하는 사례도 있다. 또 부부가 말싸움할 때마다 친정식구와 친척들에게 전화하여 그들을 끌어들이는 아내도 있는데, 이것은 대화가 아니라 싸움을 시작하는 선전포고이다.

대화를 통해 자신과 상대방을 깊이 이해하는 기회로 삼기

문제나 의견차이로 대화할 때 먼저 자기 입장만 고집하거나 자기 의견에 집착하지 말고, 상대방의 입장을 이해하고 자신에 대해서도 이해하는 기회로 삼아야 한다. 그리고 상대방이 주장하는 것에 대해 지나치게 방어만 하지 말고 자기 자신이 고칠 점과 행동의 결과를 이해하는 기회로 삼을 때 문제해결 과정에서 더 긴밀한 유대감이 생기고 두 사람의 성장이 이루어지는 것이다. 이를 위해서는 자신의 의견이 무조건 옳고 상대방은 잘못되었다는 경직된 태도를 버리고, 자신의 의견도 잘못될 수 있고 상대방의 의견이 일리가 있을 수 있다는 유연한 태도를 가져야 한다.

불만을 말하더라도 원망과 비난하지 않기

갈등을 악화시키는 하나의 요인이 상대방의 의견이나 행동에 대해 원망하고 비난하는 것이다. 예를 들어 "당신은 뭘 몰라.", "집에서 놀면서 그것도 못해?", "당신은 무능하고 게을러.", "당신은 무책임해.", "이혼해!", "당신과 결혼한 것은 내 최대의 실수야!", "얼간이 바보.", "당신 집안은 왜 그 모양이야?", "집에서 밥만 축내는 사람이.", "아무래도 우리는 잘못 만났어.", "당신하고 끝장이야!" 등의 말은 상대방으로 하여금 굴욕감을 느끼게 하고 오히려 반발하게 한다. 특히 비교하는 말, 냉소적인 말, 무시하는 말이나 "결코, 절대로….", "당신은 매사에 늘…." "당신은 한 번도…." 등의 단정적인 말을 삼가는 것이 배우자와의 관계는 물론 모든 인간관계에 아주 중요하다. 이런 상처 주는 말을 한 사람은 쉽게 잊어버리고 마음에 두지 않지만 이런 말들을 한 번이라도 들었던 상대방은 마음에 담아두고 잊지 않는 경우가 아주 많기 때문이다. 이렇게 상대방에게 마음을 닫게 하는 말을 하게 되면 이전의 상태로 상대방의 마음을 열기 위해서는 그 20배 이상의 부드러운 말을 해야 할 정도로 어려운 작업을 해야 한다 (Gottman & Silver, 2002).

차이점과 부정적인 점보다는 공통점과 긍정적인 점 찾기

부부간에 상대방의 의견을 비난만 하거나 자기주장을 100% 관철하려고 하면 해결이 아니라 부부싸움이 된다. 상대방의 부정적인 것이 100%가 아니고 긍정적인 부분과 잘 행동하는 경우도 있음을 인정하면서, 두 사람이 협조적 관계를 유지하고 함께 잘하려는 방법에서 차이가 있는 것이 문제의 본질임을 인식한다. 그리고 차이점보다는 서로 간의 공통점을 찾고 상대방의 좋은 의도를 인정해주면서 방법적 차이를 좁히는 방안을 찾으면 갈등은 더욱 쉽게 해결된다. 실제로 문제 상황에서도 상대방의 장점을 볼 수 있고 상대방에게 감사하는 마음을 가질 수 있으면 협동적으로 문제를 풀어가는 유대감이 강화되는 것이다.

문제해결의 열쇠를 사용하기

갈등과 문제를 해결하는 주요한 열쇠는 갈등문제가 발생할 때 배우자를 진심으로 대하고 배우자의 의견을 존중하며 배려하는 것이다. 이는 부부가 같이 갖춰야 하지만 특히 남편이 늘 아내를 진심으로 대하고, 아내의 의견에 귀 기울이며, 존중하고 감정을 배려하는 것이 갈등문제해결에 아주 중요하다. 만일 남편이 아내의 말을 경청하지 않으면 아내가 불만을 해소하지 못한 채 분노를 마음속에 품게 되어 대화 자체가 불가능해진다. 그리고 또 하나의 열쇠는 갈등문제를 해결하려는 진지함과 에너지를 활용하여 마음을 연결하는 대화 기술을 계속 사용하는 것이다.

참고 15

남편의 아내 존중이 결혼을 구원한다

남편이 아내의 의견을 경청하고 수용하는 경우에, 평소 아내의 불만이 남편에게 전달되고 이해받아 쌓이지 않기 때문에 결혼생활에 웬만한 문제가 발생하더라도 아내가 남편에게 분노나 적대감을 품는 일은 거의 없고 이것이 결혼생활을 구원한다.

출처: Gottman, J. M. & Silver, N. (2002). p. 132.

Check 16 나의 아내(남편) 존중 정도를 점검해 봅시다

번호	항 목	예	아니오
1.	나는 아내(남편)를 존중한다.	□	□
2.	나는 의견이 다르더라도 아내(남편)의 생각에서 배울 점이 많다.	□	□
3.	나는 아내(남편)를 설득하려 하면 결국 설득시킬 수 있다고 믿는다.	□	□
4.	나는 의견 충돌이 있을 때 아내(남편)의 생각을 충분히 받아들이려고 한다.	□	□
5.	나는 어느 한도 안에서만 아내(남편)의 의견을 들어준다.	□	□
6.	나는 아내(남편)의 말이 문제해결에 도움이 된다고 믿는다.	□	□
7.	나는 나의 의견이 아내(남편)의 것보다 훨씬 낫다고 생각한다.	□	□
8.	나는 아내(남편)가 항상 좋은 아이디어를 갖고 있다고 생각한다.	□	□
9.	나는 아내(남편)의 감정을 배려하는 편이다.	□	□
10.	나는 거의 항상 직설적으로 감정을 표현한다.	□	□
11.	나는 의견이 다르더라도 아내(남편)에게 존경심을 갖고 대화를 한다.	□	□
12.	나는 집안에서 결정권을 갖고 있어야 한다고 믿는다.	□	□

▸ **채점:** 3, 5, 7, 10, 12번의 '예'는 -1점을, 그외 번호의 '예'는 +1점을 주고 합산함.

▸ **해석:** 2점 이상-배우자에게 자상하고 친절한 남편(아내)이고 원만한 결혼생활을 하고 있음.
1점 이하-아내(남편)을 대하는 태도와 생각을 바꾸고 행동을 개선할 필요가 있음.
배우자를 존중하는 노력을 많이 하지 않으면 결혼생활 문제가 발생할 수 있음.

Chapter 22

갈등해결을 위한 대화법

협동적 갈등해결 단계

갈등해결은 부부가 서로 이해하고 사랑한다고 느낄 때, 그리고 상대방이 아닌 자신이 자발적으로 노력하여야 함을 깨달을 때 좀 더 쉽게 이루어진다. 갈등문제를 부부 모두가 만족하게 협동적으로 해결하기 위해서는 즉각적인 해결이 아닌 시간을 갖고 단계적인 해결 과정을 거쳐야 한다. 그리고 부부 두 사람이 같은 배를 탄 한 팀임을 자각하고 서로의 생각과 감정, 소망을 공유하여야 하는데 그 방법은 두 사람이 서로에 대해 그리고 갈등문제에 대해 충분히 이해하는 것이다. 이러한 방법은 다음과 같은 유익이 있다.

첫째로 의논 과정에서 자기 자신과 배우자에 대해 객관적으로 이해할 수 있다. 둘째로 갈등상황에서 자기 자신의 역할과 행동반응을 인식하게 되며, 문제가 되는 주제에 계속 초점을 둘 수 있고 자신의 감정과 소망을 말할 수 있으며, 그 상황에 가장 적절한 결정과 행동을 취할 수 있다. 셋째로 이 방법을 부부 사이에만 아니고 자녀나 친척, 친구 사이 같은 대인관계에서 일어나는 갈등에 적용하면 협동적이고 효과적인 해결방법을 찾고 관계를 편안하게 유지할 수 있게 된다.

대화로 갈등문제를 해결하는 단계는 다음과 같다(Miller et al, 2010).

1단계: 갈등문제 확인하기
2단계: 대화계획 세우기
3단계: 문제에 관해 완전히 이해하기
4단계: 소망 확인하기
5단계: 해결을 위한 대안 탐색하기
6단계: 최선의 미래 행동 선택하기
7단계: 행동계획의 실천 가능성 검증하기
8단계: 행동계획 실행하기
9단계: 실행결과 평가하기

이는 일반적인 부부간의 갈등문제해결에 모두 적용할 수 있으나 9단계를 따르는데 적지 않은 시간과 에너지가 소요되므로 다음과 같은 상황에서 더 효과적이다.

- 문제가 중요하거나 복잡한 경우
- 문제로 인해 상당한 긴장과 불편을 느끼는 경우
- 문제에 대한 많은 정보를 원하는 경우
- 최선의 해결책을 찾을 때

1단계 갈등문제 확인하기

먼저 무엇이 문제인가를 생각하고, 그다음에 누구의 문제인가, 즉 문제의 소유권을 명료화하는 것이 필요하다. 대부분 문제에 의하여 영향을 받고 있는 사람이 문제의 소유권을 지닌다. 예를 들어 남편이 담배를 많이 피워서 남편과 가족의 건강이 염려되는 아내가 있다면 남편의 흡연문제는 아내에게 소유권이 있다고 할 수 있다. 만약 아내가 집안 정리를 잘하지 못하여 불만이 많은 남편이라면 아내의 집안 정리문제는 남편에게 소유권이 있는 것이다. 그러나 많은 불화부부는 문제의 소유권을 가진 사람이 자신의 문제로 알고 문제해결을 주도하기보다는 배우자가 자신의 문제로 알고 자발적으로 바뀌기를 기대함으로써 문제해결에 관하여 상반된 기대 때문에 충돌과 힘겨루기가 나타난다. 그러므로 문제의 소유권을 가진 사람이 자기의 문제로 인식하여 해결책을 찾기 위해 문제해결을 위한 대화를 주도하는 것이 합리적이다. 이때 한쪽 배우자가 문제해결을 위한 대화를 제안하면 다른 쪽은 문제의식이 없어도 상대방의 고충을 덜어주려는 성의를 갖고 대화에 응해주는 것이 바람직하다.

2단계 대화계획 세우기

대화계획이란 논의할 주제를 정하고 어떤 절차로 대화할지를 정하기 위한 준비를 하는 것이다. 이렇게 함으로써 서로 준비된 상태로 대화를 시작하게 되고 서로의 시간과 의사를 존중하는 것을 보여주게 된다. 생활이 분주하고 복잡해질수록 문제해결을 위해 깊이 있는 대화가 필요할 경우에 신중하고 준비된 대화를 하는 것이 효과적이다. 이렇게 대화계획을 세우게 되면 우발적이고 충동적으로 대화하다가 싸움으로 끝내는 일을 방지할 수 있고 해결 방안을 충분히 의논할 수 있게 된다.

계획을 세울 때 다음 네 가지 사항에 관해 부부가 합의하는 것이 필요하다. 즉 누가, 어디서, 언제, 어떻게 등이다.

누가 포함되는가? 누구의 문제이고 관련된 사람이 누구인지를 확인하는 것은 누가 문제의논에 참여해야 하는지를 아는데 도움을 준다. 부부간의 문제는 자녀가 없는 데서 대화하는 것이 바람직하다. 어떤 경우는 문제에 따라 자녀와 함께 의논하는 대화를 할 때도 있다.

어디에서 이야기할 것인가? 의논을 충분히 할 수 있도록 조용한 장소를 정한다. 전화와 텔레비전, 컴퓨터, 휴대폰 등 정신을 산만하게 하는 것들을 제한한다. 식탁에서 식사하는 동안이나 잠자리에서 중요한 문제를 의논하는 것은 바람직하지 않다. 그리고 여러 사람이 있는 번잡한 곳이나 자녀 앞에서 대화하는 것도 피하는 것이 좋다. 그렇지 않으면 부부간의 문제를 의논하기 위한 대화가 생중계되고 문제가 확대되기 때문이다. 예를 들어 집안의 조용한 곳이나 집 밖에서 산책하는 곳, 주차장의 승용차 안 등 두 사람이 편안하게 대화할 수 있는 적당한 장소를 정한다.

언제 얼마 동안 이야기할 수 있는가? 중요한 문제를 적당하지 않은 시간에 끄집어내는 것은 대화가 아니라 싸움으로 비화되는 결과를 가져온다. 현대인은 분주하게 살고 있기 때문에 바쁜 스케줄 안에서 미리 의논시간을 정하면 의논을 준비할 수 있게 되고 차분하게 대화를 나눌 수 있다. 부부 모두에게 좋은 시간을 고려하여 시간 약속을 정하고 얼마 동안 이야기를 할 것인지도 정하는 것이 좋다.

예를 들면 피곤하거나 바쁘거나 식사시간 전, 늦은 밤을 피하여 부부가 신체적, 정신적으로 대화할 에너지와 여유가 있을 때를 대화시간으로 정한다. 그리고 대화 중에 한쪽이 지루해지거나 지치고 피곤할 수 있고, 잠이 오거나 일이 생길 수 있으므로 시작 시각과 끝내는 시각을 정하여 30분 동안 또는 1시간 정도 대화시간을 제한하는 것이 바람직하다. 어떤 문제는 한 번의 대화로 해결 방법이 나올 수도 있지만, 문제에 따라서는 여러 번 나누어 의논하는 대화를 해야만 하는 경우도 있다. 문제가 복잡하고 만성적일수록 한 번 대화하여 해결되기는 어렵고, 대화를 나누어서 하면 문제에 대한 새로운 관점과 해결책이 나올 수 있다. 이렇게 쉬는 간격을 두고 의논하는 대화를 나누게 되면 부부 각자가 문제에 대해 많은 생각을 하게 되고 더 많은 정보를 교환함으로써 상호 간에 이해하는 폭이 넓어지는 결과 해결 방안을 찾기가 쉬워진다.

어떻게 이야기할 것인가? 말하기 기술과 듣기 기술을 활용하고 대화규칙을 준수하기로 한다. 대화규칙의 예로 "두 사람이 동시에 이야기하지 않고 한 사람씩 돌아가면서 차례로 이야기한다. 한쪽이 이야기할 때는 다른 쪽은 끝까지 경청해야 하고, 중간에 말을 가로채면 안 된다. 부부 중 어느 한 쪽이 쉬는 시간(타임아웃 time-out)을 요청하면 대화를 중단한다. 대화규칙을 어기면 누구든지 대화규칙 준수를 환기시키는 '과정점검'을 요구할 수 있다." 등이 있다. 특히 부부 중 한쪽에서 감정적인 두뇌가 지배하게 될 때 반드시 '타임아웃'이 필요하다. 한쪽이 '쉬자(타임아웃)'이라고 하는 경우는 상대방은 즉시 응해주어서 대화를 중단하고 서로 다른 공간에 있는 것이 좋다. 쉬거나 감정을 진정하는 시간을 가진 다음에는 타임아웃을 요청한 배우자가 다시 대화를 재개하여야 한다. 이렇게 하면 '내리막길 대화 스타일'인 다툼식 대화나 앙심품는 대화, 대응적 듣기를 방지하고 그 상황을 좀 더 차분히 생각할 기회를 갖게 되어 좀 더 생산적인 '오르막길 대화 스타일'인 탐색적 대화나 협동적 대화로 전환될 수 있다. 그리고 이렇게 하면 부부간에 대화를 나누다가 싸움으로 비화되는 일을 예방할 수 있다.

3단계 문제에 관해 완전히 이해하기

이 단계는 문제와 관련하여 객관적이고 정확하고 완전하게 이해하는 것이다. 즉, 부부 각자가 문제와 관련하여 무엇을 보고 들었는가, 그리고 자신의 계속되는 생각과 감정은 어떠한가, 그리고 그에 대처하기 위해서 자신의 과거 행동은 어떠했고 그 결과는 무엇이며 현재 행동은 어떠한가, 그리고 자신의 계속되는 생각과 감정은 어떠한가에 대해서 대화를 나누는 것이다. 즉 말하는 사람은 문제에 관한 자신의 말로 표현하여 관찰한 사실, 생각, 감정, 과거 행동, 현재 행동 등에 대해 말하는 것이다. 그리고 듣는 사람은 상대방의 관찰한 사실, 생각과 감정, 행동이 어떤가를 이해하기 위해 경청하는 것이 중요하다. 그리하여 부부 각자가 말하기 기술과 경청 기술을 사용하여 문제에 대한 서로의 입장과 느낌을 정확하게 충분히 이해할 때까지 교대로 말하고 듣는다.

4단계 소망 확인하기

문제와 관련되어 각자 바라는 것이 무엇인지를 표현하여 서로의 소망을 교대로 확인하는 단계이다. 이때 '자신을 위한 소망', '배우자를 위한 소망', '우리 모두를 위한 소망'으로 구분하여 확인하면 다음 단계인 대안탐색에 도움이 된다. 사람들은 보통 갈등상황이나 이해관계가 작용할 경우에 바라는 것들이 자신을 위한 것일 때가 많다. 그러나 많은 부부들이 자신을 위한 소망을 배우자를 위한 소망이라고 표현하면서 자기 기준에 의해 배우자에게 바라는 소망을 말하는 경우가 있는데, 이렇게 되면 두 사람은 각자 자신을 위한 소망에 집착하고 배우자 입장에서 원하는 소망을 전혀 고려하지 못하여 서로 밀고 당기는 게임에 몰두하는 역효과가 발생한다.

그러므로 문제와 관련해서 원하는 소망을 이야기할 때는 '누구를' 위한 것인지를 생각하여 '자신을 위한 것인지, 배우자를 위한 것인지, 우리 모두를 위한 것인지'를 구별해서 말하는 것이 바람직하다. 특히 배우자를 위한 소망을 표현할 때는 배우자가 자신의 바람과 소원에 관해 이야기한 것을 기초로 하고, 배우자가 정말 원하는 것인지, 배우자에게 가장 절실한 소원인지를 고려하여 말하여야 한다. 그리고 '우리를 위한 소망'을 말함으로써 자신을 위한 소망이라는 좁은 범위를 벗어나 부부 공통의 소망과 관계적 욕구를 고려한다. 이로써 자신과 배우자, 우리 모두를 배려하면서 문제해결 방안을 폭넓게 양승(win-win)적으로 탐색할 수 있는 기반이 조성되는 것이다.

5단계 해결을 위한 대안 탐색하기

자신과 배우자가 원하는 소망들을 모두 확인한 후에 이 소망들이 다 이루어지기 위해서 각자 자신이 어떻게 행동할 수 있을지를 탐색하는 단계이다. 이때 배우자의 소망에 나의 대안을 맞추는 방안으로 하는 것이 협동적 갈등해결에 자연스럽다. 그렇게 하면 서로에게 적합한 문제해결 행동이 증가할 수 있다. 문제를 해결하거나 해결 방향으로 가기 위하여 '자신이 할 수 있는 것'에 대해 생각나는 대로 말하거나 자신이 할 수 있는 긍정적인 행동 목록을 작성하는 것이 좋다.

6단계 최선의 미래 행동 선택하기

각자가 말한 여러 대안 중에서 문제해결을 위해 가장 최선의 미래 행동을 구체적으로 선택하고 실천 기간을 정한다. 이때 각각의 행동을 실행에 옮겼을 때 일어날 수 있는 결과들이 무엇일까 고려한다.

7단계 행동계획의 실천 가능성 검증하기

행동계획을 선택한 후에 각자 행동을 실천에 옮기는 자신을 상상해보고 현실적으로 실천 가능성이 있는지를 검토한다. 만일 부부 중 어느 한 쪽에서 행동계획을 실행할 수 없다면 방해 요인에 대해 생각해보고 현실성 있는 계획으로 바꾼다. 만약 바꾸기가 어렵다면 실천을 방해하는 그 문제에 관하여 별도의 대화계획을 세운다.

8단계 행동계획 실행하기

약속한 구체적인 행동계획을 실행에 옮기는 단계이다.

9단계 실행결과 평가하기

시간이 지나서 각자가 행동계획을 실행하는 기회를 가진 후에 부부가 자리를 함께 하여 그 결과를 평가하고 행동이 효과적인지 아닌지를 평가하는 것이다. 만일 자신의 행동이 효과적이라면 긍정적인 감정을 느낄 것이다. 결과가 잘되고 효과적인 경우에 해결에 한 몫을 담당한 배우자에게 긍정적인 피드백을 주는 것이 좋다. 만일 행동이 효과적이지 못하면 실망이나 좌절감을 경험할 것이다. 결과가 만족스럽지 못할 때는 처음부터 다시 문제해결 단계를 거치면서 다른 행동계획을 세운다. 잘 안 되는 행동들을 다시 반복하지 않아야 한다.

이상의 갈등해결 단계를 사례로 예시하면 다음과 같다. 괄호 속에 대화 기술을 표기하였다.

협동적 갈등해결 대화 사례

1단계 갈등문제 확인하기

남편이 문제의 소유권자가 되어서 '아내가 설거지를 미루고 정리정돈을 잘못해서 부부가 다투는 문제'를 얘기하자고 하고 아내가 이에 응하였다.

2단계 대화계획 세우기

남편이 아내에게 이번 주 토요일 저녁 8시부터 30분~40분간 안방에서 대화를 나누기로 하였다. 대화할 때 말하기 기술과 듣기 기술을 쓰고 사정이 생기면 타임아웃과 과정 점검을 하는 것으로 정하였다.

3단계 문제에 관해 완전히 이해하기

약속한 날, 시간에 안방에서 부부가 함께 다음의 대화를 나누었다.

남편: 요즈음 들어 식사하고 밥 먹은 그릇들을 설거지통에 쌓아놓고 곧바로 설거지 하지 않는 것을 종종 보는데(관찰한 사실) 당신도 이일 저일 하다 보면 힘에 부쳐서 그럴 수 있다고 이해는 해. 그렇지만 그런 것을 볼 때마다 깔끔하게 정리정돈이 된 집이 되어야 한다고 생각하는데 그렇지 못하니(생각) 나로서는 계속 찜찜하고(감정), 또 나는 아이들에게 할 일을 그때 마무리하고 미루지 말라고 말하는 데 당신은 그런 나의 지도방향과 상반되게 행동하니 아이들에게 좋은 부모 모습을 보이지 못한다 생각되어(생각) 답답하고 화가 나요(감정). 그래서 지난번에 당신에게 '설거지 안 해? 할 것을 안 하니 지저분하네'라고 했는데(과거 행동), 당신이 '보기 싫은 사람이 하지'라고 말하는 것을 들으니까(관찰한 사실) 나는 나대로 집안일을 도와주고 가끔 설거지도 해주는데 그런 나의 도움은 다 묵살 되고 내 말을 인정하지 않아서(생각) 섭섭했어(감정).

아내: 그래요(인정하기). 당신 얘기는 내가 설거지를 곧바로 하지 않아서 찜찜하고,

또 아이들에게 마무리를 강조하고 미루지 말라고 하는 당신의 지도방침과 상반되니 화가 난다는 거지요? 그래서 나한테 설거지 안 하느냐고 했는데 내가 당신에게 보기 싫은 사람이 하지라고 말한 것이 당신의 말을 인정받지 못하여 섭섭하다는 것이지요?(요점 되돌리기)

남편: 바로 그 말이오.

아내: 더 할 얘기 있으면 하세요(정보 요청).

남편: 여기까지 됐어요. 이제 당신이 말해보세요.

아내: 나는 식사준비와 설거지를 내가 할 일이라고 생각하고(생각) 가능한 미루지 않고 마치려고 하지요. 어쩌다 몸이 피곤하거나 바쁠 때는 물에 담가놓고 어차피 내 할 일이니까 '다음에 할까? 그래도 지금 할까?' 갈등하면서 사는데(과거 행동) 당신은 그런 나의 마음을 이해해주고 도와주려 하지 않고 너무 정리정돈에 과민하다고 생각해요(생각). 그리고 내가 정리정돈을 강조하는 당신에 맞추어 사느라 나름대로 설거지를 곧바로 하고 주방 정리도 잘할 때가 더 많은데 어쩌다 미루는 것에 대해 그렇게 지적만 하니까 불공평하다고 생각되어(생각) 억울하네요(감정). 그리고 아이들이 정리정돈 잘 못하는 것이 내가 설거지를 미루고 정리정돈을 잘 못 하기 때문이라고 말하는데(관찰한 사실) 나도 그 점은 인정해요(생각). 그러나 아이들 앞에서 당신이 '설거지도 안했어'라고 말하는 것을 들으니까(관찰한 사실) 나를 지적하고 엄마로서 나의 권위를 무시하는 것으로 생각해서(생각) 많이 속상해요(감정). 그리고 식구들이 같이 외출할 때 당신은 당신 것만 챙기면 되지만 나는 식사준비에 밥 먹고 난 그릇 치울라, 설거지할라, 가스 잠그고, 씻고 화장하고 옷 챙겨 입고, 또 애들 챙기느라 정신없어요(생각). 그런 때도 설거지나 정리를 잘못할 때도 있는데(과거 행동) 당신한테 또 지적당할까 신경쓰이고, 당신이 그런 나를 이해해주고 도와주면 좋겠는데 그렇지 않으니까(생각) 속상한 적이 많았어요(감정).

남편: 그랬었군(인정). 그러니까 당신 얘기는 당신은 나름대로 설거지를 그때그때 하고 어쩌다가 설거지를 미루는데 그런 당신을 내가 이해하고 도와주지는 않고, 정리정돈에 과민해서 지적하는 말만 하니 억울하다는 거지요? 또 애들 앞에서 당신의 권위를 무시해서 속상하다는 거고, 그리고 같이 외출할 때 바쁜 당신을 내가 이해하고 도와주지 않아서 속상했었다는 것이지요?(요점 되돌리기)

아내: 네 맞아요. 바로 그 말을 했어요.

남편: 더 할 얘기 있어요?(정보 요청)

아내: 없어요.

남편: 당신이 설거지를 잘하고 깔끔하게 정리할 때도 많은 것 인정하고(생각) 고맙게 느끼고 있었는데(감정). 그런 고마움을 내가 표현하지 못하고 당신을 지적하는 말만 해서(생각) 미안하네요(감정).

아내: 그렇군요(인정하기). 당신 얘기는 내가 잘할 때도 있는 것 인정하고 나에게 고맙게 느끼는데 지적하는 말만 해서 미안하다는 것이지요?(요점 되돌리기)

남편: 맞아요.

아내: 당신 마음 알았어요.

4단계 소망 확인하기

남편: 나를 위하여 바라는 것은 당신이 음식준비를 할 때 치워가면서 하면 설거지할 때 힘이 덜 들것 같고, 식사 후에 정리정돈도 빨리 할 수 있게 되어서 나와 당신이 기분 좋게 지내고, 애들이 그런 부모 모습을 보고 잘 배우는 것이요. 그리고 내가 당신에게 설거지에 대해서 말할 일이 있을 때 기분 나쁘게 듣고 나에게 불평조로 말하지 말고 그냥 평상적 답변을 했으면 좋겠고, 그리고 당

신을 위하여 바라는 것은 사정이 생길 때는 혼자 속 끓이지 말고 나에게 도움을 요청하여 편안하게 스트레스받지 않고 지냈으면 좋겠네요. 그리고 우리를 위하여 바라는 것은 여러 가지 의논할 일을 대화법을 활용해서 같이 대화하여 잘 지내고 자녀들에게 좋은 부모 모습을 보이고 살았으면 좋겠어요.

아내: 나를 위하여 바라는 것은 당신이 내가 설거지를 곧바로 하고 정리정돈을 잘하려고 노력하는 것을 인정해주고 애들 앞에서 나를 세워주었으면 좋겠어요. 그리고 어쩌다 내가 잘못할 때는 '그럴 사정이 있겠지'라고 이해해 주고 애들 앞에서 나를 비난하고 지적하는 말을 하는 대신에 대화법에서 배운대로 말을 해서 내가 긴장하거나 기분 상하지 않고 마음 편히 지냈으면 좋겠어요. 그리고 주말에 당신이 설거지를 해주는 데 그것 말고 같이 외출할 때도 내가 정신없으니까 반찬 정리와 설거지를 당신이 해주길 바라요. 그리고 당신을 위해서는 내가 당신의 말에 긴장하지 않고 좋게 응답하고, 설거지를 미루지 않고 잘해서 스트레스를 받지 않고 편안하게 지내면 좋겠고, 우리 모두를 위하여는 우리가 대화법대로 대화하는 노력을 하고 또 나도 제대로 설거지를 하고 당신도 같이 외출할 때는 설거지를 맡아줘서 아이들에게 서로 돕고 대화하는 좋은 부모 모습을 보여주고 살았으면 좋겠어요.

5단계 해결을 위한 대안 탐색하기

아내: 내가 할 수 있는 것은 음식 준비할 때 치워가면서 해서 설거지거리를 줄이는 것, 설거지를 미루지 않고 그때그때 끝내는 것, 또 필요할 때 당신에게 설거지나 정리정돈을 부탁하는 것, 그리고 당신이 설거지에 대해서 말할 일이 있을 때 잘 듣고 평상적인 답변을 하는 방법이 있겠네요.

남편: 내가 할 수 있는 것은 당신이 설거지를 미루지 않고 곧바로 할 때 애들 앞에서 당신을 인정해주는 일, 그리고 설거지가 미뤄지는 것을 보면 좋은 말로 무슨 일이 있는지 물어보거나 도울 일을 물어보는 방법이 있겠고, 또 같이 외출할 때는 반찬 정리와 설거지를 맡아서 하는 방법이 있겠지요.

6단계 최선의 미래 행동 선택하기

아내: 우선 내일부터 설거지를 미루지 않고 바로 끝내도록 노력할게요. 그리고 사정이 생기면 당신에게 도움을 요청하고 가능한 당신에게 부드럽게 말하도록 노력할게요.

남편: 나도 내일부터 설거지에 대해서 지적하는 말을 안 하도록 노력할게요. 그리고 특히 애들 앞에서 당신을 지적하거나 잘못한다고 비난하지 않고, 가능한 당신을 인정하고 세워주는 말을 할게요. 그리고 식구가 같이 외출할 때 반찬 정리와 설거지를 내가 맡도록 할게요.

7단계 행동계획의 실천 가능성 검증하기

남편과 아내는 각자 자신의 미래 행동계획을 실천할 수 있는지 검토해보고 실천이 가능하다고 생각되어 실행하기로 하였다.

8단계 행동계획 실행하기

남편과 아내는 각자 약속한 행동들을 그 다음날부터 실행하였다.

9단계 실행결과 평가하기

2주일 후에 부부가 함께 평가하는 시간을 갖고 각자의 행동계획을 약속대로 실행하였는지, 그리고 그 효과가 어떠하였는지에 대해 대화를 나누었다. 그 결과 두 사람 모두 행동계획을 실천에 옮겼고, 그 결과에 만족하여서 서로의 노력을 인정하고 칭찬하는 말을 나누었고 앞으로 계속 잘하자고 다짐을 하였다.

연습6 자신의 갈등문제해결단계 적어보기

01. 문제 확인

02. 대화계획

03. 문제 이해

04. 소망 확인

05. 해결 대안 탐색

06. 미래 행동 선택

07. 실천 가능성 검증

08. 행동계획 실행

09. 결과 평가

Chapter 23 상황별 배우자와의 대화법

배우자의 유형별 대화법

분석 관찰형 배우자와 대화하는 방법

관찰력이 뛰어나고 사람과 상황에 대해 비평하기를 좋아하는 배우자는 대부분 이성적이고 논리적이지만 자신과 다른 사람의 감정을 인식하기 어렵고 감정을 표현하는 일을 잘못하며 쑥스러워한다. 이 유형은 조용하고 나지막한 목소리로 논리정연하게 설명하여 이쪽에서 반론을 제시할 수 없게 만들고 자신은 지적이고 합리적이며 감정적으로 반응하지 않는 것을 자랑스러워한다. 그리고 바른말만 하고 논리적 설명과 전문 지식을 추구하고 분석과 따지기를 좋아하지만, 상대의 말을 경청하거나 이해하려 하지 않고 자기 논리만 펴기 때문에 상대 배우자는 더이상 대화를 할 수 없어 포기하게 된다. 이 유형은 감정을 다루는데 미숙하고 속으로 조심하려는 마음을 지식의 안전함을 믿어 지적인 것으로 덮어서 감추려고 한다. 그러므로 상대 배우자는 이 유형에게 감정을 따뜻하게 해주는 말과 감사하는 말, 칭찬하는 말을 하여 긍정적 감정이 전달되도록 하는 것이 좋다. 그리고 이 유형의 배우자가 말을 할 때는 경청을 하면서 감정 부분을 인정하는 공감적 반응을 하는 것이 좋다. 그리고 감정을 인식하고 표현하도록 돕기 위해 어떤 기분이었는지 자연스럽게 질문하고 감정을 조금씩 표현하는 경우에 인정해주고 그에 대한 자신의 감정과 미래 행동을 표현하는 것이 좋다. 예로 "그때 당신 많이 화났겠어요?", "당신이 속에 있는 불만을 나에게 얘기해줘서 제가 당신에게 어떻게 해야 할지를 알게 되어 고마워요. 앞으로는 당신이 바라는 것들을 행동에 옮기도록 해볼게요."라고 한다.

완벽주의, 부정적인 사고형 배우자와 대화하는 방법

이 유형의 배우자는 "이것이 부족하고 저것이 부족하다.", "저 사람은 저게 문제야.", "말도 안 돼."라는 말을 잘한다. 이때 상대 배우자는 판단하고 화를 내거나 비난하지 말고 일단은 존중과 인내심을 갖고 그 말을 경청하고, "아, 당신 마음은 그렇군요."라고 인정하여야 한다. 그리고 "그래도 여기는 이게 좋았고, 저기는 저게 좋았다.", "이런 좋은 점도 있다."는 식으로 긍정적인 면을 보도록 꾸준히 말하는 것이 효과적이다. 대표적인 긍정은 감사하는 것이고, 장점과 강점, 아름다움을 발견하는 것 등이 있다. 이외에 상대방에 대한 긍휼과 자비, 관용과 용서, 희생, 헌신, 배려, 사랑의 마음을 표현하는 것이 좋다.

일 중심형 배우자와 대화하는 방법

이 유형의 배우자는 편안하게 쉬는 것을 게으름으로 생각하고 쉼과 여가생활, 취미생활, 여유로움과 건강을 소홀히 하며 성취 지향적 삶을 추구하는 결과, 병에 걸리는 경우가 있다. 상대 배우자는 이 유형의 배우자에게 논쟁하거나 비난하고 책망하기보다는 그 속마음을 존중하고 이해하려는 마음으로 우선 경청하고, 추구하는 방향 자체와 그 긍정적 의도를 인정해주어야 한다. 그러고 나서 여유와 쉼, 여가도 중요하고 특히 건강을 잘 관리하는 것이 필수적으로 중요하다는 것을 말하기 기술을 사용하여 부드럽게 전달하는 것이 효과적이다. 예로 “저는 당신의 그렇게 의욕적으로 잘 해보려는 마음을 존경하고 인정해요.”, “제 생각에는 당신 같은 사람이 있어서 세상은 발전하는 것 같아요.”, “제가 바라기는 당신의 생각대로 잘되었으면 좋겠네요.”, “하지만 그러다가 당신 건강이 해쳐질까 걱정돼요. 건강을 관리하면서 마음의 여유를 갖고 같이 즐기는 것도 중요한 것 같아요.”라는 식으로 말한다.

즉흥적인 산만형 유형의 배우자와 대화하는 방법

이 유형의 배우자는 감수성과 상상력, 유머가 풍부하고 자유로움을 추구하는 면이 있으나 그 상황과는 관계가 없고 현실성이 떨어지는 이야기를 장황하게 늘어놓는다. 그리고 대화의 주제를 자주 바꾸어 여러 가지 이야기를 하나 어느 한 가지도 제대로 된 결론에 도달하지 못한다. 이들의 마음속에는 어떤 문제에 대해서 진지한 대화를 하는 것이 자신에게 어울리지 않는다는 생각을 하고 있어 진지한 논쟁을 두려워한다. 그래서 문제에 대해서 심각하게 이야기를 교환하는 것을 피하고자 다른 주제로 이리저리 화제를 바꿈으로써 상대 배우자의 문제에 대한 생각을 없애려고 한다. 그 결과 문제는 계속 해결되지 않은 채 있어서 상대 배우자는 좌절하게 되고 부부 사이의 친밀감은 감소된다. 이런 유형의 배우자 말에 대해 상대 배우자가 “왜 그렇게 쓸데없는 얘기를 해요? 문제에 대하여 말해요. 지금 그런 얘기할 때 아니거든요. 말이 되는 얘기를 해야 하는데 마냥 헛소리를 하니 기가 막혀서….”라는 지극히 현실적인 반응을 하여 찬물을 끼얹으면 싸움이 벌어지고 대화가 단절되는 결과를 가져올 수 있다. 이런 유형의 배우자에게 상대 배우자는 “맞아요. 그러면 정말 멋지겠네요.”라는 식으로 맞장구를 쳐주고 인정하기 기술을 사용하면서 동시에 들은 말의 요점을 되돌려서 정확하게 들었는지 확인시켜주는 것이 중요하다. 그리고 다시 화제를 문제로 되돌려 주도적으로 개방질문을 함으로써 이 유형의 배우자가 한정된 범위 안에서 자유롭게 자신의 얘기를 하도록 이끄는 것이 필요하다. 그리고 진지하게 듣기가 어려운 이 유형의 배우자를 배려하여 말하기 기술을 사용하여 조리 있고 명료하게 말을 하는 것이 효과적이다.

회유형 배우자와 문제에 관하여 대화하는 방법

이 유형은 상대방과 의견충돌이 되고 불화가 생기는 것을 본능적으로 싫어해서 그런 상황을 피한다. 그리고 무조건 상대방의 비위를 거스르지 않고 조금이라도 상대방이 불편한 기색이면 잘못했다고 사과하며 거의 모든 일에 좋은 게 좋다는 태도로 배우자의 의견에 따르는 것이 특징이다. 이 유형은 싸우지 않고 평화롭게 지내고 마음 넓게 상대방을 포용하는 것처럼 보일 수 있지만, 마음속에 감정을 감추고 배우자와 정서적으로 거리를 두어 소원한 사이로 지내기 쉽다. 이 유형의 배우자와 어떤 문제에 관하여 대화를 하려면 먼저 그 배우자의 의견충돌과 싸움에 대한 두려움을 해소시켜 주어야 한다. '내가 반대의견을 말하면 저 사람은 성격이 불같아서 폭발할 거고 다툼이 생기게 되면 낭패다'라는 생각을 하지 않고, '내가 반대의견을 말해도 저 사람은 나의 마음을 이해할 거야. 부부가 늘 똑같이 생각하고 의견이 같을 수는 없고, 서로 솔직히 의견을 나누다 보면 서로의 견해를 정확하게 이해하게 되어 두 사람 모두에게 최선의 선택을 할 수 있을 거야. 말하지 않고 따라가는 사람의 불만을 아주 잘 알아주니까 이제부터 진솔하게 내 의견을 말해야지'라는 식으로 사고를 바꿀 수 있게 하는 것이 중요하다. 이를 위하여 이쪽에서 먼저 상대방을 무조건 존중하고 모든 얘기를 경청하며 인정해주고 이해하는 것을 행동으로 보여준다. 그리고 문제를 회피하는 결과 소원해진 관계를 이제는 가깝게 하고 싶다는 소망을 말하고, 솔직한 자기개방을 부탁하는 말을 말하기 기술을 사용하여서 하는 것이 좋다. 그리고 그전에는 상대 배우자의 반대의견에 화를 내었는데 이제부터는 가능한 존중하고 받아들이려는 태도를 보여주면서 경청을 잘함으로써 안심시키는 것이 필요하다.

말이 없는 배우자와 대화하는 방법

말수가 없는 배우자는 상대 배우자가 적극 대화를 주도하여야 하고 질문을 하여도 "그렇다" 또는 "아니다"로 짧게 답하기 쉬워서 그 사람의 생각과 기분, 마음 상태를 정확하게 파악하기 어렵다. 이 유형의 배우자와 대화를 할 때 억지로 말을 시키는 것은 효과적이지 못하다. 그러므로 이들과 대화할 때는 이들의 표정이나 눈빛, 자세 같은 비언어적 메시지에 더 많이 주의를 기울여야 한다. 얼굴의 미세한 표정과 근육의 움직임은 숨기기가 어렵고 말보다 더 많은 정보를 전달하기 때문에 그것을 놓치지 말고 잘 관찰한다. 그리고 경청 기술 중 인정하기 기술을 사용하여 "그 일로 화가 났었나 봐.", "그때 기분이 좋았나 봐.", "그 일로 걱정이 많았겠네."처럼 공감하는 반응을 적극적으로 하여야 한다.

그리고 상대의 말수를 늘리기 위해 질문을 하는 방법이 좋은데, 이쪽에서 질문하는 의도를 조사나 심문 또는 비난거리를 찾기 위한 것으로 상대가 오해할 수가 있기 때문에 상대를 존중하고 이해하기 위한 목적임을 진정성을 갖고 표현하는 것이 중요하다. 그리고 질문 방법으로는 처음부터 개방질문을 하면 상대 배우자는 더 큰 부담을 갖게 되어 말문을 닫을 수 있으므로 처음에는 "좋아요?" 혹은 "싫어요?"처럼 "네"나 "아니요"로 답할 수 있는 질문을 조심스럽게 하고, 조금씩 신뢰가 쌓이면 개방질문을 하여 상대가 조금씩 자신의 마음에 있었던 이야기를 할 수 있도록 하여야 한다. 이렇게 상대가 몇 마디 말을 하였을 때는 적극적으로 경청하고, 인정하고, 요점을 되돌려 상대를 이해하는 노력을 보여줌으로써 상대에게 이해받고 인정받는 경험을 하게 하는 것이 중요하다. 이렇게 하면 상대는 다음부터 부담을 덜 느끼고 자기표현을 조금씩 잘할 수 있게 된다.

너무 말이 많은 배우자와 대화하는 방법

너무 말이 많은 사람은 할 말이 많다 보니 다른 사람의 말을 잘 듣지 않고 자신의 말만 늘어놓는 일이 흔하다. 그래서 말실수를 하거나 참견하는 말이나 장황한 말을 하여 다른 사람을 힘들게 하고 당황시키며 짜증나게 하기도 한다. 그러나 이들이 나쁜 의도로 그런 행동을 하는 것이 아니어서 말을 막을 수도 없다. 이런 사람과 대화를 할 때는 인내심을 갖고 잘 들어주는 것이 바람직하지만, 그것이 힘들 경우에는 상대 이야기를 너무 경청하기보다는 적당히 걸러 듣고, 적극적으로 인정하고 요점 되돌리기를 하는 것이 좋다. 즉, 일단 이야기를 듣다가 적당한 기회에 "그런 일이 있었군요.", "아, 그러셨군요.", "그동안 정말 많은 일이 있었군요?"처럼 인정을 하는 것이다. 그리고 "제가 여기까지 제대로 들었는지 말씀드리자면 ~라는 말씀이지요?"라고 요약하는 것이다. 그리고 이쪽에서 대화의 주도권을 잡고 "아까 하시던 얘기에서 ~는 어떻게 되었나요?"처럼 대화의 주제 초점을 다시 잡아가도록 도와야 한다.

상황별 배우자와의 대화법

배우자에게 감동을 주는 칭찬과 감사표현 방법

모든 사람이 가진 욕구 중의 하나가 다른 사람으로부터 인정받는 것이다. 인정받는 것의 효과는 감사와 칭찬의 말을 들을 때에도 동일하게 나타난다. 일반적으로 다른 사람한테서 진심 어린 감사, 칭찬의 말을 들으면 자신의 가치를 인정받고, 칭찬받는 자신이 좋아지며 힘과 의욕을 얻는다. 즉 다른 사람에게 칭찬과 감사, 인정을 받으면 자기 자신을 긍정하고 인정하는 힘을 강화시켜 나감으로써 자신의 잠재력과 가능성을 최대한 발휘할 힘을 갖게 된다. 그 결과 자신을 인정하고 칭찬과 감사를 한 상대방에게 다시 인정, 칭찬, 감사를 되돌려주며 제삼자에게도 동일한 것을 나눠주게 된다. 그리고 그 말을 한 사람에 대해 마음이 따뜻해지고 좋아지며 나도 주변 사람을 칭찬해주고 싶고 친절히 대해주고 싶어지게 만드는 등 긍정적인 마음으로 만들어 주는 효과가 있다. 그 결과 상대방의 마음이 열리고 감정이 진정되어 이성적으로 대화할 수 있게 되는 것이다.

감사와 칭찬의 효과를 높이기 위해서 다음에 유의하는 것이 좋다(Kohei, 2007: 102).

- 가능한 상대방의 주어진 특징이나 일의 결과를 칭찬하고 감사하기보다는 노력과 수고, 과정을 칭찬하고 감사하는 것이 더 좋다. 예로 “날씬해서 좋아요.”, “승진해서 기뻐요.”, “당신은 머리가 좋은 것 같아.”, “계속 상을 타오니 자랑스러워요.” 라고 하는 것보다는 “체중관리를 잘하시네요.”, “일에 최선을 다하는 당신이 고맙네요.”, “당신은 뭐든지 집중하여 노력하는 것 같아.”, “계속 꾸준히 노력하는 당

신이 자랑스러워요."라고 한다.

- 상대방의 장점을 찾아내어 칭찬한다.
- 칭찬할 때는 구체적으로 칭찬하고 입에 발린 칭찬을 삼가야 한다.

칭찬이나 감사할 일이 없거나 상대의 의견에 동조하지 않을 때에도 경청 기술 중 인정하기 기술을 활용하여야 한다. 즉 상대방 처지에서 생각하고 감정을 받아들여서 "당신 마음은 잘 알겠습니다.", "그런 기분을 느끼시는 것도 무리가 아니네요.", "그런 말씀을 하실 만도 하네요.", "기분이 많이 상하셨겠네요."라고 하면 상대방을 인정하는 말을 하는 것이다. 이런 인정하기를 통하여 상대방의 감정을 진정시키고 열린 마음으로 대화를 이어갈 수 있다.

배우자와 사랑의 접촉 방법

사람은 누구나 사랑받고 싶은 욕구를 갖고 있고 이 욕구가 충족되는 여부에 따라 행복과 불행이 달라진다. 그러나 사랑은 갖고 있는 것만으로는 어떤 작용도 못하니 어떤 형태로든 표현을 하는 것이 중요하다. 그리고 자기 방식으로 사랑을 표현하는 것보다는 상대방이 원하고 기대하는 방식에 맞춰 사랑을 표현하는 것이 효과적이다. 또한 의무감이나 억지가 아닌 자발적으로 표현하고, 상대방의 필요를 채워주고 상대방을 기쁘게 하겠다는 태도로 표현하여야 한다.

사랑을 표현하는 방식에는 다음의 방법들이 있다.

- 언어로 표현하는 방법
  - 인사하는 말: "다녀오세요.", "안녕!", "잘 다녀왔어요?", "잘 자요.", "어서 와

요.", "당신도 같이 먹지?", "몸은 괜찮아요?", "오늘 잘 지냈어요?"

- 위로와 칭찬, 감사의 말: "요즘 너무 힘들지?", "고마워!", "당신 정말 대단해.", "고생이 많네요.", "그 옷이 너무 잘 어울려.", "당신 덕분에 잘 마칠 수 있어 고맙네요.", "당신이 옆에 있으니 든든해요."
- 배우자의 말을 경청하기: 경청 기술 활용하기
- 매주 1회씩 불만과 문제를 협동적 대화로 풀어가기
- 문자나 이메일, 편지로 애정과 격려의 말하기: "사랑해.", "당신을 믿어.", "당신을 존경해요.", "고맙고 미안해.", "힘내세요.", "같이 이겨냅시다. 분명히 좋은 일이 있을 거예요.", "당신 참 잘하고 있어, 난 당신 편이야."

● 행동으로 표현하는 방법

- 선물 주기: 생일, 기념일 등에 선물 주기, 기대하지 않던 작은 선물 주기
- 스킨십: 손잡아 주기, 어깨 감싸 안기, 안아 주기, 포옹하기, 어깨나 발 마사지 해주기, 입맞춤, 어깨를 두드려주기 등 부드러운 신체접촉
- 일 도와주기: 가사 분담하기, 심부름해주기, 집 보수하기, 무거운 것 들어주기
- 원만한 성생활하기
- 책임 다하기: 각자 맡은 일을 충실히 하기(가계부양, 가사, 자녀양육 등)
- 함께하는 시간 갖기: 정기적인 데이트하기, 취미·여가생활 같이 하기, 같이 쇼핑하기, 같이 여행하기, 같이 종교 활동하기, 같이 봉사 활동하기
- 배우자의 자기계발 지원: 배우자의 꿈 달성 지원, 자율적인 시간과 공간의 자유 갖도록 지원하기

배우자에게 사과하는 방법

부부 사이에 마음의 틈이 생기고 소원해질 때는 관계가 더 가까워지길 원하는 사람이 먼저 상대방에게 다가가야 한다. 이때 우선적으로 필요한 것이 상대방에게 사과할 것을 찾아 사과하는 것이다. 말로 사과하는 방법을 적절히 활용하고 상대방도 이 사과를 받아들이면 서먹한 사이의 사람과 관계가 개선되고 친밀감을 높이는 기회가 될 수 있다. 인간관계에서 상처 입은 사람이 먼저 용서하기는 쉽지 않다. 그보다는 관계회복을 원하는 사람이 먼저 손을 내밀고 사과하면 상대방이 이를 받아들이고 용서할 때 서로의 마음의 응어리가 풀리는 것이다.

사과하였을 때 이 사과의 표시가 상대방에게 받아들여지는 경우가 있고 그렇지 않은 경우가 있다. 상대방이 받아들이는 사과를 하기 위해서는 우선적으로 진정성이 상대방에게 전달되도록 타이밍을 맞춰서 사과한다. 그다음으로 전적인 자기 책임과 자기 잘못을 인정하는 것이며, 마지막으로 상대방의 말을 경청 기술을 써서 잘 듣는 것이다(김준기, 2008).

사과하는 사람의 진정성 정도는 무엇을 어떻게 표현하는지에 좌우되는데 말하기 기술을 활용하는 다음의 차례로 전달되는 진정성이 커지게 된다.

첫째, 그냥 "미안해."라고 감정만 표현한다. 이는 미안해하는 이유와 배경을 말하지 않아서 사과가 불충분하고 진정성이 나타나지 않는다.

둘째, 언제 어디에서 자신이 무슨 행동을 하였는지 과거 행동을 설명하고 "미안해."라고 한다. 예로 "아까 식탁에서 홧김에 당신에게 큰 소리를 질렀던 것에 대해 미안해."라고 한다.

셋째, 자신의 과거 행동에 대한 설명과 아울러 자신의 생각을 말하고 "미안해."라고 한다. 예로 "아까 식탁에서 홧김에 당신에게 큰 소리를 질렀는데, 그런 행동은 식탁에서 해서는 안 되는 무례한 행동으로 당신과 애들을 놀라게 하고 밥 먹는 분위기를 망쳐서 당신과 애들에게 미안해."라고 한다.

넷째, 자신의 과거 행동, 자신의 생각과 미안한 감정과 아울러 미래 행동을 말한다. 예로 "아까 식탁에서 홧김에 당신에게 큰 소리를 질렀는데, 그런 행동은 식탁에서 해서는 안 되는 무례한 행동으로 당신과 애들을 놀라게 하고 밥 먹는 분위기를 망쳐서 당신과 애들에게 미안해. 앞으로는 그런 일이 없도록 노력할게."라고 한다.

다섯째, 자신의 과거 행동, 자신의 생각과 미안한 감정과 아울러 미래 행동을 말하고, 상대방이 원하는 어떤 보상을 해서 상대방에게 용서받고 싶다는 소망을 표현하는 것이다. 예로 "아까 식탁에서 홧김에 당신에게 큰 소리를 질렀는데, 그런 행동은 식탁에서 해서는 안 되는 무례한 행동으로, 당신과 애들을 놀라게 하고 밥 먹는 분위기를 망쳐서 당신과 애들에게 미안해. 앞으로는 그런 일이 없도록 노력할게. 당신이 원하는 어떤 보상을 해서 당신에게 용서받고 싶은데요."라고 한다.

즉, 자신의 미안한 감정만 표현하는 것보다는 자신의 과거 행동, 생각, 미래 행동, 소망 등을 구체적으로 진솔하게 표현함으로써 사과하는 사람의 진정성이 정확하게 전달될 수 있다. 그리고 사과하는 타이밍이 중요한데, 가능하면 잘못을 깨달은 즉시 자발적으로 사과하는 것이 가장 바람직하다. 가장 부적절한 타이밍은 시일이 한참 지난 후에 상대방이 문제를 제기하여 마지못해 사과하는 것이다.

그리고 사과할 때 잘못한 것의 기준을 자기 기준에 맞추어 판단하기보다 상대방 기준에 맞추어서 그대로 자기 책임과 자기 잘못으로 인정하여야 사과하는 효과가 나타난다. 예로 자신이 식탁에서 배우자에게 큰 소리를 질렀던 행동이 그 정도로 배우자를 힘들게 하리라 생각하지 않았어도 상대방이 힘들었으면 그것을 자기 책임으로 인정하여야 한다. 이처럼 사과해야 할 잘못한 행동의 기준이 자신이 아닌 상대방에 맞춰야 한다. 만약 그렇지 않으면 "하지만", "그렇지만" 하고 변명하고 상황을 탓하거나 "당신도 잘한 것은 아니잖아?", "당신도 잘못했잖아!"처럼 상대방 탓을 하고, "기분 나쁘셨다면"처럼 조건부식 사과를 하는 방법 등은 역효과가 발생할 수 있으므로 삼가야 한다.

그리고 상대방에게 사과해야 할 잘못으로 여기는 기준의 범위에서 남성은 그 범위가 좁지만 여성은 그 범위가 넓은 특징이 있음을 고려하는 것이 좋다. 예를 들어 남편들은 자기 잘못으로 여기는 범위가 '외도, 생활비를 안 주거나 모자라게 주는 것, 도박, 사기, 어른에게 불경스런 행동, 절도, 폭력'처럼 특정한 행동인 데 비해 아내들은 '자상하지 못함, 경청하지 않음, 질문에 답변 안 함, 친절하지 못함, 거친 말, 무시하는 말, 가사에 비협조, 상의하지 않고 독단적인 결정, 게으름'처럼 광범위한 것이 특징이다. 그러므로 사과하는 사람은 자기 기준이 아닌 상대방 입장에서 생각하는 잘못에 기준을 두고 자신이 무슨 잘못을 했는지를 깨달아 구체적으로 사과하는 것이 좋다.

그리고 사과를 한 다음에는 상대방이 하는 말을 경청해야 한다. 이때 경청 기술을 사용하는 것이 효과적이다. 즉 상대방이 하는 이야기를 주의 집중하여 듣는 것, 상대방의 경험(감정)을 인정해 주는 것, 요점을 되돌리는 것, 정보 요청하는 것, 상대방이 원하는 보상이 무엇인지 질문하는 것들은 상대방을 존중하고 이해하려는 태도를 보여주고 상대방의 용서를 구하는 데 필요한 행동이다.

화내는 배우자에게 지혜롭게 대처하는 방법

화를 잘 내는 배우자는 상대방을 비난하고 통제하며 고압적인 태도를 보이고 '다툼식 말하기'나 '통제식 말하기' 스타일을 사용하는 경우가 많다. 이런 경우 상대 배우자는 인격적으로 무시당한다는 생각에 "무슨 말을 하는 거야?", "말도 안 돼.", "아니야, 절대로 그렇지 않아.", "왜 화부터 내고 그래요?", "당신은 왜 그런 식으로 말하는 거야?", "그런데 당신은 다 잘했어?", "그래서 나보고 어쩌라고?"처럼 대응적 듣기 스타일을 사용하는 결과, 서로 더 크게 화를 내고 말다툼이 발생하여 문제가 더 복잡해진다.

이때 좀더 지혜롭게 대처하기 위해서는 우선 화를 잘 내고 비판하는 상대방에게 내가 하고 싶은 반론을 삼가야 하고 차분한 말로 상대방의 감정을 인정해야 한다. 사람이 감정적이 되는 것은 다른 사람이 자신의 감정을 인정하지 않고, 자신의 말을 이해하지 못하고 거부한다는 생각을 하기 때문이다. 만일 화를 내고 비판하는 상대 배우자에게 이쪽에서도 같이 화를 내거나 반론을 하는 것은 그 사람의 인격을 부정하여 더 화를 돋우게 되고 마치 불에 기름을 붓는 결과를 초래하며 전쟁을 선포하는 것과 같다.

그러므로 화를 잘 내는 사람과 싸우지 않고 이성적으로 대화를 나누기 위해서는 그 사람이 감정의 세계에서 벗어나 이성을 찾을 때까지 차분하게 그 사람의 감정을 인정해주는 말을 계속하면서 화낼만한 사정을 이해하는 것이 급선무이다. 즉 경청 기술에서 주의 집중하여 듣기 기술과 인정해주기 기술을 사용하는 것이 필수적이다. 그리고 요점 되돌리기 기술을 사용하여야 한다. 그럴 때 그 사람이 자신이 이해받고 자신의 감정과 인격이 존중받는다 생각하여 화가 가라앉고 이성적이 되는 결과, 대화를 제대로 할 수 있게 된다. 예로 "당신 입장에서 화가 나실 만도 하네요.", "그런 일로 화가 많이 나셨군요.", "아하, 그러셨군요. 제가 했던 행동 때문에 그동안 마음이 많이 상하셨는데 제가 미처 몰랐네요. 빨리 알아차리지 못해 죄송합니다.", "그러니까 당신 얘기는 제가 이러 이러한 행동을 한 것에 실망하고 화가 났다는 것이지요?"처럼 표현하는 것이다.

당혹감과 논쟁에서 벗어나는 대화법

상대방이 나를 정면에서 공격해 올 때 순간적으로 무슨 말을 해야 할지 당혹할 수 있다. 이때 우선적으로 삼가야 하는 것은 발끈하여 되받아치는 말(대응적 듣기)이다. 예로 "당신은 이제 나에게 관심이 없군요."라는 말에 "말도 안 돼. 그런 한가한 소리 하지도 마!"라고 자신을 방어하거나 "관심이 없기는 왜 없어?"라고 부인하는 말을 하고, "난 지금 일속에 파묻혀서 잠잘 시간도 없거든."처럼 자기변명을 하지 말아야 한다. 이렇게 말하면 상대방의 말을 반박함으로써 더이상 대화가 되지 않고 싸움을 하게 되기 때문이다. 그 대신에 "무슨 일로 그렇게 말하는지?" 묻거나 "왜 그런 생각을 하는지?"라고 질문을 해서 상대방에게 다시 공을 넘기는 것이 좋다. 그러면 일단 대답하는 반응을 한 것이 되고, 성급히 화내고 즉각 맞대응하는 것을 막아주며, 상대방에게 말하는 기회를 줌으로써 이쪽에서 상황을 파악할 수 있게 된다. 그에 따라 이쪽에서 상대방이 왜 그런 생각을 하게 되었는지에 대해 차분하게 대화를 나누고 상대방을 이해할 수 있다. 그리고 잘못의 원인에 대해 논쟁하는 상황에서는 우선 논쟁을 중단할 것을 제안하고, 과거의 잘못과 잘못의 이유에 초점을 맞추기보다는 소망과 해결책 대안, 미래 행동에 초점을 맞추어야 한다.

또한, 논쟁을 가열시키고 상대방의 반감을 키우는 파괴적인 말들을 삼가고 그 대신에 건설적인 말을 하는 것이 중요하다. 예로 '하지만'이라는 말은 상대방이 말한 내용을 중요하지 않고 가치 없는 것으로 만들어버려서 이 말을 듣는 사람에게 저항감을 느끼게 하고 갈등을 깊게 한다. 그 대신에 '그리고'라는 말을 사용하면 상대방을 존중하고 인정하는 것이 되고 대화가 부드러워진다. 또 '~했어야지'라는 말도 상대방을 비난하고 과거의 잘못을 꼬집어 심판하여 자존심을 상하게 하고 위축시키므로 삼가는 것이 좋다. 그 대신에 두 번 다시 같은 잘못을 반복하지 않아야 한다는 것을 인식하고, 미래의 소망에 초점을 맞추어서 '다음부터는 ~해주시겠습니까?', '다음부터는 ~해주시면 좋겠습니다'라고 하고 그러면 일이 긍정적으로 될 것이라는 말을 하는 것이 좋다. 예로 "아파트 관리비를 기한 안에 냈어야지."라는 말을 삼가고 대신에 "아파트 관리비를 기한 안에 내주세요. 그러면 연체료 걱정이 없어지고 돈 관리도 계획적으로 될 테니까요."라고 한다.

예로 슈퍼마켓에서 부부가 쇼핑한 후 계산을 하려는데 아내가 신용카드와 현금이 있는 지갑을 갖고 오지 않은 것을 알게 되었다. 이때 잘못하는 대화와 잘하는 대화가 다음과 같이 구분된다.

잘못하는 대화

남편: 당신은 정신을 어디다 두고 다니는 거야? 왜 지갑이 있는지 없는지도 모르고 쇼핑부터 가자고 했냐고? 이게 무슨 창피야.

아내: 바쁘게 나오다 보면 그럴 수도 있지. 하지만 나만 깜박하는 것 아니잖아. 자기도 지난번에 깜박 차에 열쇠 꽂고 나온 적 있으면서…. 내가 바쁘니까 당신이 미리 지갑을 챙겼어야지.

남편: 그게 말이 되는 소리야? 당신은 여러 사람에게 피해를 주고 있어. 하지만 나는 깜박했어도 여러 사람에게 피해를 주는 일은 없었잖아. 그런데 당신이 바빴다는 것은 핑계가 안 돼. 왜 내가 지갑을 챙겨야 하지? 쇼핑하는 것 계산은 당신이 할 일 아냐?

아내: 내 돈 네 돈이 어디 있어, 빨리 당신 지갑 안 꺼낼 거야? 뒷사람들이 기다리고 있잖아.

잘하는 대화

아내: 여보, 내가 지갑을 갖고 왔다고 생각했는데 서둘러 오다보니까 안 갖고 왔네요. 당신 지갑에서 카드를 찾아 계산해줄 수 있어요? 내가 집에 가서 그 돈을 챙겨줄게요.

남편: 알았어요. 뒷사람들 피해를 덜 주고 어쨌든 계산을 해야 하니까 그렇게 해야

지요. 그리고 집에 가서 이런 일이 반복되지 않도록 할 방법을 찾아봅시다.
아내: 네, 저도 앞으로 챙길 것 잘 챙기도록 할게요. 미안하고 고마워요.

거절하거나 반대 의견을 말하는 방법

대인관계 유형으로 자신만 소중하게 생각하는 유형과 다른 사람만 소중하게 생각하는 유형, 그리고 자신과 다른 사람을 같이 소중하게 생각하는 유형이 있다. 이중 자신만 배려하거나, 다른 사람만 배려하는 유형은 건강한 관계를 갖지 못한다. 건강한 관계는 자신과 다른 사람을 균형 있게 소중히 여기고 배려하는 데 기초한다. 다른 사람만 소중하게 생각하고 자신은 소중하게 생각하지 않는 유형이 다른 사람에게 거절이나 반대의견을 잘 말하지 못한다. 다른 사람과의 관계를 깨지 않으면서 부탁이나 요구를 거절하고 반대의견을 말하기 위해서는 평소에 남의 요구에 대해 자신과 다른 사람을 배려하고 존중하는 비중이 어느 쪽에 더 있는지를 객관적으로 바라보아야 한다. 만약 자신에게 더 비중을 두었다면 다른 사람의 요구를 존중하여 답해야 할 것이지만 반대로 다른 사람에게 더 비중을 두고 양보하였다면 거절하는 것이 지혜롭다. 거절하는 기술을 배우기 위해서는 차근차근 단계적으로 접근하는 것이 필요하다.

'잠깐 생각할 시간이 필요해'라고 말하기

늘 배우자가 밀어붙이는 식의 부탁을 하면 싫은데도 말려들어서 나중에 후회했던 적이 있다면 혼자서 조용히 상황을 판단할 여유를 가질 수 있다. 계속 대답을 요구하는 경우 단호하게 거절하기는 어렵고, 그전처럼 즉각적으로 승낙하자니 또 후회할 것 같은 상황에서 한 번 더 생각할 기회를 갖는 방법이다.

자신에게 가장 중요한 것을 따르기

자신에게 가장 중요한 것은 무엇인가를 생각하여 자신의 소중한 시간, 돈, 에너지를 자신이 원하지 않는 일에 헛되이 쓰지 않겠다고 생각하는 것이다. 자신이 가진 시간, 돈, 에너지 등은 한정된 자원이므로 모든 사람에게 내가 가진 것을 다 해주려고 하면 결국 가장 중요한 사람에게 아무 것도 해주지 못하게 됨을 명심한다. 자신의 우선순위에 따라 언제, 어떻게 거절하는지를 배우지 못하면 결국 자신을 돌보지 못하고 자신을 잃어버리게 된다. 그래서 우선순위가 분명해지면 거기에 쓸 시간과 에너지를 빼앗는 일은 거절하는 것이다. 예로 아내가 건강을 위해 정해진 시간에 스포츠 프로그램에 가는 것을 우선순위로 삼았다면 배우자나 다른 사람의 요구가 있어도 그 시간에 자신의 우선순위를 따르기로 결정하고 요구를 거절하는 것이다.

거절하는 사정을 설명하고 대안을 제안하기

거절할 때는 거절하는 정황과 형편을 말하기 기술을 사용하여 설명하고 자신이 할 수 있는 대안을 제안하거나 다른 방법을 제안한다. 즉 다른 사람의 요청과 부탁을 받을 때 마음이 약해져서 거절하지 못하는 대신에 상충되는 입장을 저울질하고 균형을 살펴서 자기의 우선순위에 따라 자율적으로 결정하는 권리를 가지는 것이다. 그래서 부드럽게 거절하고 대안을 제시함으로써 거절하는데 따른 부담을 갖지 않는 것이다. 예로 남편이 아내에게 저녁식사 후에 같이 산책을 나가자고 할 때에 아내는 저녁식사 후에 아이와 배드민턴 연습을 하기로 했으니 같이 나가지 못하지만 주말에 가능하다고 부드럽게 말한다.

참고 16

내가 하는 말이 감정을 좌우한다

한 연구에 따르면 미국교도소에 수감된 대부분의 재소자가 감정을 표현하는 어휘력에 문제가 있다고 한다. 감정과 관련된 어휘력이 매우 한정되어 있고, 평소에 쓰는 단어들도 대부분 매우 난폭한 말이라고 한다.

예를 들어 좁은 골목길에서 반대편에서 걸어오는 사람과 중간에 부딪혔다고 하자. 보통사람들은 상대방과 어깨가 부딪혔을 때 "죄송합니다."라고 말한다. 만약 자신의 기분이 평소보다 언짢은 경우에는 "좀 조심하시죠." 정도에 그친다. 그런데 재소자들은 "어쭈, 날 쳤어? 오늘 열 제대로 받네. 너 한번 죽어볼래?" 하며 덤빈다는 것이다. "열 제대로 받네."라는 말을 자신의 입으로 내뱉는 순간 그 말은 다시 자신의 귀로 들어온다. 그리고 귀에 들린 그 말처럼 열을 내면서 격분한다. 역시 "죽어볼래?"라는 말을 자신의 귀로 듣고 이에 걸맞은 폭력적 행동을 하게 되는 것이다.

뇌에 어떤 정보를 입력할 것인가?

말은 뇌의 정보로, 구피질에서 만들어내는 감정을 좌우하기 때문에 언어습관은 매우 중요하다. 요즘 사람들은 "~해서 미치겠어." 또는 "~해서 죽겠어."라는 말을 습관처럼 쓴다. 옹알이하는 아기가 귀여우면 "귀여워 죽겠어.", 새로 만난 애인이 마음에 들면 "좋아서 미치겠어.", 매일 반복되는 야근 때문에 지치면 "힘들어 돌아가시겠네!"를 외친다. 긍정적인 의미이든 부정적인 의미이든 말이 너무 세고 과하다. 말을 순화하면 뇌에 순화된 정보가 입력되고 감정도 순화된다. 말을 통해 뇌의 정보를 바꾸면 감정도 조절할 수 있다는 것이다.

말 이렇게 바꾸자

그렇다면 말을 어떻게 바꿀 수 있을까? 먼저 감정을 표현하는 단어를 바꾸자. 예를 들어 "일이 힘들어 죽겠어."는 "일이 성가시네."로 바꿀 수 있다. 너무 인위적이라고 느껴져도 꼭 명심하자. 사용하는 단어를 바꾸면 뇌가 만들어내는 감정의 종류도 바뀐다.

"그 사람 꼴 보기도 싫어."는 어떻게 바꿀까? 한 번 직장에 들어가면 특별한 이변이 없는 한 싫은 사람을 계속 봐야만 한다. 그 사람이 싫다고 자꾸 말하면 그 사람의 그림자조차도 싫어진다. "그 사람 정말 싫어."는 "그 사람이 약을 올리네." 또는 "그 사람은 나랑 안 맞아." 정도가 적당하다. 짜증이 날 때 '짜장'처럼 재미있는 표현들을 의도적으로 쓰는 것도 말을 순화시킬 수 있는 효과적인 방법이다. '짜장'이라는 말을 하며 스스로 웃음이 나게 하여 순간적으로 감정을 가라앉힐 수 있기 때문이다.

"그 사람 꼴 보기도 싫어."는 어떻게 바꿀까? 한 번 직장에 들어가면 특별한 이변이 없는 한 싫은 사람을 계속 봐야만 한다. 그 사람이 싫다고 자꾸 말하면 그 사람의 그림자조차도 싫어진다. "그 사람 정말 싫어."는 "그 사람이 약을 올리네." 또는 "그 사람은 나랑 안 맞아." 정도가 적당하다. 짜증이 날 때 '짜장'처럼 재미있는 표현들을 의도적으로 쓰는 것도 말을 순화시킬 수 있는 효과적인 방법이다. '짜장'이라는 말을 하며 스스로 웃음이 나게 하여 순간적으로 감정을 가라앉힐 수 있기 때문이다.

스스로 긍정적인 말을 들려주는 것도 중요하다. 다른 사람들에게는 긍정적인 말을 많이 해주면서도 혼자 있을 때는 막말을 하는 경우가 많다. 자신의 귀에도 좋은 말, 순화된 말을 들려줘야 한다. 부정적인 성격에 대해서도 다음과 같이 바꿀 수 있다.

소심하다 → 신중하다 / 신경질적이다 → 예민하다 / 집중력이 없다 → 다방면에 관심이 많다 / 성급하다 → 에너지가 넘친다 / 엉뚱하다 → 상상력이 풍부하다 / 제멋대로다 → 독립적이고 자발적이다 / 산만하다 → 창의적이다

이 단계에서 한발 더 나아가 즐거운 감정을 만드는 방법이 또 한 가지 있다. 친구가 "요즘 어때? 잘 지내?" 하면 보통 "그렇지 뭐." 혹은 "그냥 그래."라고 대답한다. 자신의 생활에 대해 "그냥 그렇다."라고 말하는 순간 당신의 삶은 그렇고 그런 수준의 삶이 된다. 그럴 때는 "음. 아주 좋아."라고 대답해보자. 세상의 모든 것은 내 뇌 속에 어떤 정보를 입력하느냐로 결정된다. 자신이 표현하는 데로 뇌에 입력되고 감정이 만들어진다는 것을 명심하자.

출처: 함규정(2010). pp. 121~124 발췌.

참고 17

이혼 위기의 40 · 50대 부부들을 위한 '7계명'

① 식사할 때 대화하라: 모든 문제의 해법은 대화에 있다. 따로 시간 내기가 어렵다면 식사시간을 이용하라.
② 가사를 분담하라: 가사와 육아는 모든 아내 몫이라는 '옛 생각'에서 벗어나라.
③ 자주 칭찬하고, 아플 땐 위로하라: '고맙다' '미안하다'는 말을 입에 달고 살아라.
④ 단둘이 데이트하라: 일 · 돈 · 친구 중심인 남편의 삶과 자녀 중심인 아내의 삶을 부부 중심으로 바꿔나가라.
⑤ 공통된 취미생활을 개발하라: 각자의 취미와 운동을 즐기되, 함께 즐길만한 것을 따로 하나 만들어라.
⑥ 전문가의 도움을 받아라: 친구나 가족 등 주위 사람은 객관적 판단이 어렵기 때문에 오히려 일을 그르칠 수 있다.
⑦ 끝까지 포기하지 마라: '이혼만은 안 하겠다'는 생각을 일단 출발점으로 삼고, 신중하게 생각하라.

(도움말: 강학중 한국가정경영연구소장, 김승권 한국보건사회연구원 사회정책연구본부장, 김준기 정신과 의사, 김홍미리 한국여성의전화연합 이혼담당)

출처: 조선일보(2007. 10. 25).

Part 04 자녀 및 가족과의 대화법

Chapter 24

자녀와의 대화의 중요성

부모-자녀 간 대화의 중요성

가정은 어린이가 태어나서 처음으로 경험하는 일차적 환경이고 부모는 최초의 교사이다. 부모의 가치관과 태도, 생활양식들이 자녀의 인격성장과 가치관 확립을 좌우하는 핵심 요인이 되고 있다. 부모와의 깊은 대화를 나누는 자녀는 정체감과 자존감이 견고하게 형성되고 부모의 사랑을 확신하며 사고력과 의사표현력, 감성능력이 증진되기 때문에 바르게 성장할 수 있다는 것은 누구나 아는 사실이다. 그리고 부모와 대화가 많은 자녀가 지적 발달도 우수한 것으로 나타나 부모—자녀 간 대화의 중요성이 더 밝혀졌다.

최근 연구결과에 의하면 부모와 대화를 많이 하는 아이가 지능지수가 높고, 학업성적도 높다는 보고가 발표되었다(한국경제매거진, 2011). 워싱턴 대학 생명공학과 John Medina 교수는 《브레인 룰 Brain Rules》 이라는 책에서 IQ는 한 사람의 일생을 통해 얼마든지 바뀔 수 있고, 환경에 놀라울 정도로 영향을 많이 받아서 스트레스를 받거나 나이가 들거나, 다른 문화를 체험하면서 바뀔 수 있다고 하였다. 특히 아동의 IQ는 가족의 정서적 영향을 많이 받아서 어려서부터 부모와 대화를 많이 한 아이들은 소득수준 같은 중요한 변수를 통제하더라도 IQ가 높다. 3세 무렵에는 부모와 정기적으로 이야기를 나누는 아이들이 부모와 필요한 말만 주고받은 아이들보다 IQ 점수가 1.5배나 높다. 하지만 아기의 두뇌에 이로운 것은 '살아있는' 사람의 이야기다. 부모들이 아기와 대화할 때 높은 톤과 모음을 길게 늘이는 것, 노래하는 듯한 목소리를 내는데 이런 특징이 갓난아기가 어른의 이야기를 모방하는 데 도움을 준다. 그렇다면 말하기는 언제 시작해야 할까? 간단하다. 아기가 태어나면 바로 시작하면 된다. 한 연구 결과, 부모가 대화를 많이 하면서 키운 아이들의 수학과 과학 성적이 훨씬 뛰어난 것으로 입증됐다. 30년 이상 지속한 연구는 칭찬과 격려, 감사 같은 긍정적인 언어를 많이 사용하는 가정에서 자란 아이들이 그렇지 않은 가정에서 자란 아이들보다 학업성적이 시종일관 더 우수하고 실패하는 상황에서도 활기찬 태도를 보이는 경향이 있으며, 실수에 대해 낙심하거나 좌절하지 않고 꿋꿋하게 해결하는 의지력을 보인다고 한다.

또한, 한국교육개발원이 교육과학기술부의 위탁을 받아 전국의 초중고생 학부모 1,538명을 대상으로 실시한 '학부모의 자녀교육 실태조사 연구'에서도 자녀의 성적이 높을수록 부모와의 대화시간이 많았다(한국교육개발원, 2011).

부모-자녀 간 대화의 실태

그러면 이렇게 중요한 부모-자녀 간 대화 실태는 어떠한가? 여성가족부가 발표한 자료(2010년)에 따르면 '자녀와 대화가 부족하다'고 응답한 부모 비율은 아버지가 34.4%로 어머니(19.8%)보다 높았다. 전체적으로는 전체 부모의 26.9%가 자녀와 대화가 부족하다고 응답했다. 자녀들의 경우도 '부모와 대화가 부족하다'고 응답한 비율이 아버지(33.5%)가 어머니(11.7%)보다 현격히 높았다. 의외로 딸(25.1%)이 아들(20.1%)보다 부모와 대화가 부족하다고 느끼고 있었다. 자녀들의 경우 입시에 시달리는 고등학생(26.8%)이 중학생(20.0%)이나 대학생(21.5%)보다도 대화가 부족하다고 응답했다. 자녀 전체로는 22.6%가 대화 부족을 호소했는데, 이는 5년 전에 비해 매우 감소(2005년 36.1%)한 수치다. 부모들은 소득 계층별로 자신을 하층(55.4%)이라 응답한 경우가 중하류층(26.3%)이나 중류층(21.9%), 중상류층(29.3%)보다 자녀와 대화가 부족하다고 느꼈다. 이는 상대적으로 생활고에 대한 압박감과 맞벌이 등으로 자녀들과 함께 보내는 절대적인 시간이 부족하기 때문으로 보인다. 또 한부모(48.5), 맞벌이(28.1%), 주말부부(38.9%)들은 그렇지 않은 경우에 비해 대화가 부족하다고 생각하는 비율이 높았다.

또 전국의 초중고생 학부모 1,538명을 대상으로 한 실태조사에서도 자녀와의 하루 평균 대화시간은 평균 46분이었다. 26~50분 이하(42.7%)가 가장 높았고 25분 이하(26.5%), 51~100분 미만(20.2%) 등이 그 뒤를 이었다. 학교급이 낮을수록 대화를 많이 하였고, 대화내용은 학급생활(27%), 학업 및 학습 방법(22.8%), 교우관계(21.2%), 진학 및 진로(12.4%) 순이었다(한국교육개발원, 2011).

많은 전문가들은 부모와 자녀 간 의사소통이 원활하지 않을 경우 가족 간 갈등이 발생할 수 있고, 부모-자녀 간 소통 부족이 정서적 안정이나 대인관계 및 학업수행 등 다양한 측면에서 자라나는 자녀들에게 부정적인 영향을 미침을 우려하며, 부모-자녀 간 대화시간의 확보와 대화 프로그램이 시급하게 필요하다고 주장한다. 특히 최근 학교폭력, 청소년 비행과 자살, 아동기 정서불안과 정신건강문제 등이 부모-자녀 간의 대화단절이나 대화부진과 연관이 큰 것으로 보고되기 때문에 더욱 자녀와 대화를 촉진하는 아버지 프로그램과 어머니 프로그램이 일선 학교와 교육기관에서 확대 실시되고, 부모-자녀 간의 대화가 활성화될 수 있는 사회적 분위기가 조성될 필요가 있다.

참고 18

자녀가 행복하면 성취도 · 자신감이 높아진다: 부모가 실천해야 할 7가지

사단법인 행복가정재단 김병후 이사장은 "청소년기 자녀들은 부모와의 관계에서 영향을 많이 받는다"면서 "자녀들이 불행하길 바라는 부모는 결코 없지만, 불행하게 만드는 부모는 적지 않다"고 말했다.

행복가정재단이 최근 전국 7개 도시 1033명의 청소년을 대상으로 한 '행복에 대한 만족도' 조사에서 청소년들은 가족관계(29.6%)를 행복의 가장 중요한 요소로 꼽았다. 이밖에 나 자신에 대한 긍정적 생각(21.4%), 경제 외모 건강 같은 물리적 조건(19.8%), 친구와의 좋은 관계(19.7%)를 행복의 중요 요소로 들었다. 이 조사에서 3명 중 1명(35%)은 부모에게 인정받지 못한다고 답했다.

김 이사장은 "행복감이 높아야 성취도와 자신감이 높아진다"면서 "아이들이 공부를 하기 바란다면 우선 행복하다고 느낄 수 있도록 해주라"고 조언했다. 김 이사장은 다음의 7가지만 부모가 실천해도 자녀의 행복지수는 상향 곡선을 그릴 것이라고 했다.

첫째, 아이를 믿어주고, 실수를 하면 위로해준다. 아이가 몰라서 하지 않는 것이 아니라 아직 잘하지 못할 뿐이라고 믿어준다. 부모가 신뢰할 때 아이는 자신감을 갖게 된다.

둘째, 아이들이 어떤 잘못을 해도 화내지 말자. 부모가 화를 내면 꾸짖는 내용보다는 화를 퍼붓던 상황만 기억에 남아 오히려 분노를 배우게 된다. 감정을 조절하기 어렵다면 그때는 아무 말도 하지 말자. 시간이 지나 감정을 조절할 수 있을 때 말하자.

셋째, 지치지 않도록 격려해준다. 특별히 격려할 것이 없다면 만들어 내서라도 격려해준다. 아이는 잠재력을 발휘할 수 있는 힘을 얻게 된다.

넷째, 칭찬해준다. 부모가 아이의 부족한 점, 잘못한 점을 지적하면 아이는 자존감이 낮아지고 자신감도 부족해진다. 칭찬할 때는 아이가 잘한 부분을 찾아내 구체적으로 한다. 칭찬을 많이 해줄수록 열등감 없이 건강하게 자란다.

다섯째, 참고 기다려준다. 세 번 이상 같은 지적을 하고 있다면 그것은 잔소리다. 일주일 중 하루를 정해서 '오늘은 잔소리 하지 않는 날'이라고 선포해보자. 잔소리하지 않을 테니 잘할 수 있는지 보여달라고 하자. 알아서 할 때까지 기다려주는 것은 주체성 있는 아이로 자랄 수 있도록 도와주는 것이기도 하다.

여섯째, 아이와 터놓고 이야기 하는 시간을 갖는다. 이때만큼은 아이가 엉뚱한 얘기를 해도 화내거나 윽박지르지 않고 들어준다. 또 아버지의 말을 어머니가 전하거나, 아이의 말을 어머니가 아버지에게 전하지 말고 직접 이야기하도록 한다. 논리적인 대화를 할 수 있는 힘도 기르게 된다.

일곱째, 함께 놀아준다. 농구, 컴퓨터게임, 쇼핑 등 아이와 함께 놀고 휴식하는 동안 아이들은 마음의 문을 열게 된다. 일방적으로 언제 무엇을 하자고 지시하지 말고, 자녀가 부모와 함께 하고 싶은 일이 무엇인지 이야기를 나누면서 정한다.

출처: 국민일보(2007. 10. 24).

Chapter 25

자녀와의 대화 촉진 방법

부모가 자녀와 원활한 대화를 하기 위해 할 일

부모가 자녀와 대화를 잘하기 위해서는 다음의 노력이 필요하다.

첫째로 아무리 바빠도 부모는 자녀와 대화해야 하고 가깝게 다가가야 한다. 일부러 시간을 내서라도 그런 기회를 만들어야 한다. 그렇지 않고는 인성형성과 정서안정, 지적 발달 중 아무것도 해결할 수 없다. 최소한 하루에 30분은 함께 하면서 대화를 나누고 사랑의 감정을 교감해야 한다. 예로 하루 중 저녁 식사는 가족이 함께한다거나 저녁 식사 후에는 텔레비전이나 PC, 휴대폰을 끄고 30~40분간 대화한다. 그리고 주말에는 가족이 여가활동을 함께 하거나 가족 대화나 가족회의를 30분~1시간씩 하도록 정하는 방법들이 있다. 정말로 바쁘다면 일을 하면서라도 아이와 대화할 수 있어야 한다. 열심히 일하는 부모의 모습은 아이에게 정겨움으로 다가오기 때문이다. 중요한 점은 아이의 생각이다. 부모의 사랑이 아무리 크고 절실하다 하여도 아이 스스로가 부모가 그렇게 사랑을 주고 있다고 믿지 않으면 소용없는 일이 된다. 아이가 그렇게 느낄 수 있도록 하여주는 것이 가장 중요하다. 부모가 저렇게 바쁜 데에도 나에게 주는 사랑이 넘친다고 믿어야 한다. 그리고 부모가 자녀와 대화를 잘하고 다가서기 위해서는 자녀들이 요즈음 무엇을 좋아하는지, 어떤 스타일의 생활을 하고 있는지, 무엇을 생각하고 원하는지에 대해 이해하려고 노력해야 한다. 그래서 부모가 자녀들이 좋아하는 연예인과 프로그램과 스포츠에 대해 관심을 두고 공감해주면 부모 자녀 간의 공감대는 쉽게 형성될 수 있다. 또 부모가 적극적으로 자녀가 좋아하는 것들을 하도록 격려하고 친구들의 이름도 기억하고 친구들하고 어울려서 하는 것들을 관심을 갖고 도와주려고 하면 자녀는 부모와 거리감을 덜 느낄 수 있다.

둘째로 부모 스스로 서로 사랑하고 돕고 대화를 잘하는 화목한 분위기를 만들어야 한다. 자녀를 사랑하고 잘 키우려고 한다면 무엇보다 먼저 중요한 것은 부부간의 원만한 관계와 협조적인 역할이다. 부부의 사랑의 울타리 안에서 자녀들은 안정감을 얻고 정서지능지수, 창의력, 잠재력을 키울 수 있다. 성숙한 부모는 자녀에게 불화나 미움, 분노의 파장이 아니라 사랑과 믿음과 좋은 추억을 만들어 준다. 그러므로 부부간의 조화와 일치를 위한 계속적인 노력과 갈등해결 노력, 열린 마음으로 대화하는 모습들이 자녀에게 모본이 되어야 한다.

셋째로 자녀와의 대화에서 자녀를 인격체로 대하는 '이해하는 대화'를 충분히 하고 가치를 전달하는 '가르치는 대화'를 적게 하여야 한다. 왜냐하면, 이해하는 대화는 부모-자녀 관계를 개선하고 자녀의 자존감을 높이며 자녀를 배려하고 경청하며 공감함으로써 긍정적인 에너지를 주게 된다. 그러나 가르치는 대화는 자녀를 상하관계로 보고 부모의 가치를 일방적으로 전달하며 자녀의 잘못을 지적할 일이 많아진다. 그 결과 자녀의 사정을 인정하지 않고 자존감을 떨어뜨리며 자녀로 하여금 부모에게 벽을 느끼게 하고 방어적인 자세를 취하게 하는 것이기 때문이다. 원래 부모가 자녀와 대화할 때 이해하는 대화와 가르치는 대화가 모두 필요하다. 그러나 이해하는 대화를 많이 하면서 가르치는 대화를 간단히 할 때 아이는 거부감 없이 자연스럽게 받아들이고 부모의 마음을 이해하며 부모의 가르침에 협조하게 된다. 자녀와의 대화에서 이해하는 대화를 많이 할수록 가르치는 대화를 자녀가 잘 받아들이지만, 반대로 이해하는 대화를 적게 하고 가르치는 대화를 많이 하면 자녀가 반발하게 된다. 부모가 자녀와 대화가 통하지 않고 잔소리로 빠지거나 자녀가 부모의 말을 거부하는 것은 자녀를 한 인격체로 생각하고 이해하는 대화를 하기보다 무엇인가를 항상 지적하고 이끌어주어야 할 대상으로 생각하고 가르치는 대화를 많이 하기 때문이다.

그러므로 명심할 점은 부모는 자녀의 거울이라는 점이다. 부모의 대화 습관이 자녀의 대화 습관이나 대인관계에 영향을 미친다. 많은 자녀가 부모와의 대화를 통해 자기를 표현하고 다른 사람하고 대화하는 방법을 익히는 만큼 부모가 이해하는 대화를 많이 하고 경청하는 것만으로도 아이들의 자존감과 사고력, 표현력이 향상되고 대인관계 기술이 향상된다. 이처럼 부모가 열린 마음으로 자녀를 인격체로 존중하고 이해하고 용납하며 믿어줄 때, 자녀도 마음 놓고 부모에게 이야기를 꺼낼 수 있고 부모의 마음을 이해하려는 마음을 갖게 되는 것이다. 그러나 부모가 자녀에게 이야기를 시작할 때 훈계조의 얘기를 앞질러 하거나 부모의 틀에 자녀를 맞추려고 하고, 자녀를 믿어주지 못하며 잘못만 지적하고 비난하고 평가한다면 자녀는 어렵사리 마음을 열다가 다시 닫게 되고 부모-자녀 간 대화는 단절되게 되는 것이다.

넷째로 부모는 자녀에게 대화할 때 대화 기술을 사용하여야 하고, 통제, 명령이나 지시, 핀잔보다는 상황에 대해 설명하여 자녀의 이해를 구하고 자율적 선택권을 주는 것이 필요하다. "공부해라", "숙제해라", "씻어라", "양치질해라", "정리정돈 하여라"처럼 아이에게 던져지는 명령과 지시는 아이의 마음을 상하게 하고 오히려 부모와 멀어지게 한다. 자녀는 이런 말을 잔소리로 생각할 뿐만 아니라 간섭이라고 확신하고 있다. 우선 이런 말을 아이의 생각을 존중해주는 말로 바뀌어야 한다. 아이가 충분히 자신의 의사를 표현할 수 있도록 기다려주어야 하고 긍정적인 생각을 할 수 있도록 지원해줘야 한다. 스스로 생각할 수 있도록 해야 하며 다양한 생각을 수용해주어야 한다. 예를 들면 아이가 텔레비전만 보고 학교 갈 준비를 하지 않으면 "정말 재미있나 보다. 끝까지 보고 싶지? 그런데 어떡하지 네가 텔레비전 보느라고 학교 늦으면 선생님께 야단맞을 것 같아 걱정된다. 그래서 좋은 방법이 없을까 같이 생각해봤으면 하는데….” 그런 후에 엄마는 여러 가지 방법을 제시하였더니 아이는 그중 한 가지를 택하여 지키기로 하였다.

자녀의 얘기를 들을 때도 얘기 속에 담긴 자녀의 마음을 인정해주고 자녀의 생각과 느낌에 반응해주는 것이 필요하다. 예를 들면 아이가 “엄마, 나는 엄마 따라가지 않을 거예요.”라고 할 때 엄마는 “너 지금 무슨 소리하고 있니?”라고 하기보다 “그러니? 엄마는 네가 엄마를 따라가고 싶은 줄 알았는데 그렇지 않구나. 왜 그런가 궁금하다.”고 하는 것이다. 그럼으로써 아이는 자신의 감정을 부모가 받아주었다고 느끼고 마음이 편안해져서 속 얘기를 꺼낼 수 있고 문제를 해결할 방법을 생각하게 되는 것이다.

다섯째로 자녀에게 화가 날 때는 화를 내지 않으려고 할 것이 아니라 적절하게 잘 내는 것이 필요하다. 화가 날 상황에서 화가 나는 것은 자연스럽고 당연하다. 예를 들어 아이가 성적이 떨어졌는데도 정신을 차리고 노력하는 자세를 보이지 않을 때 아이에게 “너 정신이 있니 없니. 성적은 형편없이 그 모양으로 받아놓고 너는 밥이 목구멍으로 넘어가니?”라고 하기보다는 단호하게 다음과 같이 말하는 것이다. “엄마는 네가 성적이 떨어져서 더 공부를 열심히 할 줄 알았는데 네가 노력하는 모습이 보이지 않아 실망스럽고 화가 난다. 엄마는 지금 네가 자발적으로 노력해서 노력의 열매를 맛보고 자신감 있게 사는 모습을 보고 싶은데 그렇지 않으니 정말 속상하고 화가 난다.”고 하는 것이다. 그리고 아이에게 “엄마가 어떻게 하면 너에게 도움이 되겠니?”라고 하면 아이는 엄마가 보내는 메시지를 받아들이고 자신의 얘기를 솔직히 하게 되는 것이다.

여섯째로 부모가 삶의 좋은 본보기가 되어 정서가 안정되고 서로 아끼고 존중하며, 약속을 준수하고 인간성이 풍부한 모습을 보여주어야 한다. 자녀들은 부모의 교훈이나 잔소리보다는 부모의 평소 삶 자체를 통해서 더 많은 것을 배운다. 그러므로 성숙한 부모가 되는 것은 부모가 말보다는 행동으로 보여주는 것이다. 특히 부모는 자녀 앞에서 부부싸움을 하지 않도록 노력하고, 자녀 앞에서 싸울 때에는 반드시 화해하는 모습을 보여야 한다. 인간관계 중에도 가장 강력한 끈이 부모와 자식 간의 끈이라고 한다. 부모의 끈이 흔들리면 자식이 평안할 수 없다. 부부의 싸움하는 횟수에 따라 자녀의 지능, 창의력, 병에 대한 저항력이 달라진다고 한다. 자녀가 부모의 생활과 행동을 통해서 인간을 대하는 방법을 배우고 서로 사랑을 나누는 방법, 감정을 다루는 방법을 배우는 것이다.

일곱째로 부모는 자녀에게 그들의 자질과 능력에 대한 신념을 갖고 자신감을 길러주는 말과 애정표현을 하고, 흥미와 의욕을 촉진하는 환경을 제공한다. 특히 친척이나 형제와 비교하지 않기, 자녀의 잘하는 점을 칭찬하고 인정해주기, 결과보다 과정을 지켜보고 격려해주기, 자율적이고 민주적인 태도로 자녀를 대하는 것이 바람직하다. 그리고 자녀의 나이에 맞게 가정에서 할 일을 맡기고 가족회의나 가족행사에 적극 참여하도록 함으로써 소속감과 가족으로서 결속감을 갖게 된다.

여덟째로 자녀의 수준에 맞는 대화를 하여야 한다. 예를 들면 자녀의 나이에 따라 부모가 하는 말을 받아들이고 자신의 의사를 표현하는 것이 다르고, 또 자녀의 기질에 따라서도 부모의 말을 이해하고 반응하는 것이 다르다. 이런 점을 고려하여 부모는 자녀가 이해할 수 있는 수준으로 자녀의 눈높이에 맞게 대화를 하는 방법을 터득해야 한다.

자녀와의 대화 사례: 잘못하는 사례와 잘하는 사례

다음 대화 사례를 통해 그 결과가 어떻게 다른지 비교해 보자.

대화를 잘못하는 사례

어머니: 너, 왜 학교 안 갔어?

아　들: 그냥 가기 싫어서.

어머니: 뭐? 그게 말이 돼? 너 그게 대체 무슨 소리야? 벌써 학교 때려 치려고 그러니?

아　들: 아, 몰라. 가기 싫을 때도 있잖아.

어머니: 학교가 가기 싫으면 안 가도 되고 그런 데냐? 너 정말 뭐가 되려고 그러니?

아　들: 나도 다 이유가 있어.

어머니: 그래, 대체 무슨 이유인데? 어디 좀 들어 보자.

아　들: 애들이 나만 왕따 시킨단 말이야.

어머니: 다들 공부에 집중하는데 너만 대충 놀면서 하니까 그런 거잖아. 너도 공부에 집중해봐라. 그럴 사이가 있나.

아　들: 그만해. 아무튼, 엄마랑은 말이 안 통해.

대화를 잘하는 사례

어머니: 엄마랑 얘기 좀 하자. 학교에서 전화가 왔는데 너 오늘 결석했다고 해서 무슨 일이 생겼나 많이 걱정했다. 어떻게 된 건지 얘기해줄래?

아　들: 네, 오늘 학교 안 갔어요.

어머니: 무슨 사정으로 학교에 안 갔는지 엄마한테 말해 줄 수 있겠니?

아　들: 별로 말하고 싶지 않아요.

어머니: 음, 기분이 별론가 보구나?

아　들: 몰라요. 요즘 괜히 화나고 짜증나고 그래요.

어머니: 그랬구나. 엄마도 괜히 화나고 짜증날 때가 있긴 해. 그럴 땐 누구한테 이야기를 하고 나면 속이 시원해지던데, 너도 엄마한테 털어놓을 생각은 없니?

아 들: 그냥 아침에 학교 가는데 친구들이 자꾸 장난을 치는 거야. 가방도 잡아 당기고 뒤통수도 때리고.

어머니: 그래? 친구들이 너에게 짓궂은 장난을 쳤구나. 그리고?

아 들: 꾹 참고 갔는데, 우리 반 애가 또 나한테 시비를 거는 거야. 내가 그 애 키가 작다고 좀 무시했거든요.

어머니: 그랬구나!

아 들: 시비 거는 애한테 대꾸하지 않고 나와 버렸어요. 거기에 있다가는 꼭 싸울 것 같았어요.

어머니: 싸우지 않으려고 애썼구나! 그래서 어떻게 되었니?

아 들: 그 애가 더 좇아오지 않아서 그걸로 끝났어요. 그게 다예요.

어머니: 그렇구나. 많이 속상했겠구나? 엄마에게 더 할 이야기 있니?

아 들: 없어요.

어머니: 이렇게 오늘 일어난 일을 얘기해줘서 고마워. 그러니까 네 얘기는 학교에서 친구들이 너에게 짓궂게 장난치고 시비를 걸고 했는데 너는 싸우지 않으려고 참고 대꾸도 안 했다는 말이지?

아 들: 네. 맞아요.

어머니: 네가 친구들이 너를 힘들게 하는데도 싸우지 않으려고 꾹 참고, 대꾸도 안 하느라 얼마나 힘들었을까? 그래서 오늘 학교에 안 간 거고 화가 나고 짜증이 난거지?

아 들: 맞아요. 나는 친구들이 시비 거는 게 너무 싫은데….

어머니: 그랬구나. 너는 그런 친구들과 같이 싸우기 싫은데 학교에 가면 만나야 하니 많이 답답하고, 그렇다고 학교에 안 갈 수도 없고 해서 짜증이 났다는 거지?

아 들: 그래요, 그 애들하고 부딪치는 것이 싫어서 학교에 가서 그냥 수업을 받지 않고 나온 거예요.

어머니: 그랬구나. 엄마가 너에게 어떻게 도움을 줄 수 있을까?

아 들: 엄마가 해 줄 일은 없어요. 학교에서 조퇴했다고 야단치지 않고 저를 이해해줘서 고마워요. 내일은 학교에 가서 그 친구들한테 잘 지내자고 할게요.

tip3 자녀와 부모에게 격려가 되는 말과 상처가 되는 말

〈자녀에게 격려가 되는 말〉

"이 세상에서 네가 가장 소중하단다"
"늘 너를 위해 기도한단다"
"너는 아빠와 엄마에게 보배란다"
"난 너를 믿는다"
"대단하다. 자랑스러워"
"너는 잘 해낼 수 있어"

〈자녀에게 상처가 되는 말〉

"네가 잘하는 게 뭐있니?"
"멍청이, 바보 같은 녀석"
"너 때문에 지겨워 못살겠어"
"어디 마음에 드는 곳이
한군데라도 있어야지"
"썩 꺼져버려, 나가버려"

〈부모에게 격려가 되는 말〉

"세상 누구보다 부모님을 존경해요"
"다 부모님 덕분이에요"
"이제야 부모님 마음을 알겠어요"

〈부모에게 상처가 되는 말〉

"나한테 해준 게 뭐가 있어요"
"엄마아빠 때문에 창피해 죽겠어요"
"모르시면 가만히 계세요"

tip4 아버지와 자녀를 가깝게 하는 20가지 지혜

1. 아침에 일어나면 아버지가 먼저 즐거운 아침인사를 하라.
2. 식사시간에는 그날 있었던 일이나 재미있는 콩트를 들려주며 가족과 대화를 많이 하라.
3. 공부하라는 말을 줄이고 먼저 책을 읽는 모습을 보여주라. 어린 자녀에게는 하루에 10분~20분씩 책을 읽어주라.
4. 자녀가 스스로 판단한 일은 존중하라. 자녀의 생각이 마음에 들지 않더라도 기발한 생각이라고 먼저 칭찬하라.
5. 한번 약속한 것은 꼭 지켜라. 만일 지킬 수 없거든 미리 말하고 이유를 설명하며 지킬 것을 확신시키라.
6. 화가 나더라도 화풀이 식으로 매를 들지 말고 어른의 손이나 발로 아이를 때리지 마라. 어른의 손과 발은 아이를 쓰다듬어주고 사랑을 표현하는 데 써라. 꼭 필요한 경우는 타임아웃을 이용하고 아이와 합의하여 정하라. 매를 들면서 아이의 자존심을 상하게 하는 언어를 사용하지 마라.
7. 훈계는 짧게 하라. 똑같은 일로 두 번 야단치지 마라. 아이의 얘기를 충분히 듣고 상황을 이해한 후에만 잘못한 행동에 대해서 훈계하라.
8. 한 달에 한 번 날짜를 정해 자녀와 집 바깥에서 만나는 시간을 정하고 추억거리를 만들라.
9. 자녀가 "제가 도와드릴 것이 없나요?"라고 물을 때 도와줄 기회를 만들라. 자녀가 아버지와 좋은 관계를 맺고 싶은 것이니 기회를 만드는 것이 지혜롭다.
10. 자녀 앞에서 부부싸움이 시작되었으면 꼭 화해하는 과정까지 보여주라.
11. 가훈을 정하거나 가족회의, 가족행사를 만들어 가는 등 가족의 화합과 결속을 위하여 주도적으로 노력하라.
12. 자녀 앞에서 아내의 잘못을 지적하지 마라. 그리고 자녀 앞에서 다른 사람에 대해 좋은 점만을 말하는 모범을 보여주라.
13. 자녀에게 최고가 되라고 가르치지 말고 최선을 다하라고 격려하라.
14. 부모와 다른 의견을 말할 수 있는 자유를 자녀에게 주고 개성을 인정하라.
15. 바쁘다는 핑계 대신에 일부러 자녀와 가족을 위한 시간을 내라.
16. 자녀의 친구와 좋아하는 것들에 관심을 갖고 자녀 친구의 전화를 친절하게 받으라.
17. 할아버지, 할머니께 전화를 자주 걸거나 방문하게 시키라.
18. 식탁에서 자녀를 야단치지 마라.
19. 자녀의 성적보다는 특기를 발견하고 개발하도록 격려하라.
20. 부모의 기호, 취미와 희망하는 자녀의 진로를 강요하지 마라.

Chapter 26

자녀의 연령대별 대화법

유아기 자녀와의 대화법

보통 3세까지는 언어에 대한 무의식적인 민감기로 아이는 그동안 들은 것을 머릿속에 모두 저장했다가 3세 이후 말을 하게 되면서 끄집어내어 활용한다. 그리고 이 시기에 어차피 할 거면서 일단 “싫어”, “안 해”하며 반항적 태도를 보이므로 부모가 부드럽게 옳고 그름과 규칙을 구체적으로 가르쳐주어야 한다. 3~6세까지는 언어에 대한 의식적인 민감기로 체계적인 언어교육이 가능하고 하루가 다르게 어휘력이 발달하여 5~6살 무렵에는 한 사람의 대화 상대로 자라게 된다. 이때 아이는 다양한 감각경험을 통해 언어구사력이 발달하여 다양한 생각을 말할 수 있게 되고, 여러 감정이 더 분화되어 자신의 감정을 말로 표현할 수 있게 된다. 이처럼 유아기에는 부모와의 대화를 통한 상호작용 과정에서 어휘력은 물론 표현력과 사고력과 논리력, 감성 능력, 충동조절 능력을 키우고 신뢰감과 자율성, 주도성을 기르며, 이에 수반하여 인성형성의 기초가 되는 자존감이 형성되므로 부모의 다음 열 가지 노력이 필요하다.

첫째, 아이가 태어나서 3세까지는 부모가 아이에게 많은 말을 걸고 아이와 시선을 맞추어 많은 상호작용을 하여야 한다. 아이가 태어나서 처음으로 어른과 대화하는 시기인 옹알이기는 언어에 대한 민감기로 아이의 옹알이에 대해서 “그랬어?”, “그렇구나.” 하는 식으로 상호작용을 많이 해주어야 아이의 언어능력을 키울 수 있다. 그리고 3세까지 부모가 아이에게 많은 이야기를 하고 책을 읽어주는 등 듣는 기회를 많이 만들어 주는 것이 중요하다. 그리고 아이가 어리다고 ‘맘마’, ‘까까’ 같은 유아어를 쓰거나 토막말을 쓰기보다 완성된 정확한 문장으로 말해야 아이가 정확한 언어를 구사할 수 있게 된다. 이때 책을 통해 문어체 문장을 들려주면 아이가 논리적이 되는데 도움이 된다.

또 부모가 아이에게 이야기를 들려줄 때 부모의 이야기만이 아닌 아이의 생각과 감정을 표현하게 되면 아이도 자신의 생각과 감정을 자각하고 표현하는 것을 배울 수 있게 된다. 예를 들면 아이가 소방차가 출동하는 소리를 듣고 놀랐을 때 “아, 저기 소방차가 가네, 어느 집에 불이 나서 빨리 불을 끄러 가야 해서 다른 차들 보고 비키라고 삐뽀삐뽀 하고 가네. 그 소리 듣고 깜짝 놀랐지?”라고 말해 준다. 아이가 자라면서 여러 감정이 세분되어 발달함에 따라 아이가 경험하는 감정만이 아니고 그림책이나 텔레비전에 나오는 사람, 주변 사람들이 경험하는 감정을 추측하여 표현하도록 하면 아이가 자신의 다양한 감정을 자각하고 표현할 수 있을 뿐만 아니라 다른 사람의 감정을 느끼는 감성능력이 발달하는 데 도움이 된다.

둘째, 설명 없이 명령형으로 아이에게 지시하고 훈계하기보다 직접 부모가 보여주는 방법을 쓰거나 의문형으로 말하는 것이 좋다. 즉 명령어로 다그치기보다는 부모가 가르치고 싶은 행동을 직접 보여주고 질문을 이용하여 아이 스스로 생각하고 행동할 수 있도록 물꼬를 터주는 것이다. 이럴 때 아이의 자율성과 사고력과 판단력, 의사표현 능력이 길러진다. 예로 “인사해라.”, “‘응’하지 말고 ‘네’라고 해라.”라는 말을 하는 대신에 부모가 인사하는 모습을 직접 보여주고 ‘네’라고 말하는 것이다. 그리고 “할아버지께서 나가시는데 어떻게 해야지?”, “할머니께서 네 이름을 부르면 뭐라고 대답해야지?”라고 한다. 또 “어서 이 닦고 자라.”라고 말하기보다는 “잠잘 시간인데 무엇부터 하면 좋을까?"라고 한다. 이때 '왜' 라는 질문은 자신이 한 일에 대한 변명을 유도할 뿐 아이 스스로 생각하고 해결하는 능력을 기르는 데 도움이 되지 않기 때문에 삼가야 한다. 예를 들어 아이가 동생 물건을 뺏어서 동생을 울릴 때 "너는 왜 동생 물건을 빼앗아 동생을 울리니?", "왜 동생을 울리니?", "너 잘못했어? 안 했어? 말해봐."라고 질문하기보다는 "무슨 일이 있었는지 이야기해 줄래?", "동생 물건을 가지고 싶을 때 억지로 뺏는 게 가장 좋은 방법일까? 더 좋은 방법은 없을까?"와 같이 질문을 던지고 아이의 이야기를 경청하면서 아이가 스스로의 생각을 표현하게 하는 것이 좋다.

셋째, 자녀가 자유롭고 편안하게 대답할 수 있도록 개방적인 질문을 사용한다. 이럴 때 아이가 어휘력과 사고력, 표현능력을 키울 수 있다. 예로 "재미있었지?", "앞으로 잘할 거지?"라고 질문하기보다는 "그것보고 어땠니?", "앞으로 어떻게 하고 싶어?"라고 질문한다.

넷째, 어떤 상황에서도 자녀의 감정을 있는 그대로 인정한다. 경청 기술 중 인정해주기 기술과 요점 되돌리기 기술을 사용하여 자녀의 모든 감정상태를 인정해주고 자녀의 감정을 충분히 이해하고 있음을 표현한다. 이럴 때 자녀는 부모에게 자신의 존재 자체를 인정받고 존중받음을 경험하게 되어 자존감이 높아지는 것이다.

다섯째, 아이가 실수를 저질렀을 때, 언성을 높이는 대신 부모의 생각과 감정, 소망을 아이가 알기 쉽게 표현한다. 즉 의문형이나 '왜'로 시작하는 말, 비난식 표현을 하는 대신에 반드시 말하기 기술을 사용하여 자신에 대하여 말하여야 한다. 예로 "너는 왜 그렇게 엄마를 밀치니?", "안 돼, 엄마 밀치지 마, 계속 그러면 혼낸다."라고 말하기보다는 "네가 엄마를 세게 밀치니까 네가 엄마와 장난하려고 그러는 것은 알지만, 엄마는 너무 아프고 힘들어. 그러니 엄마와 장난할 때는 부드럽게 만졌으면 좋겠다."라고 말한다. 또 "너는 못됐어, 왜 그러니?"처럼 문제가 발생한 상황을 지적하며 나무라는 대신 말하기 기술을 사용하여 "엄마가 너의 ~행동을 보니 ~생각이 들어 ~한 기분이야. 앞으로 ~해주길 부탁해."처럼 관찰한 사실, 생각과 감정, 소망을 솔직하고 차분하게 표현한다.

여섯째, 아이가 알 수 있는 쉬운 언어를 사용하여 구체적이면서 간단명료하게 표현한다. "부지런해야지.", "착한 아이가 되어야지.", "정리정돈을 잘해야지."라는 표현보다는 "아침 7시에는 일어나야지.", "인사를 해야지.", "장난감을 정리함에 넣어야지."처럼 아이가 이해하기 쉽고 간단명료할수록 그 효과가 크다. 기분에 따라 어떤 때는 되고 어떤 때는 안 되는 대응방식은 아이에게 혼란만 가중시키므로 무엇보다 일관성을 유지하는 것이 중요하다.

일곱째, "절대", "한번도"같은 극단적인 말이나 "너는 창피하지도 않니?", "엄마가 방금 뭐라고 했어?"같은 표현을 사용하지 않는다. 이런 말들은 아이에게 죄책감과 수치심, 무력감, 위축감을 느끼게 하고 조롱받는 느낌을 주어 자존감을 떨어뜨리는 결과를 초래한다.

여덟째, 칭찬과 감사, 격려를 많이 한다. 흔히 뭔가 문제가 생겨야만 자녀와 대화를 하는 부모들이 있다. 그러나 아이들은 평소에도 부모와 했던 크고 작은 약속들을 충실히 지켜나가고 있다는 사실을 기억하여야 한다. 아이가 약속한 것들을 잘 지켜냈다면 아무리 소소하고 당연하게 보이는 일일지라도 아낌없이 격려해주고 칭찬해주어야 한다. 칭찬과 격려의 대화 없이, 아이들의 실수를 지적하고 잔소리식 대화만 계속된다면, 아무리 화를 내지 않고 말한다 해도 아이들에게는 부모와 대화하는 것 자체가 부담스럽고 불편한 일로 기억될 수 있다. 칭찬할 때는 "~를 참 잘하는구나!"라고 구체적으로 칭찬한다. 그리고 자녀에게 어떤 일을 부탁했다면 "~해줘서 엄마(아빠)에게 도움이 되었어, 정말 고마워."라고 하고, 아이가 용기가 필요할 때는 "너는 잘할 수 있어."라고 격려한다. 이런 말은 아이에게 자기긍정의 믿음을 키워주고 자신감과 자존감을 높이는 데 효과적이다.

아홉째, 자신의 나이에 적절하게 자기결정권을 갖게 하고 결과를 책임지게 한다. "네가 결정하렴.", "엄마가 여기까지는 도와줄 테니 나머지는 네가 하렴."같은 표현은 아이의 자율적인 자기결정과 주도성, 책임감, 내면의 힘을 기르는 효과가 있다. 요즘 자기주도(self-leading) 능력을 키우는 것이 교육의 주류인데 이를 위해서는 부모의 이런 표현이 많아져야 할 것이다.

열째, 아이의 언어구사능력이 어느 정도 발달하면 부모가 아이가 할 말을 대신하여 말하기보다 아이의 표현을 기다려주어야 한다. 그리고 아이의 말을 경청 기술을 이용하여 잘 듣고 칭찬할 것이 있으면 칭찬하고 불완전한 문법이나 잘못된 표현이 있으면 부드럽게 수정한다.

아동기 자녀와의 대화법

이 시기는 아이들이 유치원에 다니고 초등학교에 입학하여 엄마의 보호에서 어느 정도 벗어나 혼자 많은 일을 처리하고 기본적인 사회규범과 규칙을 습득하게 된다. 규칙을 준수하고 또래와의 사회성을 기르고 감정 억제능력과 자신의 욕구 충족을 지연하는 능력을 기르며, 지적 호기심과 사고, 논리력이 증진되는 때이기도 하다. 이처럼 학교생활과 또래관계, 가정생활을 통해 지적, 정서적, 사회적 발달이 급격하게 이루어지며 근면성 대 열등감이 발달하면서 이에 수반하여 자존감이 형성되므로 부모가 다음의 대화 방법으로 지도하여야 한다.

첫째, 아이의 올바른 습관형성과 근면성 발달을 위해 부모가 먼저 올바른 생활태도를 보여주는 것이 중요하고, 아울러 아이가 잘할 때는 먼저 칭찬을 해주면서 다음에 보완해야 할 점을 간단히 지적해주어야 한다. 칭찬을 받은 아이는 다른 사람에게 인정받았다는 생각에 기뻐하고 한번 기쁨을 맛본 아이는 다음에도 칭찬받을 수 있는 행동을 하려고 한다. 바로 칭찬받는 것이 아이에게 정신적 보상이 되어 그 행동을 강화시키는 것이다. 예로 "엄마가 말하지 않아도 벗은 양말을 빨래통에 넣어놓았네. 아주 잘했어. 양말을 벗을 때 양말 앞을 잡아당겨 벗으면 뒤집어지지 않고 더 편하게 벗을 수 있단다."라고 잘한 점을 먼저 칭찬하고 나중에 보완할 부분을 말해주면 아이는 조금씩 새로운 것들을 배워나갈 수 있다. 그러나 아이의 습관형성을 위해 정신적 보상이 아닌 선물이나 돈처럼 물질적 보상을 하게 되면 아이는 무엇에나 물질적 보상을 요구하게 되므로 늘 부모가 말로 인정해주고 칭찬하고 감사의 말과 격려를 함으로써 아이가 정신적 보상을 받는 기회를 늘리는 것이 아이의 자존감 형성에도 바람직하다.

둘째, 아이가 잘못했을 때는 화풀이로 매로 때리거나 체벌을 가하고 인격적 모독의 말은 절대 하지 말아야 한다. 특히 부모가 화풀이로 손이나 주먹으로 아이의 얼굴이나 몸을 때리거나 치는 행동과 발로 아이의 몸을 차는 행동, 아이를 공격하고 조롱하는 말을 하는 일은 아동에게 가하는 폭력 행동이고 아동학대 행위이므로 삼가야 한다. 가정에서 매를 맞거나 손찌검을 당하고 욕을 듣고 인격적인 모독을 받으며 자란 아이는 자신이 무엇인가를 잘못했을 때 체벌이나 욕으로 일이 마무리될 수 있다고 믿게 된다. 그래서 예로 "그럼 절 때리세요.", "그럼 저에게 욕하세요."하며 체벌을 받고 욕을 들음으로써 자신이 잘못한 대가를 치렀다고 생각하는 것이다. 이처럼 부모가 아이에게 가하는 체벌과 폭언은 훈육이 아니라 아이의 자존감을 낮추고 아이의 대인관계에서 폭력의 힘을 믿게 되는 결과를 초래하여 폭력적 아이로 만드는 등 아이에게 돌이킬 수 없는 상처를 주는 것이므로 절대로 하지 말아야 한다. 그 대신에 통제가 어려운 아이의 행동에 대해서는 '타임아웃'을 불러서 하던 행동을 중지시키고 아이로 하여금 잠깐 벽을 보고 서 있게 하는 것이 아이가 더 이상 자신의 이런 행동이 용납되지 않는다는 것을 알게 하는 효과가 있다. 그리고 아이의 행동을 왜 용납할 수 없는지 말하기 기술로 잘 설명하여야 한다.

청소년기 자녀와의 대화법

청소년기는 어린이와 어른 사이에서 정신적인 혼란을 겪는 시기로 자신이 누구이고 무엇을 위해 살아가는지 민감하게 고민하면서 넘치는 에너지를 부모에게 버릇없이 행동하거나 반항하는데 발산하기 쉬운 때이다. 즉 청소년기는 자기 나름대로 자율적이고 자주적인 삶을 위한 준비를 하는 시기이어서 부모와 거리를 두는 것이다. 이때 부모는 문제가 발생한다며 아이를 억누르고 간섭하고 아이의 돌발적인 행동에 흥분하면서 버릇없이 행동한다고 잘잘못을 따지기 쉽다.

이 시기에 부모는 자녀와 같이 싸우기보다는 부모 역시 청소년기를 지나왔던 만큼 먼저 마음을 다스리고 자녀의 마음을 이해하기 위하여 다음의 방법으로 대화를 시도하여야 한다.

첫째, 대화하거나 접촉할 때는 어떤 상황에서도 청소년 자녀를 인격적으로 존중하는 태도를 지녀야 한다. 만약 자녀를 존중하고 이해하려는 마음이 없어지고 비난과 통제하려는 마음이 들면 대화를 멈추고 먼저 자신의 마음을 진정시키고 추스른 다음에 대화를 재개한다. 예를 들면 잠깐 물을 마시거나 심호흡을 하고 그 자리에서 벗어나서 잠시 산책하는 등 자신에게 맞는 분노조절 방법을 택한다. 그리고 말하기 기술을 사용하여 상처주지 않고 표현하도록 해야 한다.

둘째, 자녀가 버릇없이 말하고 행동할 때는 부모는 곧바로 "너는 왜 ~했니?"처럼 다툼식 대화 스타일을 사용하거나 "~하지 마라", "~해라"처럼 통제식 대화 스타일을 사용하지 말아야 한다. 그리고 화난 감정을 진정시키고 "나는 네가 ~행동을 하니 생각과 감정, 소망이 ~"라고 말한다. 예로 "너 왜 이렇게 늦게 다니니?"라고 하기보다 "네가 올 시간보다 30분 늦게 집에 오니까 엄마는 너에게 무슨 일이 생겼나 해서 많이 걱정되었단다. 앞으로 늦지 않았으면 좋겠다. 그리고 네가 무슨 일로 30분 늦었는지 궁금하니 말해주면 좋겠다." 또 아이에게 곧바로 "너 그런 행동 어디서 배웠어?"라거나 "너 몇 살이니?", "너 지금 뭐라고 했니?", "어쭈, 짜증났다 그거지!", "싹수없는 것!"이라고 반응하기보다는 말하기 기술을 써서 "엄마가 보기에 너의 그런 행동은 엄마에게 예의 없이 대하는 것이고 엄마를 무시하는 것으로 생각해. 그래서 많이 섭섭하고 속이 상하다. 다음부터는 기분이 언짢아도 그런 말과 행동을 하지 않고 엄마들에게 예의 있게 대하면 좋겠다."라고 말하는 것이 좋다.

셋째, 자녀가 무기력과 무관심으로 반응을 잘 보이지 않을 때는 부모는 비난하거나 즉흥적인 충고나 잔소리를 하고 어떤 행동을 강요하기보다는 자녀가 어떤 일로 스트레스를 겪고 실망감을 느끼는 것으로 받아들여야 한다. 그리고 자녀가 무엇 때문에 힘든지를 이해하며 자녀 옆에서 힘이 되고 도움이 되어줄 방법을 찾아 자녀의 자존심을 세워주고 격려하는 것이 필요하다.

넷째, 부모가 청소년 자녀에게 대화를 시도하는데 자녀가 침묵하고 반응하지 않는 경우가 많다. 이때 그 이유를 아이의 표정으로 파악할 수 있는데 어떤 일에 집중하거나 다음 말을 준비하는 중이어서 그럴 수 있지만 대부분은 부모에게 얘기해도 소용이 없다고 생각하고, 화난 마음을 표현하는 경우가 많다. 만일 부모에게 얘기해도 소용없다는 대응 행동이거나 화난 마음일 때는 부모가 자녀의 마음을 수용하고 자녀의 마음에 상처를 주었음을 인정하며 사과하는 것이 중요하다. "엄마가 화를 많이 내서 미안해.", "아빠가 너에게 큰 소리를 내고 욕을 해서 미안하다. 아빠가 가끔 못 참고 그럴 때가 있는데 고치도록 노력해 볼게.", "미안하다. 아빠가 사과할게, 아빠가 너와의 약속을 깜박했는데 고치도록 노력할게."라고 말한다. 이처럼 부모가 잘못을 인정함으로써 아이는 부모로 인해 받은 감정적 상처를 치유할 수 있다. 그외에도 부모와 자녀가 대등한 관계로 상호 존중하는 대화를 할 수 있고 잘못을 했을 때 사과한다는 것을 아이에게 행동으로 가르쳐주는 효과가 있다. 부모가 이렇게 사과한 후 아이를 이해하기 위한 대화를 시도하고 말한 대로 행동에 옮기는 것이 중요하다.

다섯째, 청소년기 자녀에게도 격려하고 칭찬하고 감사하는 표현을 자주 하는 것이 중요하다. 특히 청소년 자녀에게 잔소리하지 않으면서도 부모가 바라는 방향으로 긍정적으로 이끌어가기 위해서는 진심 어린 칭찬이 필요하다. "든든한 우리 아들 덕분에 아빠는 늘 걱정이 되지 않고 마음 편해.", "누가 뭐래도 엄마는 너를 믿어.", "넌 엄마에게 너무나 좋은 딸이야."라고 말하는 것이다. 이때도 과장하거나 조종수단으로 칭찬하는 것은 자녀에게 역효과가 발생하므로 삼가야 한다. 그리고 불변의 것이나 노력이 필요하지 않은 것들을 칭찬하기보다는 가능한 구체적 행동과 노력하는 과정에 대해 칭찬하고 감사하는 것이 중요하다. 만약 자녀의 노력이 필요하지 않고 고정된 부분(예로 똑똑하다, 눈이 크다, 얼굴이 잘생겼다)과 결과만을 칭찬하게 되면 자녀는 실수를 실패로 인식하는 오류를 범하기 쉽다. 성공이 자신이 조절할 수 없는 고정된 능력에서 온다고 부모가 계속 말했기 때문이다. 예로 좋은 성적을 받아 온 아이에게 부모가 "네가 자랑스럽다. 넌 정말로 머리가 좋고 똑똑한 아이야."라는 칭찬 대신 "네가 자랑스럽단다. 정말 열심히 공부했구나."라고 말하는 편이 낫다. 이처럼 변치 않는 재능보다는 통제할 수 있는 노력을 칭찬하고 격려해야 아이의 자존감과 의지력, 책임감, 내면의 힘이 길러지는 것이다.

참고 19

자녀의 연령대별 부모역할

• 유아기, 아동기

아빠가 아이와 놀아주는 것으로 아이와 교감이 일어나고 소통이 되며 행복한 아이로 자라게 된다. 3살까지는 목욕을 시키거나 함께 목욕놀이를 하고 아빠의 신체를 활용한 신체놀이를 한다. 6세까지는 박스를 이용한 기차놀이, 이불로 김밥말기, 풍선 오래치기, 베개싸움 등의 도구놀이를 한다. 9세까지는 아이를 데리고 마켓, 재래시장, 수산시장, 꽃시장, 동물원, 수목원, 공원, 놀이공원, 서점, 시골체험 등 다양한 곳을 둘러보는 체험여행을 해야 한다.

아이는 아빠에게 항상 놀아 달라고 한다. 아빠는 아이의 뻗은 손을 잡아주고 바쁜 시간을 쪼개서 매일 1분만 놀아 줘도 아이에게 행복감을 주는 좋은 아빠가 될 수 있다. 이처럼 아빠와 행복한 시간을 많이 가졌던 아이는 부모의 사랑에 대한 믿음과 신뢰를 갖게 되어 아빠의 대화 제의에 자발적으로 응하게 되고, 아빠와 늘 소통이 되며 상호작용이 지속되어 관계가 좋아지기 때문에 신체적・정서적・지적・관계적으로 건강하게 성장하게 되고, 아빠는 아빠로서 계속 권위와 존재감을 지킬 수 있고 가정행복이 증진된다.

• 청소년기

부모는 청소년기 아이의 자율성을 존중하고 아이를 놓아주어야 한다. 그리고 아이를 억누르거나 야단치지 말고 이해하고 용납해주고 인정해주며 때로는 져주는 일이 필요하다. 아이의 감정을 인정해주고 생각을 존중하는 일이 중요하다. '너도 화날 때가 있겠지. 알겠다. 이따 얘기하고 싶을 때 말해도 된다.', '내가 졌다. 네가 엄마를 이겼다. 그만 기 싸움 중단하자. 그리고 앞으로 이렇게 엄마를 이기는 방법 말고 다른 방법으로 엄마를 이기는 방법을 연구하면 좋겠다.'라고 말하는 것이다.

이처럼 부모가 아이를 존중하고 늘 소통하게 될 때 아이는 자신의 감정이나 생각, 행동을 존중받고 인정받는 경험을 하게 되어 자존감과 자기주장능력, 책임감이 길러지고, 다른 사람을 배려하고 존중하며 소통하는 능력을 기르게 된다. 또한 이들은 입시 경쟁력을 높이는 데 집중하여 긴장하는 삶을 살지 않고 양심과 정의, 배려, 행복감, 가족가치를 추구하며 몸과 마음・관계가 건강하게 성장할 수 있게 되어 결과적으로 청소년기 문제가 예방된다.

출처: 여성가족부(2012). pp. 21-23 발췌.

Chapter 27

상황별 자녀와의 대화법

아이의 인성교육과 자존감 형성에 도움이 되는 대화법

첫째, 항상 아이를 한 인격체로 존중하는 태도를 보여서 부모의 자녀사랑과 자녀를 소중히 여기고 존중하는 마음을 알게 한다.

둘째, 아이와 자주 '이해하는 대화'를 나누고 같이 즐기는 활동을 하여 정서적 교감을 나누는 기회를 많이 가진다. '가르치는 대화'는 가능한 짧게 하고, '이해하는 대화'를 많이 할 때 정서적 교감을 충분히 나눌 수 있게 된다.

셋째, 아이의 말을 경청 기술을 사용하여 귀 기울여 듣고, 아이의 경험을 인정해주며, 아이가 말한 요점을 되돌려서 말해준다. 즉 "그런 생각을 했구나!" "네 말은 ~했다는 거지?" 등의 반응을 보인다. 그리고 아이의 감정과 의견을 자연스럽게 표현하도록 "오늘 네 기분이 좋지 않은 것 같은데 무슨 일이 있었니?", "그때 어떤 생각이 들었니?", "오늘 어떻게 지냈니?", "그때 어떻게 하고 싶었니?"처럼 탐색하는 질문을 한다.

넷째, 아이에게 말하기 기술을 사용하여 의사를 정확하고 적절하게 표현하는 모범을 보인다. 이럴 때 아이도 자기의 경험을 자각하여 정확하게 표현하는 능력을 기를 수 있고 매사에 자신감을 갖고 자기주장을 확실하게 할 수 있게 된다.

다섯째, 아이를 칭찬하고 격려하여 내면의 긍정적인 힘과 긍정적인 사고를 키운다.

칭찬은 귀로 먹는 보약이다. 《칭찬은 고래도 춤추게 한다》는 책이 있을 정도이다.

특히 자라나는 자녀에게 칭찬은 평생을 살아가는 데 버팀목이 되는 자존감 형성에 결정적으로 기여하기에 더욱 중요하다. 물론 자녀에게 칭찬을 많이 하는 것 못지않게 제대로 잘하는 것이 중요하다. 즉 능력과 결과에 대한 칭찬보다는 노력과 과정에 대한 칭찬이 바람직하다.

여섯째, 아이에게 매사에 호기심을 갖고 폭넓게 사고하는 방법을 배우게 하기 위해 아이의 궁금증을 일으키는 개방질문을 많이 한다. 예로 "그렇게 하면 어떤 일이 생길까?", "해결 방법이 어떤 것이 있을까?", "만일 그런 일이 없었다면 어떻게 되었을까?", "그때 어떤 느낌이 들까?", "그런 행동을 하게 되면 다른 사람들이 뭐라고 할까?" 등처럼 생각하게 하는 질문을 한다.

일곱째, 장래 희망과 계획을 질문하고 닮고 싶은 인물에 대해 이야기를 해준다. 이렇게 함으로써 아이 스스로 자신의 미래를 생각하는 계기를 만들고, 미래 지향적인 모델을 동일시하여 꿈을 이루기 위해 행동하는 기회를 갖게 할 수 있다.

여덟째, 부모가 살아온 이야기, 특히 힘든 일을 극복한 이야기와 실패담을 말해준다. 이때 가르치는 대화를 하기 위하여 부모의 과거 얘기를 하는 것은 역효과가 나기 때문에 긴장하지 않고 여유가 있는 상태로 이해하고 이해받는 대화를 하는 과정에서 이야기를 꺼내는 것이 중요하다. 이렇게 함으로써 아이에게 간접경험의 기회를 주고 부모의 가치가 전수되게 된다.

아홉째, 어릴 때부터 신앙을 갖게 하여 사랑과 배려, 생명존중, 성실, 정직, 효 같은 정신적 가치를 추구하고 인간답게 사는 방법을 습득하게 한다.

자녀의 잘못을 바로잡고 싶을 때 대화법

첫째, 야단치는 대신에 상태를 설명하고 정보를 알려주는 것이 좋다.

둘째, 일일이 자녀를 비난하고 사소한 잘못과 과거의 실수를 들추고 끝까지 아이를 추궁하고, 아이를 인신공격하는 것, 다른 사람하고 비교하고 너무 많은 요구를 하지 않는 것이 중요하다. 이런 부모의 행동은 아이의 체면을 손상하고 마음에 큰 상처를 주게 되어 '아, 나는 나쁜 아이구나', '왜 나는 이런 사람밖에 못 될까?', '나는 원래 나쁜 피를 가졌나 봐'와 같은 부정적인 자아상을 갖게 한다. 이외에도 부모의 이런 행동은 부모-자녀 관계를 나쁘게 하고 부모가 자녀에게 중요한 가치를 가르쳐야 할 때 아이가 귀를 막아버리는 결과를 초래할 수 있다. 그러므로 부모는 아이의 자잘한 잘못은 좀 참고 넘어가고, 잘못을 지적할 때는 아이의 체면을 살려주면서 문제 행동에 초점을 두고, 말하기 기술을 사용하여 부모가 관찰한 자녀의 구체적인 행동과 이에 대한 부모의 생각과 감정을 전달하고 긍정적인 소망과 미래 행동에 대해 말한다.

아래 동일한 상황에서 잘못하는 대화와 잘하는 대화를 비교하고 잘하는 대화를 숙달하여 활용하면 효과적이다.

(X) "너는 왜 수도꼭지를 잠글 줄 모르니? 왜 안 잠그는 거야?"

(O) "얘야! 수돗물이 계속 나오고 있구나."

(X) "너는 맨날 왜 그러니?", "너는 언제 철 들을래?", "방 정리 언제 할래?", "도대체 커서 뭐가 되려고 그러니?", "너는 왜 형이 돼서 동생만도 못하니?", "도대체 언제까지 그렇게 게으름 피울 거니?", "그것이 뭐가 힘들어서 제대로 못하니?", "너 정말 거지 될래?"

(O) "네 방에 옷들과 책들이 제자리에 있지 않아 네가 알아서 치우면 좋겠는데 네가 할 일을 안 해서 엄마가 다 치우자니 지치고 짜증이 난다. 앞으로 네가 입었던 옷은 옷걸이에 걸고 책은 제자리에 꽂아두면 좋겠다. 그리고 엄마가 널 어떻게 도왔으면 좋겠는지 말해주면 좋겠다.

(X) "당장 멈추지 못해? 동생에게 왜 고함을 지르니? 고함지르면 나쁜 사람이야."

(O) "동생에게 고함을 지르면 안 되지. 고함을 지르면 동생이 놀라고 형을 무서워하잖아. 앞으로 고함지르지 말고 동생에게 말로 해서 서로 아껴주며 지냈으면 좋겠다."

(X) "수학 성적이 왜 이 모양이니? 그렇게 컴퓨터게임만 하지 말고 공부를 열심히 했어야지. 이런 성적으로는 대학 가기는 틀렸다. 대학도 못 가면 뭘 하고 살거니?"

(O) "수학 성적이 좋지 않구나. 수학 성적을 올리기 위해 어떻게 할 생각이니? 이제부터는 그날 공부를 다한 다음에 컴퓨터게임을 하는 것으로 하자. 그리고 문제 풀다가 모르는 것이 있으면 형이나 선생님께 도와달라고 하는 방법이 어떨까 한다. 앞으로는 네가 수학공부에 신경 쓰고 열심히 할 것으로 믿는다."

자녀가 거짓말할 때 대화법

자녀가 거짓말을 하는 경우 부모에게 진심을 말할 용기가 없어서 그러므로 먼저 그 두려움을 공감해주고 인정해준다. 그리고 자녀를 사랑하므로 거짓말을 덮어둘 수 없음을 이해시키고 자녀가 숨기고 싶고, 바라는 것을 잘 이해하는 것이 중요하다. 만약 자녀의 잘못된 행동을 위협하게 되면 특히 청소년 자녀와 자존심이 강한 자녀는 엇나갈 수 있다.

다음 잘못된 대화와 잘하는 대화를 비교하여 보자.

(X) "너 어디 엄마를 속이려고 들어?", "내가 너에게 속을 정도로 바보로 보여?", "너 자꾸 그렇게 거짓말할 거니?", "한 번만 더 그러면 너 혼날 줄 알아."

(O) "네가 했던 말이 거짓말로 밝혀져서 너에게 실망했고 속이 많이 상했단다. 그리고 거짓말이 습관이 될까 봐 많이 걱정된다. 엄마가 바라는 것은 네가 용기를 내어 사실대로 솔직하게 잘못했다고 말 해주면 좋겠다."

자녀의 요구를 거절할 때 대화법

대부분의 자녀가 부모에게 '같이 놀아 달라, 뭘 사 달라, 어디에 같이 가자' 등 여러 요구를 할 때 부모는 거절해야 할 경우가 있다. 부모가 자녀의 제안이나 요청을 거절하는 방법에 따라 자녀가 경험하는 기분은 달라진다. 만약 부모가 자녀에게 "안 돼"라고 한마디로 거절하거나 "(돈이 없기, 바쁘기) 때문에 할 수 없어."라고 말하면 자녀의 원하는 바를 빼앗는 것이고, 불가능한 것을 요구하거나 부탁하는 자체가 잘못되었다고 하는 것이며, 자녀가 원하는 것을 무시하고 무관심함을 보여주는 것이어서 자녀는 기분이 상하고 부모에게 반감을 가지게 된다.

그러므로 부모는 자녀의 요구나 부탁에 대해 곧바로 거절하는 대신에 몇 가지 조건만 충족되면 얼마든지 가능성의 문을 열어두어야 한다. 그리고 불가능한 이유를 말하는 대신에 언제 어떤 조건에서 어떻게 하면 가능해질 것인지에 초점을 맞춘다. 그리하여 자녀가 원하는 것과 요구하고 부탁하는 것을 다 듣고 난 다음에 경청 기술 중 '인정하기 기술'과 '요점 되돌리기 기술'을 사용하여 자녀가 한 말과 그 마음을 인정하고 이해하였음을 알리는 것이다. 즉 "네 마음은 그렇구나, 그러니까 네 말은 이런 이런 사정으로 ~해서 ~해달라는 거지?"라고 말하는 것이다. 그리고 자녀가 응답하면 "~하기만 하면" 이나 "~한 후에"라는 표현을 사용하여 가능성을 열어 보여 주는 것이다.

예로 "숙제를 다 안 했으니 놀러 나가는 것 안 돼."라고 하는 대신에 "숙제를 마치면 놀러 나가도 좋아."라고 하는 것이다. 또 "아직 밥도 안 먹었는데 아이스크림은 안 돼"라고 하는 대신에 "밥을 먹고 나면 아이스크림을 먹어도 된다."라고 하는 것이다. 그리고 요구를 들어줄 수 없는 상황에서는 "지금 ~때문에 네 부탁을 들어주는 것은 불가능해."라고 하여 부모가 할 수 없는 이유를 설명하는 대신에 "네가 요구하는 것은 잘 알았다. 나도 네가 원하는 ~을 하면 좋겠다. 내가 ~사정으로 그렇게는 못하는 대신에 ~할 수는 있을 것 같은데 어떻겠니?"라고 하는 것이다.

위급상황에서 자기 자신이나 자녀를 설득하는 방법

위급상황에서 자신을 설득하여 자기변화를 가져오거나 자녀의 문제를 바로잡아 변화시키고 싶을 때는 다음 6가지 단계의 질문을 하면서 설득하는 방법이 있다(Pantalon, 2011).

- **왜 어떻게 변화하길 바라는가?**
  만약 행동이 변한다면 왜 그렇게 할 것 같은가를 질문하여 내면의 욕구를 파악한다.
- **변화할 준비가 얼마나 되었나?**

1점(전혀 준비 안 됨)부터 10점(완벽하게 준비됨)까지 중 몇 점인지 파악한다.

- **왜 더 낮은 점수를 선택하지 않았는지?**
  2점이라고 답할 때 왜 1점이라고 하지 않았는지 이유를 파악하면 그 분명한 동기가 밝혀진다.
- **실제로 변화하였다고 가정하면 당신에게 어떤 긍정적인 결과가 뒤따를까?**
  스스로의 의지를 북돋우고 강화하기 위한 구체적인 상황을 파악한다.
- **그 결과는 당신에게 왜 중요한가?**
  특정 행동에 필요한 개인적인 동기를 찾도록 한다.
- **다음 단계는 무엇일까?**
  구체적인 특정 행동을 실천하게 한다.

자녀와 일대일 관계에서는 자녀를 설득하고 우위에 서려는 생각을 경계해야 한다. 자존감이 높을수록 자녀를 통제하고 지배하기보다는 자녀를 존중하고 격려하는 일이 많다. 즉 주변 사람을 경쟁자로 여기고 상명하달의 의사전달을 하기보다는 같이 살고 협력하여 존중과 공존하는 상황을 만들어 가는 해결책을 찾아야 한다. 협상식으로 설득하는 것은 명확한 목표를 가지고 자녀의 마음을 이해하며 자녀의 머릿속 그림을 그리고 상황에 맞게 대처하는 방법으로 '자녀를 배려하면서 호의적인 분위기를 조성한 뒤 점진적으로 접근하는 것'이다. 그 방법은 다음과 같다(Stuart, 2011).

- **긍정적 기대를 하고 상황에 접근하기**
  나의 제안이 실제로 실현될 것으로 확신을 하고 접근한다.
- **반대를 예상하고 준비하기**
  자녀가 어떤 이유로 반대할지 예상하여 이를 반박할 자료를 준비한다.
- **요점에 번호를 붙여 정리하기**

요점에 번호를 붙여주면 구체적이고 명료하게 의견이 제시되고 이에 사례를 들어 설명하여 제안의 효과를 보여준다.

- **자녀의 요구에 맞춰 자녀의 언어로 말하기**

  자녀에게 중요한 것이 무엇인지 생각하여 제안이 자녀에게 어떤 효용이 있을지를 부각시킨다.

- **자녀가 당신의 아이디어를 시도하도록 동기를 부여하기**

  제안을 받아들이도록 강요하지 말고, 질문을 던지면서 자녀의 호기심을 유발하고 이를 통해 자녀가 당신의 아이디어를 스스로 깨닫도록 하는 것이다. 자녀에게 제안을 따르라고 강요하기보다 자녀가 궁금하고 관심을 갖게 만드는 질문을 하는 것이다.

예로 아이들이 차도 가까운 곳에서 공놀이하고 있는데 몇 번 주의를 주었지만 계속 차도로 공이 날아와서 사고 위험이 있는 상황이다. 이때 아이들을 설득하는 방법으로 잘못된 것과 잘하는 것은 다음과 같다.

잘못된 설득 방법

- 고함을 치면서 경고한다. "당장 공놀이 그만하지 못해!"
- 결국 설득이 불가능할 것으로 생각한다. "내 말을 들을 리가 없어, 모두 제멋대로야."
- 안전의 중요성에 대해 설명한다. "그러다가 너희가 다칠지도 모르고 차도에 차들의 통행을 방해하고, 차들끼리 사고를 나게 될 수 있다."
- 안전의 중요성에 대해 다시 설득한다. "자 두 번 설명 하지 않는다. 알겠지?"

잘하는 설득 방법

- 설득하기 위해 잠시 할 말을 생각하고 '찻길 옆보다 운동장에서 공놀이하는 것이

좋다는 것을 어떻게 잘 알려줄까?'

- (설득이 중요하고 가능한 것으로 확신하고) "자, 다들 이리로 와 봐라, 중요한 말을 해야 하니 잠깐 모여서 날 좀 봐주겠니?"
- (찻길 옆에서 공놀이하는 것이 왜 위험한지 보여주는 이야기를 한다.) "지난봄에 이 동네 아이가 공놀이하다가 공이 차도로 굴러가서 잡으려고 가다가 지나가는 오토바이에 부딪히는 바람에……."
- (합의된 결론이 무엇인지 질문을 던진다.) "자, 공놀이하고 싶다면 어떻게 해야 하는 거지?"

부모-자녀 간 갈등이 발생할 때 대화법

부모-자녀 사이에 갈등이 있을 때 누가 문제를 가졌는지(문제의 소유권자)를 파악해서 그에 따른 해결 방법을 제시하면 다음과 같다.

첫째는 아이가 문제를 가진 경우로 이때에 부모는 아이의 얘기를 경청 기술을 사용하여 잘 듣고, 아이의 마음과 욕구를 충분히 이해하는 것이 중요하다. 이처럼 부모가 경청 기술을 사용하여 주의 집중하여 들어주고 공감과 인정을 해주며 요점을 되돌려 줌으로써 아이는 부모한테 정확하게 이해받았다고 생각하여 상한 마음이 진정되고 편안해지며 자신이 자율적으로 할 일을 말하게 된다. 어머니는 아이를 충분히 이해하기 위해서 아이의 소망에 대해 질문하고 그에 대한 아이의 답변을 듣는다. 그다음에 어머니가 말하기 기술을 사용하여 아이의 얘기에 대한 어머니의 생각과 감정, 소망을 말하고 아이의 어려움을 해소하고 두 사람 모두의 소망을 충족하는데 도움을 줄 자신의 행동계획을 설명하고 아이가 좋다고 하면 행동에 옮기는 것이다. 예로 아이가 유치원에 가기 싫다고 떼를 쓸 때 어머니는 아이의 얘기를 귀를 기울여 듣고, "어머나, 그랬구나.", "저런, 많이 속상했구나.", "그렇구나."라고 아이의 생각과 감정을 인정하는 반응을 보이고, 아이의 말을 요약하여 정확하게 들었는지 확인한다. 그리고 더 할 말이 있는지를 물어보고, 얘기를 다 했다고 하면 아이의 소망을 파악한 다음에 어머니가 할 말을 하는 것이다.

둘째는 부모가 문제를 갖고 있는 경우로 이때는 먼저 부모가 말하기 기술을 사용하여 충분하게 자신의 관찰한 사실, 생각과 감정, 소망을 말한다. 그리고 아이에게 부모의 얘기에 대한 자기 생각과 감정, 소망 행동을 말하게 하고 어머니는 경청 기술을 사용하여 잘 듣는 것이다.

예로 아이가 밤에 리코더를 불어서 이웃에 피해를 줄까 봐 불안해진 어머니는 먼저 말하기 기술을 사용하여 "네가 밤에 리코더를 불으니까 이웃집에서 밤에 쉬어야 하는데 방해하여 예의 없다고 생각할 것 같아 걱정된다. 그러니 지금 리코더를 불지 않았으면 좋겠다."라고 말한다. 그리고 "네 생각은 어떠니?"라고 묻는다. 아이가 "알았어요, 제가 서랍에서 리코더를 찾게 되어서 한 번 불어본 거에요. 이제 불지 않을래요."라고 말하면 어머니가 "그렇구나. 한 번 불어본 거고 더 불지 않는다는 거지? 고맙다."고 하여 문제가 해결되는 것이다.

셋째는 부모와 자녀의 관계문제가 있거나 자녀의 버릇이나 반복적인 행동문제를 바로잡아야 할 필요가 있을 때는 충분한 대화시간을 갖고 단계적으로 접근하여야 한다. 다음 갈등해결 9단계를 따르는 것이 좋다.

1단계: 자녀와의 갈등이 있음을 인정하고 문제가 무엇인지 확인하기
2단계: 부모 자신이 문제의 소유권자가 되어 대화계획 세우기
3단계: 부모와 자녀 각자의 문제에 대한 관점을 완전히 이해하기

4단계: 부모와 자녀 각자의 문제에 대한 소망을 확인하기
5단계: 문제해결을 위한 대안을 탐색하기.
6단계: 최선의 행동 대안을 선택하기
7단계: 행동계획의 실천 가능성을 검증하기
8단계: 행동계획을 실행하기
9단계: 실행 결과를 평가하기

이 단계에 따라 부모가 자녀와 갈등을 해결하는 과정을 예시하면 다음과 같다.

1단계 갈등문제 확인하기

아이가 차분하지 못하고 덤벙대는 성격이지만 최근 연달아서 5번이나 학교에 가져가야 할 책이나 과제물을 빠뜨리고 간 적이 있었다. 어머니가 몇 번 학교에 책이나 과제물을 가져다준 적이 있었으나 크게 혼내지는 않았다. 어차피 학교에서 불편함을 느낄 것이고 선생님께 지적을 받을 것이니까 스스로 깨닫고 고칠 것으로 생각했는데 연속적으로 5번이나 가져가야 할 것을 챙기지 못하니 걱정이 되었다.

2단계 부모 자신이 문제의 소유권자가 되어 대화계획 세우기

어머니가 아이의 일정을 고려하여 토요일 저녁 식사 후 8시 정도에 아이 방에서 아이와 말하기 기술과 경청 기술을 사용하여 대화하기로 계획을 세웠다.

3단계 부모와 자녀 각자의 문제에 대한 관점을 완전히 이해하기

어머니가 보통의 표정으로 아이 방에 가서 차분한 목소리로 대화를 요청한다.

어머니: "혁아, 네가 학교 갈 때 가져가야 할 것을 여러 번 깜박하는 문제에 대해

얘기하고 싶은데 같이 얘기할 수 있겠니?"

혁 이: "네, 어머니."

어머니: "엄마는 네가 아침잠도 많은데도 시간 맞춰 일어나서 학교에 늦지 않게 잘 가는 것 고맙게 여기고 있어. 그런데 지난 월요일에 네가 학교 준비물을 빠뜨리고 간 걸 보고 걱정되어서 엄마가 학교에 가져다준 적도 있지. 그때 엄마 생각에 뭘 빠뜨리고 학교 가는 일은 한 두 번은 그럴 수 있다고 봤어. 엄마도 가끔 깜박하는 일이 있으니까. 그런데 그 후로도 4번 연달아 너에게 그런 일이 있으니까 그게 습관이 될 것 같고 학교 선생님과 친구들한테 네가 창피당할까 봐 걱정이 많이 되었단다. 네 생각을 얘기해볼래?"

혁 이: "네. 저도 엄마가 학교까지 과제물을 가져다주셔서 고맙고 미안했어요. 그 다음에는 노트를 집에 놓고 가고, 또 다음에는 책을 놓고 가고, 준비물을 놓고 가고 계속 그런 일이 있어서 선생님께 야단맞고 친구들이 저를 이상하게 보는 것 같아 창피했고 저 자신에게 짜증이 났었어요. 그런데 어제는 엄마가 동생이 옆에 있는데 저보고 정신 어디다 놓고 사느냐고 하면서 야단을 치셔서 나도 일부러 그러는 게 아니고 고쳐야 하겠다고 생각하는데 무조건 화부터 내시니까 동생 보는데 더 짜증이 나고 속상했었어요.

어머니: "그랬구나, 네 말은 너도 그 일로 엄마에게 미안하고 학교에서도 창피하고 짜증이 났었는데 엄마가 너의 말도 들어보지 않고 동생 보는데 무조건 야단을 쳐서 더 짜증나고 속상했다는 얘기지?"

혁 이: "네, 맞아요."

어머니: "더 할 이야기 있으면 해. 다 들어줄 테니까."

혁 이: "얘기 다 했어요."

4단계 부모와 자녀 각자의 문제에 대한 소망을 확인하기

어머니: “엄마가 바라기는 네가 학교 준비물을 잘 챙겨가서 엄마가 너를 걱정하지 않게 되고, 너도 학교에서 기분 좋게 지내는 것이다. 그리고 너와 엄마 모두 뭐든지 마음을 열고 얘기하고 잘 지냈으면 좋겠다. 너도 엄마가 어떻게 하면 좋겠는지 네가 바라는 것 말해줄래?”

혁 이: “제가 바라는 것은 엄마가 절 걱정하지 않게 학교 준비물을 잘 챙겨가는 것이에요. 그리고 엄마가 동생 보는 데서 저를 야단치지 않았으면 좋겠어요.”

5단계 문제해결을 위한 대안을 탐색하기

어머니: “알았다. 너의 얘기를 듣지도 않고 야단치고, 동생 보는 데서 널 야단친 것은 엄마가 잘못했다. 미안하다. 다음부터 무조건 동생이 있든 없든 널 야단치는 것을 안 하도록 할게. 너는 어떻게 하면 학교 준비물을 잘 챙겨갈 수 있을 것 같니?”

혁 이: “제 생각에 학교 준비물을 아침에 챙기는데 조금만 늦게 일어나면 바쁘게 챙기게 되어 빠뜨리는 것이 있는 것 같아요. 그래서 저녁에 자기 전에 미리 학교 준비물을 챙겨놓고 자야 할 것 같아요.”

어머니: “네 생각은 그렇구나. 아침에 챙기지 않고 저녁에 자기 전에 준비물을 챙기는 방법이 있단 말이지?”

혁 이: “네. 맞아요.”

어머니: “엄마 생각에도 네가 아침에 시간 맞춰 일어나기도 어려운데 바쁘게 학교 준비물을 챙기는 것보다는 저녁에 자기 전에 챙기는 방법이 괜찮을 것 같다. 그런데 지금까지 내가 보기에 너는 밤에 책상 위에 보던 것들을 그대로 둔 채 잠자리에 드는 일이 많아서 저녁에 자기 전에 챙기기가 쉽지 않을 텐

데…. 혹시 엄마가 도울 일이 있을까?"

6단계 최선의 행동 대안을 선택하기

혁 이: "그래도 자기 전에 학교 준비물을 챙겨 놓아야 빠뜨리는 일이 없을 것 같아요. 그리고 자기 전에 책상을 정리하면서 준비물을 챙기도록 해볼게요. 그리고 저 혼자서도 잘 챙길 때까지 엄마가 저에게 준비물 잘 챙겼는지 물어보면 좋겠어요."

어머니: "그렇구나. 네 말은 저녁에 책상 정리하면서 학교 준비물을 챙겨 놓겠다는 거고, 너 혼자서도 잘 할 때까지 엄마가 너에게 확인하면 좋겠다는 거지?"

혁 이: "네, 맞아요."

어머니: "알았다. 그러면 엄마는 자기 전에 네가 잘 챙겼는지 확인해서 잘하면 널 칭찬해주는 방법이 좋을 것 같다. 그리고 네가 잘못할 때는 무조건 야단치지 않고 부드럽게 잘하라고 할게. 그리고 동생 앞에서 너를 야단치는 일은 안 할게."

7단계 행동계획의 실천 가능성을 검증하기

어머니: "혁아, 그럼 언제부터 저녁에 학교 준비물 챙기는 것을 할 수 있을까?"

혁 이: "내일 일요일 저녁부터 해볼게요."

어머니: "알았다. 엄마도 내일 일요일 저녁부터 네가 준비물 잘 챙겨놓았는지 물어보는 것 할 수 있지. 그리고 혹시 네가 깜박 잊고 있을 때는 부드럽게 잘하도록 말하고 혹시 네가 고쳐야 할 일을 말해야 할 때는 동생이 없는데서 할게. 우리 잘해보자."

혁 이: "네, 엄마."

8단계 행동계획을 실행하기

어머니와 혁이는 약속한 행동을 실행에 옮긴다.

9단계 실행 결과를 평가하기

2주 후에 어머니는 혁이와 같이 앉아 약속한 행동을 제대로 실행하였는지를 평가하여 잘 실행하고 있으면 칭찬과 격려를 하고, 만약 제대로 실행되지 못한 것으로 평가하면 다시 대화를 재개하여 해결을 위한 노력을 한다.

참고 20

칭찬과 인정의 효과

칭찬과 인정은 아무리 많아도 신물 나지 않는다. 나는 아버지로부터 수많은 유머로 칭찬과 인정을 받았는데, 단 한 번도 지겹거나 신물이 난 적이 없다. 그리고 그때마다 나는 반드시 해낼 수 있다는 자긍심을 가질 수 있었다.

Tom Peters

출처: 휴넷 가정행복발전소(2009). p. 67.

참고 21

긍정적인 말과 칭찬, 좋은 생각의 효과

《우종민 교수의 뒤집는 힘》의 저자인 인제대 서울백병원 정신과 우종민 교수는 다음과 같이 말했다. "거짓이라는 것을 알면서 칭찬을 받는 사람과 진짜라고 믿고 칭찬을 받는 사람의 뇌를 비교한 연구 결과가 있는데 칭찬을 받으면 뇌에서 쾌락을 관장하는 부위가 활성화되는데 양자의 뇌에서 활성화되는 부위가 동일하다는 사실이 확인됐습니다. 뇌는 현실과 언어를 혼동하고 있는 것입니다."

게다가 뇌는 심지어 단순한 단어 몇 개의 조합에 노출된 것만으로도 큰 영향을 받고 행동의 변화로 나타난다는 사실이 여러 실험으로 확인됐다.

일본 국립생리학연구소의 사다토 노리히로 교수팀은 인간의 뇌가 외부 자극에 어떻게 반응하는지를 기능성 자기공명영상(fMRI)으로 촬영했다. 좋은 평판을 받을 때 활성화되는 부분(보라색)의 면적이 금전적 보상을 받을 때 활성화되는 부위(초록색)보다 더 좁은 것으로 나타났다.

1995년 뉴욕대학 심리학과의 존 바그 교수와 그의 동료들은 두 집단으로 나누어 뒤죽박죽인 단어를 하나의 문장으로 만들라는 과제를 주고, 절반에게는 '공격적' '무례한' '침입하다' 등의 단어들을 흩어놓은 질문지를, 나머지 절반에게는 '공손한' '양보하다' '예의 바른' 등의 단어가 여기저기 흩어져 있는 질문지를 제시했다. 한 명당 5분 정도의 테스트가 끝나면 복도를 지나 다른 연구실에 있는 실험진행자에게 가서 다음 과제를 받으라고 지시했다. 하지만 그 방에서는 다른 학생(사실은 실험 요원)이 실험진행자에게 이런저런 질문을 해대고 있는 통에 마냥 기다려야 하게 만들었다. 한 학기 동안 진행된 실험의 결과는 놀라웠다. '무례' 그룹은 평균 5분 정도 지나자 대화에 끼어들었다. 하지만 '예의' 그룹은 82%가 제한시간인 10분간 대화를 방해하지 않았다. 언어는 고사하고 경향성을 띤 몇 개의 단어에 노출되는 것만으로 행동방식은 이처럼 달라진다.

1998년 네덜란드의 프데익스터르후이스와 반크니펜베르흐 교수는 대학생 피실험자들을 둘로 나누어 한 그룹에는 대학교수가 되는 것과 관련한 속성을, 다른 그룹에는 축구 훌리의 속성을 생각하고 목록을 적어보라는 지시를 내렸다. 시간은 5분이 주어졌다. 그 뒤 두 그룹 모두에게 상식 문제 47문항을 풀게 했다. 그 결과 교수에 대해 생각했던 그룹은 평균 55.6%의 정답을 맞힌 반면 훌리건에 대해 생각했던 그룹의 정답률은 42.6%에 불과했다. 두 그룹의 지적 능력에는 차이가 없었으나 '똑똑하고 박식한' 이미지에 대해 생각하느냐와 그 반대인가에 따라 문제해결 능력이 크게 달라진 것이다. 그러므로 우리의 뇌는 현실과 언어・단어・생각을 구분할 능력이 없다. 따라서 우리가 해야 할 일도 자명하다. 새해에는 칭찬과 긍정적인 말을 더 많이 하고 살아야 할 것이다.

출처: 중앙일보(2011. 1. 20).

참고 22

남성이 올바른 자리를 찾고 성숙한 남성으로 발전하는 7단계

1. 아버지와 화해하라.

   아버지를 이해하고 용서하며 어느 면에서 그를 존경할 때 남성은 자신의 삶을 성공적으로 영위할 수 있다. 아버지가 살아 계신다면 그분과 직접 대화를 하고 돌아가셨다면 마음속으로 대화하라.

2. 애정과 성적욕구를 잘 관리하라.

   애정과 성적 에너지를 남용하지 말고 절제와 충만을 잘 조화시키고 배우자를 기쁘게 하는데 사용하라.

3. 배우자를 인격적으로 존중하고 동등하게 대우하라.

   남성과 여성의 차이를 잘 이해하고 수용하며 대화하는 법을 배워서 협조체제를 구축하라.

4. 자녀들과 적극적으로 상호 작용하라.

   자녀를 대할 때 엄격함과 부드러움의 균형을 잘 맞추어야 한다. 자녀들의 자존심을 세워주며 가능성을 개발하고 격려하라.

5. 참된 친구를 사귀라.

   마음을 열고 대화할 수 있는 좋은 조언자를 사귀며 서로 좋은 후원자와 상담자가 되주라.

6. 자신이 하는 일에 긍지와 사명감을 가지라.

   단순히 생계를 유지하는 것으로 충분하지 않다. 참된 노동은 사람에게 보람을 주고 더 나은 세상을 만들어 가는데 기여하는 것이다. 자신의 일에 대해 믿음과 긍지를 가지라.

7. 자신의 남자다움을 발휘할 기회를 만들라.

   직업적 성취나 재산의 소유 외에 인생의 의미와 보람을 느끼고 내면의 삶에 충실할 수 있도록 마음의 영적 토대를 발견하라.

출처: Biddulph, S. (2002). p. 213 발췌.

Chapter 28

시가 · 처가 가족과의 대화법

예전처럼 시부모와 동거하는 일이 적어졌지만 여전히 시부모와 접촉하고 왕래하며 관계를 맺고 있고, 여성의 경제활동이 증가하면서 처가와 밀접하게 접촉하는 사위가 늘어나고 있다. 그에 따라 요즈음 들어서 고부간의 갈등 외에도 장모와 사위가 갈등을 빚는 경우가 많아졌다. 시가, 처가 등의 확대가족과 원만한 대화를 나누고 잘 지내기 위해 유의할 사항과 상황별 대화법을 살펴보기로 한다.

시가 · 처가 가족과의 원만한 대화를 위한 유의사항

흔히 상담실에서 만나는 며느리나 사위들은 시부모나 처가부모의 언행으로 고통을 당하면서도 도리상 접촉해야 하기 때문에 긴장과 스트레스에 시달리고 식욕저하, 심장병, 불면증, 우울증 등의 질병을 앓게 되기까지 한다. 특히 시부모나 처가부모의 간섭과 참견, 강요, 횡포, 강압적 통제를 받게 될 때 며느리나 사위는 당황하게 되고 '해도 너무 하시는 것 아닌가?'라고 생각하여 어르신들이 싫어지고 자연히 관계는 나빠진다. 이들은 어르신들이 바뀌지 않는 한 불편한 관계가 해소되지 않는다 생각하는데 접촉하지 않을 방법이 없어 절망하게 되어 상담실을 찾게 되는 것이다. 이처럼 결혼 후 시부모나 처가부모가 편안하게 대해주지 않고 스트레스를 줄 때에는 다음의 노력을 하면서 원만한 관계를 유지하는 것이 현명하다.

첫째, 시부모나 처가부모에 대한 기대를 낮춘다

자신이 배우자를 선택한 결과로 만난 시부모나 처가부모가 자신의 마음에 들지 않고 싫은 점이 발견될 때 '과거와 타인은 바꾸지 못하나 미래와 자신은 바꿀 수 있다'는 원칙을 적용한다. 그들에게 불만을 늘어놓는다고 평생을 살아오신 그 모습이 바뀔 리 없고, "어머님, 이러이러한 행동은 고치셔야 합니다."라고 요청한다 해서 고쳐질 리 없다고 생각하는 것이다. 그에 따라 내 쪽에서 맞추어 갈 수밖에 없고 그 과정에서 차분하게 자신의 기대를 낮추고 생각과 행동을 바꾸는 노력을 하는 것이다. 즉 시어른이나 처가어른이 좀더 다정하고 친절하게 대해주길 바라고, 윗사람답게 행동하길 기대하는 한 불만은 더 커지게 되고, 그것이 나의 표정과 언행에 그대로 나타나게 되어 관계가 어긋날 수밖에 없음을 깨닫는 것이다. 그래서 '내가 시어른이나 처가어른을 골라서 결혼한 것이 아니니 어떻게 하겠어. 원래 그런 분이라서 저러시는데 내가 어떻게 한다고 고쳐질 것도 아니고'라고 생각하여 기대를 낮추는 것이다. 그리고 어른의 감정을 진정시키는 말을 한다.

예를 들어 고생을 많이 하신 시어머니가 며느리의 일거수일투족을 간섭하고 지배하려 하며 거친 말을 하는 모습을 볼 때에 며느리는 그전에는 '세상에 저런 고약한 시어머니가 다 있을까? 어떻게 저렇게 심한 말을 할까? 정말 싫다'라고 생각해서 표정이 굳어지게 된다. 그리고 "어머니 왜 그러세요? 그러시려면 저의 집에 오지 마세요."라고 말하게 되면 시어머니는 더 화가 나서 며느리에게 화풀이하는 악순환을 빚어왔었다. 이제는 시어머니에 대한 기대를 낮추고 '시어머니는 평생 저런 성격으로 살아오셨는데 내가 어떻게 바꾸겠어?'라고 생각하고 "저는 한다고 했는데 어머님께는 많이 미흡했나 봅니다. 앞으로 더 잘하라는 말씀으로 받아들이고 잘하겠으니 노여움 푸세요." 라고 말하는 것이다.

둘째, 시부모나 처가부모의 장점과 긍정적인 면을 발견하려고 노력한다

'싫은 사람을 좋아하게 만드는 방법은 그 사람의 장점을 발견하려고 노력한다'는 원칙을 적용한다. 시부모나 처가부모의 단점과 싫은 점으로 힘들 때마다 일부러 그분의 장점과 고마운 점, 긍정적인 면들을 찾아보는 것이다. 예로 성질이 급하여 작은 일에도 화를 잘 내고 거친 말을 하는 시어머니를 볼 때 쉽게 흥분하고 화가 나면 말을 함부로 하는 거친 성격이 있지만 보통 때는 며느리에게 인정도 많고 세심하게 챙겨주는 면이 있음을 생각하는 것이다. 또 하나의 예로 간섭과 강요, 참견하는 장모님을 볼 때 딸들을 사랑하고 희생적으로 도움을 주시는 면을 생각하고, 또 아버지 대접을 제대로 받지 않는다고 늘 불평과 비난을 하는 시아버지를 보면서 아버지로서 경제적 책임을 다하시고 개인적인 즐거움을 희생하신 점을 생각하는 것이다. 그리고 사사건건 내 일에 참견하시는 시어머니는 내가 하는 일이 잘되기를 바라는 마음을 가진 걱정이 많은 분으로 생각한다. 또 여기저기 아프다 하시고 오라 가라 하시는 시아버지는 내 관심과 사랑이 필요한 분으로 생각한다.

셋째, 시부모나 처가부모를 친부모와 비교하여 비판하지 말고, 그분들의 입장을 너그럽게 이해하려고 노력한다

시부모나 처가부모의 싫은 점과 단점을 보고 서로 의견충돌이 발생할 때 자연스럽게 친부모가 하셨던 행동을 떠올리며 비교하여 비판하는 방법이 있고 또는 이해하는 방법이 있다. 이중 비판하는 방법은 자신도 불쾌하고 비판받는 상대방도 불편하게 만들어 관계가 나빠지는 결과를 초래한다. 예를 들어 시어머니가 자식들에게 용돈을 요구할 때 며느리는 내색하거나 요구하지 않고 희생적으로 사시는 친정어머니와 비교하면서 이기적인 시어머니를 비판하는 태도를 가지게 되어 불만이 생긴다. 그러나 동일한 상황에서 시어머니가 무슨 사정이 있는지를 너그럽게 이해하려고 노력할 때 자신의 마음이 편안해지고 역시 이해받는 상대방도 편안해져서 관계가 원만해진다. 그러므로 계속 만나야 할 시부모나 처가부모의 문제 행동이나 마음에 들지 않는 언행을 볼 때 친부모와 비교하는 일을 삼가고 그분들의 입장을 이해하려고 노력하여야 관계가 잘 유지되는 것이다. 이를 위해서는 며느리와 사위의 다음과 같은 개인적인 노력이 필요하다.

시부모나 처가부모에 대한 피해의식을 버리고 높은 자존감을 갖는다

같은 상황에서 자신을 피해자로 여기게 되면 자신을 힘들게 하는 시부모나 처가부모에 대해 분노와 미움의 감정이 상승하고 공격성과 비난하는 행동이 폭발적으로 나타날 수 있다. 자신이 피해자라는 생각을 하지 않으려면 자신에게 고통을 주는 시부모나 처가부모를 탓하고 원망하거나 행동의 의도를 악의로 해석하지 않아야 한다. 그 대신에 그분들이 살아온 경험이 나와 달라서 상황에 대한 해석이나 대처방법이 나와 다르고 서로 부딪치는 것으로 생각하여야 한다.

이를 위해서는 자존감을 높이는 일이 필요하다. 높은 자존감을 갖게 되면 다른 사람이 자신을 질책하거나 부당하게 대하는 경우에도 자신의 존재감과 가치가 송두리째 상실되거나 휘둘리거나 스트레스를 크게 받지 않고 당당하고 꿋꿋하게 자신감을 갖고 대처하게 된다. 이처럼 높은 자존감을 갖는 사람은 "나는 나다. 이 세상에 나는 하나밖에 없다. 나는 나만 가진 장점과 능력이 있고 내 속에 무한한 자원과 잠재력이 있는 보배 같은 존재이다. 나는 나의 신체 모습, 성격, 가치, 생각, 감정, 소망 등 이 모든 것을 귀히 여긴다. 내가 나를 귀하게 여기고 사랑하지 않으면 누가 나를 귀하게 여기고 사랑하겠는가? 내 인생이 나에게 가장 소중하니까 언제나 나를 소중히 여기고 사랑하고 돌보며 나의 신념과 양심을 따라 씩씩하게 살자."라고 자기대화(self-talk)를 한다. 그리하여 시부모나 처가부모가 스트레스를 주고 힘들게 하는 상황에 휘둘리지 않고 이성을 찾아 그분들의 입장을 살펴보고 이해할 마음을 갖게 되는 것이다.

존중하는 태도를 철저하게 지키고 부드럽게 대한다

보통 사람은 일상적인 평온한 상태에서 다른 사람으로부터 비판이나 잔소리, 간섭을 들으면 무시당한다고 생각되어 다툼식 대화로 말이 이어지게 되어 있고 서로 평정심을 잃어 싸움이 발생하게 된다. 그러므로 가까이 지내야 할 시부모나 처가부모와 의견충돌이나 갈등이 발생할 때 그분들이 잘못되고 틀렸다는 생각을 하면 비판이나 비난을 하게 되고 공격적인 자세로 자기주장을 앞세우지만, 그분들의 입장에서 생각해 보면 존중하는 태도와 부드러운 표정으로 대하게 된다. 시부모나 처가부모와 원만한 관계로 지내기 위해서는 크고 작은 일에 그분들을 존중하는 태도를 철저하게 지켜야 하고, 아무리 부딪치는 상황에서라도 부드러움을 잊지 않고 좋은 표정과 말투를 보여야 한다. 전해 내려오는 말에도 '웃는 얼굴에 침 못 뱉는다'는 말이 있고, 또 '상대방이 당신에게 해줄 것을 바라는 대로 당신이 먼저 상대방에게 해주라'는 황금률과 '악을 악으로 갚지 말고 선으로 악을 이기라'는 성구가 있듯이 아무리 깐깐하고 사나운 상대방이라도 내가 먼저 부드러운 말투와 존중하는 태도로 대하고 마음속 진심을 이해하려고 경청하게 되면 논쟁을 피할 수 있고, 대화를 나눌 수 있을 정도로 우호적인 사이가 될 수 있다.

인정해주고 용납한다

시부모나 처가부모와 잘 지내는 사람들은 대부분 그분들의 존재가치와 생각, 감정, 행동을 인정해주고 있는 그대로를 용납한다. 반면 이들과 불화하는 사람들은 시부모나 처가부모의 존재가치와 생각, 감정, 행동 등 전반적인 것을 인정하지 않고 거부하거나 아니면 잘못된 것을 바로잡으려고 자기 식대로 밀어붙이고 설득하다가 분란이 생기게 된다. 인정하고 용납하는 예로는 만나고 헤어질 때 다정하게 인사하는 것, 얼굴을 보고 웃는 것, 시선을 맞추는 것, 말씀하실 때 경청하는 것, 공감해주는 것, 필요한 것에 관심을 두는 것 등이 있다. 특히 시부모나 처가부모가 도리에 어긋난 행동을 반복하는 경우에 며느리나 사위가 그분들의 입장을 인정하고 용납하는 일은 매우 힘들고 어렵다. 그래서 "왜 그러세요? 어머님 그렇게 말씀하시면 안 되죠. 제가 뭘 잘못했습니까? 저 그렇게 나쁜 사람 아닙니다."처럼 반발하거나 거칠게 대하는 결과, 싸움이 발생하고 관계는 나빠질 수밖에 없다. 이처럼 시부모나 처가부모의 의견과 행동이 자기 기준에 맞지 않더라도 어른으로서 존재를 인정하고 용납할 때 대화로 문제를 풀어가는 기반이 만들어지는 것이다. 즉 시부모나 처가부모가 마음에 들지 않는다고 해서 며느리나 사위가 같은 수준으로 맞대응하는 일을 삼가고 아랫사람으로서 그분들의 입장에서 그분들의 감정과 의견, 사고방식을 인정하고 받아들이려 노력하여야만 제대로 된 대화를 시작할 수 있다.

경청하여 어른들의 마음을 진심으로 알려고 노력한다

시부모나 처가부모가 무엇을 말하려고 하는지, 말씀하시는 의도가 무엇인지를 진지하게 이해하려고 노력하여야 한다. 실제로 대부분의 며느리와 사위가 시부모, 처가부모와 의견 충돌이 있을 때 서로에게 실수를 저지르는 이유는 한쪽에서 말하는 동안 다른 쪽에서 진지하게 경청하는 노력을 하지 않은 채 자신의 생각대로 곧바로 반응을 보이고 성급하게 행동하기 때문이다. 그 결과 서로 상대방의 생각과 의도를 제대로 모르고 오해를 한 채 섭섭함과 실망감 가운데 서로를 비난하고 자기 생각만을 앞세움에 따라 싸움이 되는 것이다. 그러므로 어른들이 이해가 되지 않는 상황에서는 어른들의 이야기를 더욱 열심히 경청하려 노력함으로써 그분들의 관점과 중요하게 생각하는 것, 바라는 것을 이해할 수 있게 된다. 이렇게 시부모나 처가부모를 이해하는 노력을 함으로써 오해가 없어지고 의견차이가 좁혀지며, 협동적으로 문제의 해법이 찾아지는 것이다.

넷째, 시부모나 처가부모에게 직접 시정을 요구하기보다 배우자와 한 팀이 되어 협동적으로 대처한다

대개 시부모나 처가부모와 사이가 나빠지는 경우를 보면 의견이 대립하거나 기대에 미치지 못할 때 며느리나 사위가 자기식으로 직접 시정을 요구할 때이다. 듣는 어른이 어떻게 생각하고 반응할지 불확실한 상황에서 이런 행동은 어른들에게 불경스런 태도와 무례한 행동으로 비쳐서 기분을 상하게 할 수 있고, 설왕설래 과정에서 상처를 주고받게 되어 문제가 확대되기 쉽다. 그러므로 시부모나 처가부모의 생각과 행동을 바꾸기 위해서 직접 시도하기보다는 그분에 대해 나보다 더 많은 정보를 가진 배우자에게 도움을 요청하여 무엇을 좋아하시고 싫어하시는지, 이럴 때 어떻게 하는 게 좋은지에 대해 하나하나 물어보고 협조와 자문을 구하며 같이 대처하는 것이 필요하다. 이때 배우자에게 비난이나 불평조로 말하지 않고 말하기 기술을 사용하여 자신의 상태를 정확하게 이해시켜야 배우자가 협조자가 될 수 있음을 유념한다. 예를 들어 배우자에게 "어머님 때문에 불편해서 못살겠어. 나가 살자."라고 무조건 말하기보다는 "내가 설거지하고 그릇 정리하면 어머님께서 다시 설거지하고 그릇 정리를 또 하시면서 나보고 살림도 제대로 못한다하실 때가 종종 있는데 그럴 때는 나를 어머님 뜻대로 조종하신다는 생각이 들어서 불안하고 답답해요. 내가 어떻게 해야 할지 도와주면 좋겠어요."라고 말하는 것이다. 그리고 배우자의 말을 경청하여 시부모나 처가부모에 대한 이해를 충분하게 한 다음 대처방안에 대해 같이 의논하고 의견을 나누어 협동적으로 대처하여야 부작용이 적고 효과적이다. 즉, 배우자와 함께 서로의 생각을 진지하게 듣고, 서로의 의견과 감정을 존중하며 서로의 관점으로 상황을 보려고 노력할 때 배우자와의 대화체계가 구축되어 어떤 문제든지 대화로 해결하는 한 팀으로서의 협동적 관계가 가능하게 된다.

상황별 시가 · 처가 가족과의 대화법

시부모(처가부모)와 이성적으로 대화할 수 있는 경우는 대화 기술을 사용하여 직접 대화한다. 상황에 따라 시가 · 처가 가족과 대화하는 방법은 다음과 같다.

시부모(처가부모)의 부탁을 거절하여야 할 때

시어머니나 장모님이 어려운 사정을 이야기하며 배우자 몰래 돈을 빌려달라고 하거나 친구와 약속해서 외출하려는데 친척 집에 데려가 달라고 할 때 거절하기가 쉽지 않다. 돈을 몰래 빌려드리거나 곧바로 친척 집에 모시고 갈 형편이 못되고, 그렇다고 거절하자니 어른께 죄송한 마음이 들기 때문이다. 그래서 거절을 못 하고 마음 약하게 돈을 빌려드리거나 친구와 약속을 어기고 친척 집에 모시고 가면서 혼자 가슴앓이를 한다. 용기를 내어 거절하는 사람도 어른에게 죄송한 마음이 들어 관계가 어색해지는 경우가 많다. 이럴 때 경청을 하고, 부드럽게 거절하는 방법을 활용하면 서로가 이해되고 관계가 나빠지지 않을 수 있다.

시부모나 처가부모가 어려운 사정을 털어놓으면서 어떤 부탁을 해오면 우선적으로 그분과 그분의 상황을 정확하게 이해하기 위해서 적극적으로 경청하여야 한다. 즉, 주의 집중하여 듣기 기술을 활용하여 바라보고, 집중적으로 듣고, 이야기를 따라가고 이해하려는 태도를 가진다. 그리고 인정하기 기술을 활용하여 그분의 입장과 상황, 감정, 소망을 인정해주어야 한다. 그리고 요점 되돌리기 기술을 활용하여 그분의 이야기를 요약하고 정확하게 이해하였는지를 확인한 다음에 자신의 입장에 대하여 말하기 기술을 사용하여 말하는 것이다.

이때 먼저 거절할 수밖에 없는 사정과 미안한 자신의 감정을 정확하게 설명해 드리고, 자신이 할 수 있는 제3의 제안이나 다음을 기약하는 말을 하는 것이 처음부터 "안 돼요."라는 거절의 답변을 듣는 것보다 섭섭함을 덜 느끼게 된다. 만일 거절하는 이유를 설명하지 않고 직접 강하게 거절하는 표현을 하거나 부탁하는 어른을 탓하는 표현을 하게 되면 역효과가 날 수 있다. 예로 "안 됩니다.", "저 바빠서 못해요.", "저 돈 없어요.", "저 시간이 없어요, 제가 그렇게 한가한 사람인 줄 아세요?", "어머님은 왜 저만 귀찮게 하세요?", "아버님은 혼자서도 하실 수 있는 일도 바쁜 사람 오라 가라 하시네요."라고 하는 말은 삼가야 한다. 그 대신에 "죄송합니다. 지금은 전화로 이야기할 수 없는 상황입니다. 제가 이 일을 끝내자마자 전화 드리면 어떨까요?"라고 하거나 "죄송합니다. 사실은 제가 이러저런 사정으로 지금 부탁을 들어드리지 못하지만 다음 주말에는 제가 어떻게든 시간을 내보겠습니다."라고 하거나 "미안합니다. 사실은 제가 이런저런 사정으로 도움을 드릴 수 없지만 대신에 다른 방법으로 도움드릴 방법을 찾아보겠습니다."라고 이야기 하는 것이다. 이렇게 부드럽고 정중하게 답변을 드리면 요청을 들어드리지 못하는 상황에서 어른의 기분이 상하지 않게 거절하게 되는 것이다.

시부모(처가부모)가 지나치게 간섭하거나 부당한 요구를 하는 경우

시부모나 처가부모가 며느리(사위)를 지나치게 통제하고 간섭하는 경우, 또 부당한 요구를 하는 경우에는 다음과 같이 대처하는 것이 도움이 된다.

첫째, 며느리(사위)는 시부모(처가부모)에게 담담하게 대하고 경청하며 그분의 입장을 인정해드린다.

예를 들어 시어머니가 아들네 집 현관 키 번호를 알고 아무 때나 오셔서 며느리에게 살림을 잘못한다고 야단치고, 며느리의 반응에 대해 시어머니를 무시한다고 화를 내시는 경우에, 며느리는 당황하게 되고 어떻게 대처해야 할 지 엄청난 스트레스를 받게 된다. 이런 시어머니들은 듣기 거북한 말을 하고 욕설을 하는 수가 있는데 이럴 때 며느리는 이에 상처받지 않고 담담하게 대해야 한다. 시어머니가 나쁜 감정이 있어서 그러는 것이 아니라고 생각하고 그저 '저 분은 원래 저런 성질이 있는 분이지'라고 넘기고 기분 상하지 않게 대처하는 것이 중요하다. 그리고 가능하면 변명조의 말이나 자신의 입장을 설명하려고 여러 말을 하지 않는 것이 말실수를 줄이는 최선의 방법이다. 어떤 말을 시어머니에게 해도 시어머니는 그 말을 말대답으로 간주하고 태도까지 문제 삼아서 공격을 더 할 것이기 때문이다. 따라서 가능한 듣는 쪽으로 대처하고 화를 참고 담담하게 시어머니의 감정을 인정해주는 반응을 하는 것이 좋다. 즉 "제가 살림을 못해서 어머님의 걱정을 듣게 되어 죄송합니다. 앞으로 잘하겠습니다."라고 하는 것이다. 이때 마음속에 시부모의 부당성을 지적하고, 지나친 간섭과 통제를 받고 싶지 않으니 그런 언행을 다시 하지 말아달라는 소망을 갖게 되지만 만일 이를 말로 표현하게 되면 싸움이 생기고 시부모의 분노와 역정은 더 커질 것이므로 하고 싶은 말을 삼가야 한다. 그리고 가능한 부드러운 말투와 좋은 표정으로 시어머니의 노여움을 누그러뜨려 상황을 더 악화시키지 않게 잘 대처한 다음에 배우자의 협조를 받는 것이 현명한 방법이다.

둘째, 시부모(처가부모)의 부당한 요구와 간섭이 반복되면 직접 대처하기보다는 배우자의 협조를 받아 공동으로 대처하는 것이 최선의 방법이다.

예를 들어 시어머니가 갑자기 며느리에게 찾아와서 "살림도 잘못하고 애한테 먹이는 것도 그렇고 어른 밑에서 배울 것이 많으니 나와 살자, 너 나랑 같이 살 거니? 안 살 거니? 당장 답해라. 같이 산다면 너를 며느리로 인정하지만, 같이 안 산다면 너를 며느리로 인정할 수 없다."라고 부당한 요구를 하면서 통제하는 경우, 며느리는 경청하고 시어머니의 말씀을 인정해 드린 다음 즉답을 피하고 배우자에게 미루는 방법이 지혜롭다. "저는 열심히 살아서 어머님께 좋은 모습 보여 드리려고 했는데 어머님께 걱정을 끼쳐드려 죄송합니다. 어머님 말씀을 잘 알아듣겠습니다. 그러나 그것은 제가 혼자 결정할 일이 못 되어서 아범과 상의해서 아범을 통해 말씀드리겠습니다."라고 하는 것이다.

이런 경우는 남편이 나서서 아내를 보호하고 결혼생활을 잘 유지하기 위해 용기 있게 중간역할을 해야 한다. 남편이 혼자서 어머니를 따로 뵙고 "어머니, 저를 위해 평생 고생하신 점 늘 감사하고 어머니께 잘해 드리려는 마음 갖고 있습니다. 제가 바라는 것은 어머니를 아내와 함께 공경하고 모든 식구가 행복하게 지내고 싶습니다. 어머니가 저희를 염려하시고 잘되기를 바라는 마음이 많으셔서 여러 말씀을 하시는 것은 알겠지만, 저희끼리 성인으로서 책임지고 살도록 도와주시면 감사하겠습니다. 저희도 노력하겠습니다. 그러니 어머니도 저희를 염려하는 마음 줄이시고 저희가 자율적으로 열심히 살도록 믿어주시고 지켜봐 주십시오."라고 솔직하게 부탁하는 것이다.

또 항상 부부가 가는데 마다 같이 가야 하는 구실을 붙이는 시어머니(장모)에게 남편(아내)이 이렇게 말하는 것이다. "어머니, 내일은 아이 엄마(아빠)와 둘이 다녀올 데가 있는데 혼자 계시기 어려울 것 같으면 둘째 집에 모셔다 드릴까요?"라고 한다.

또 싸울 때마다 아들(딸) 편을 드는 어머니(장모)에게 남편(아내)이 이렇게 말하는 것이다. "어머니, 아이 엄마(아빠)와 다툴 일이 있을 때 내 편을 들고 나오시는데 걱정되셔서 그러시는 어머니 마음은 알겠습니다만 저희는 의견을 조율하고 있는데 그렇게 계속 편드시면 문제가 더 복잡해지고 아이 엄마(아빠)와 잘 지내기 어려워요. 그러니까 앞으로는 의견충돌이 있을 때는 아무 편도 들지 마세요. 그냥 저희끼리 가능한 큰소리 내지 않고 잘 해결할 테니 어머니도 불편하시더라도 조금만 지켜봐주시면 좋겠어요."라고 한다.

이처럼 시부모(처가부모)에게 싫은 소리를 해야 할 때는 며느리(사위)가 직접 나서서 하기보다는 배우자인 남편(아내)에게 협조적으로 의논하면서 도움을 요청하고 중간에 배우자가 나서서 적극적으로 시부모(처가부모)에게 시정을 요구하고 부탁하는 것이 관계유지와 가정평화를 위해 중요하다. 이렇게 배우자가 의식적으로 아내(남편)의 입장에 서서 아내(남편)를 감싸고 배려하며 부모님께 부탁하는 노력을 할 때 아내(남편)는 가정에서 존재감과 안도감을 느끼고 한마음으로 상황에 대처할 수 있음을 배우자에게 감사하게 된다. 그 결과 배우자의 도움으로 시부모(처가부모)에게서 받는 스트레스를 극복하고 모든 일을 배우자와 협조적으로 의논해가면서 대처할 수 있고 마음에서 우러나 며느리(사위)로서의 도리를 할 수 있게 되는 것이다.

부부가 한팀이 되어 부모님을 부모님의 위치로, 부부는 부부의 위치로 자리를 재배열하는 것이 힘든 일이긴 하지만 전혀 불가능한 일도 아니다. 그동안 착한 아들(딸)로 지내다 부모에게 불효자식 소리를 듣고 부모님의 화나 역정, 억지소리도 들을 수 있고 갑자기 몸이 편찮으시다는 얘기도 들을 수도 있다. 이때 부부가 힘을 합해 시부모(처가부모)가 화를 내시고 역정을 내시면 그냥 들어 드리고, 편찮으시면 간병해드리면서 일관성 있게 꾸준히 노력하여야 한다. 그 과정에서 자식으로서 최소한의 도리를 할 수 있는 대로 성의있게 한다. 또한 며느리(사위)는 그렇게 힘이 되어주는 배우자인 남편(아내)의 노력과 정신적 고통과 갈등을 인정하고 이해하며 완화해줄 일들을 찾아야 한다. 그리고 배우자가 바라는 것들을 자발적으로 행동으로 보여주는 등 같이 노력하는 것이 부부의 자리가 확보되고 부부가 협동적으로 시부모(처가부모)에게 효도할 수 있는 최선의 방법이다.

부모님과 배우자 간의 충돌을 막아야 할 때

어머니와 아내의 사이가 좋지 않아 중간에서 어려움을 겪는 남편들이 다음과 같이 호소한다. "객관적으로 보면 어머니와 아내 양쪽 입장이 이해가 돼요. 그러나 어머니 편을 들자니 아내가 속상해하고, 아내 편을 들자니 어머니께 불효한다는 마음이 들어 불편하고…."

이럴 때 고부관계의 열쇠를 쥐고 있는 남편이 먼저 할 일은 다음과 같다.

첫째, 양쪽이 있는 데서 한쪽 편을 드는 일을 삼간다. 만약 남편이 아내 앞에서 "어머니가 당신이 생각하는 정도로 그렇게 나쁜 사람은 아니야. 당신이 몰라서 그래. 어머니를 나쁘게 보는 당신이 문제야."라고 하며 어머니 편을 들거나 어머니 앞에서 "어머니는 왜 하나밖에 없는 며느리를 미워하세요? 아이 엄마가 못 해 드린 게 뭐에요?" 하며 아내 편을 들게 되면 양쪽 모두의 화를 돋우고 더욱 고부간의 갈등을 심화시키며, 어머니와 아내 양쪽에게서 공격을 받게 되어 사면초가를 자초할 수 있다.

둘째, 특히 어머니와 아내가 직접 충돌하거나 싸움이 벌어지는 상황에서는 지혜를 발휘하여 이성적으로 대처하여야 한다. 간혹 아내와 어머니가 다투거나 어머니가 아내를 비난하며 서로 충돌하는 상황을 남편이 볼 경우가 있다. 이때 남편은 당황하기 쉽고 상황을 빨리 끝내기 위해 어머니 편을 들어서 같이 아내를 비난하여 아내와의 싸움이 시작되고, 아내와 어머니 중 택일하라는 아내의 요구를 받게 된다. 그렇다고 아내가 있는 데서 아내 편을 들어 어머니를 비난하고 어머니에게 시정을 요구하게 되면 어른의 권위는 무시되고 어머니의 기분은 말할 수 없이 참담해지게 되어 결과적으로 고부갈등을 더 악화시키고, 부부관계와 모자관계가 깨어지게 되는 것이다. 그러므로 충돌상황에 있는 어머니와 아내에게 다음과 같이 이성적으로 대처하는 것이 중요하다.

즉 당황스러운 상황에서 심호흡하고 차분하게 양쪽을 향해서 "다투는 일 그만 하세요. 제가 불안해지고 스트레스를 엄청나게 받게 되어 집에 들어오기가 싫어집니다. 제가 바라는 것은 두 사람이 오순도순 지내고 제가 편안하게 지내는 것입니다. 이렇게 싸우는 것은 제가 중간역할을 제대로 하지 못해서 그렇습니다. 다 제 잘못입니다. 제가 좀더 중간역할을 잘하도록 할 테니까 그만 멈추시고 마음을 진정하셔서 침착하게 대화를 하는 시간을 갖도록 합시다. 그만 하세요."라고 하며 싸움을 중단시키는 것이다. 그런 후 양쪽을 따로 만나 서로의 입장을 이해하도록 하는 것이다.

셋째, 경청 기술을 활용하여 그들 각자의 입장을 최선을 다해 이해하고 제대로 이해했음을 전달하는 것이다. 즉 아내 앞에서는 아내의 마음을 배려하고 충분히 이해하였음을 보여주고, 어머니 앞에서는 어머니의 마음을 배려하고 충분히 이해하였음을 보여준다. 누구 편이 되어 함께 비난하거나 동조하는 것이 아니라 양쪽의 이야기를 모두 잘 듣고 양쪽의 마음을 헤아려서 이해하는 것이다. 대부분의 어머니와 아내들은 중간에서 이렇게 자신을 이해해주고 마음을 알아주는 사람만 있어도 분노가 가라앉고 경직된 태도가 조금 유연해진다. 즉 어머니와 아내 양쪽의 이야기를 경청하고 그들의 마음을 인정해주고 요점을 되돌려 준다. 집중해서 들은 다음에 어머니에게는 "그런 일이 있었군요.", "어머니 입장에서 그렇게 생각하실 만도 하네요."라고 인정해주는 것이다. 또 아내에게는 "어머니 때문에 많이 힘들지.", "당신 입장에서 그런 생각을 할만도 하네."라고 인정해주는 것이다. 그리고 어머니에게는 "그러니까 어머니 말씀은 아이 엄마의 행동이 무례하게 생각되어 기분이 상하셨고 다음부터는 그런 행동하지 않고 공손하게 대하기를 바란다는 말씀이시죠?"라고 하고, 아내에게는 "당신 얘기는 어머니가 당신을 무시하는 말을 하셔서 화가 났고 다음부터 어머니가 말씀하실 때 심한 말을 하지 않고 당신의 인격을 존중해달라는 얘기지?"라고 하는 것이다.

넷째, 양쪽에게 공감해주고, 서로의 입장을 이해시키면서 자신이 하려는 행동계획을 말하는 것이다. 즉 어머니께는 "어머니의 속상한 마음 충분히 이해가 됩니다. 그 사람이 일부러 어머니를 마음 상하게 하려고 한 것은 아니었는데 어쨌든 그렇게 행동한 것은 어머니에게 무례하게 한 것이죠. 제가 아이 엄마에게 알아듣게 다시 한 번 잘 이야기해서 어머니께 공손하게 대하도록 할게요. 그리고 어머니께 부탁하고 싶은 것은 아무리 화가 나시더라도 심한 말을 하지 않으시면 좋겠어요. 어머니 본심은 그게 아닌데 그렇게 말씀하셔서 더 관계가 나빠지는 것이 안타까워 드리는 말씀입니다."라고 한다. 또 아내에게는 "어머니 때문에 속상해하는 당신의 마음 이해해. 어머니도 화가 나서 말씀을 그렇게 하셨지만, 당신에게 너무 심한 말을 하셨다고 알고 계시는 것 같고 기분이 좋아지면 잘 해주시는 면도 있잖아요. 내가 어머니에게 화날 때 말씀을 조심해서 하시도록 잘 말씀 드릴 거고 어머니도 조심하실 거니까 당신도 어머니가 화가 나면 별 뜻 없이 습관적으로 하시는 말씀으로 받아들이고 그냥 넘겼으면 좋겠어요. 그리고 일을 크게 만들지 않으려면 어머니를 자극하는 말을 하지 않아야 한다고 생각해요. 당신이 힘든 것은 알지만 그렇게 같이 노력합시다. 나도 도와줄게요."라고 한다. 이렇게 하면 어머니와 아내가 서로의 입장을 이해하게 되고 기분 상했던 마음이 진정되며 관계개선을 위해 노력할 마음을 갖게 된다.

다섯째, 어머니와 아내의 서로에 대한 긍정적인 감정을 당사자가 없는 데서 전달한다. 어머니에게는 아내가 없는 데서 시어머니를 향한 며느리의 존경과 감사의 마음을 전하고, 아내에게는 어머니가 계시지 않은 데서 며느리를 향한 시어머니의 사랑과 자상한 배려를 전달하는 것이다. 이렇게 하면 그 장점이 더 증폭되어 관계를 좋게 만드는 효과가 있다.

이런 대처 방법은 고부관계에서만이 아니라 장모와 사위관계에서도 똑같이 적용된다. 이때 아내가 남편과 친정어머니 사이에서 중간역할을 잘해야 하는데 그 원리는 남편이 고부간에 중재하는 방법과 거의 동일하다. 그리고 중간역할을 하는 사람은 늘 시부모나 처가부모와 배우자 사이에서 양쪽의 반응을 잘 예상하여 이상의 대처 방법을 유연하게 적용하여야 효과적이다.

시가나 처가에서 사랑받기 위해

며느리나 사위가 시부모나 처가부모에게 사랑받는 방법은 다음 두 가지가 있다.

첫째, 평소에 아내는 남편에게, 남편은 아내에게 관심을 갖고 존중과 배려를 잘하는 것이다. 그리고 며느리는 시부모 앞에서 남편을 더욱 높여주고 남편의 단점을 이야기하지 않아야 하고, 사위는 처가부모 앞에서 아내를 더욱 높여주고, 아내의 단점을 이야기하지 않는 것이 중요하다. 원래 부모와 자식의 인연은 혈연으로 연결되고 몇십 년간 함께 경험한 공감대가 형성되어 있으므로 시부모와 남편의 관계, 처가부모와 아내의 관계는 끈끈하게 묶여있다. 그에 따라 '팔은 안으로 굽게 되어있다'. 며느리가 시부모에게 남편의 긍정적인 점을 말하고 남편을 위해주는 모습을 보이고, 또 사위가 처가부모에게 아내의 긍정적인 점을 말하고 아내를 아껴주는 모습을 보일 때 어른들은 기분이 좋고 며느리나 사위를 예쁘게 보는 것이다. 반면 시부모 앞에서 남편의 단점과 허물을 지적하거나 남편을 존중하지 않는 며느리, 또 처가부모 앞에서 아내의 단점을 늘어놓으며 하소연하고 아내에게 불친절한 사위는 어른들과의 관계를 껄끄럽게 만들고, 배우자와도 다툼의 소지를 만드는 지혜롭지 못한 행동을 하는 것이다.

둘째, 평소에 시부모 또는 처가부모에 관한 관심과 배려를 표현한다. 즉 며느리가 남편에게 시부모에 대한 감사의 마음을 표현하고, 시부모를 기쁘게 할 일들을 제안하거나 시부모에게 직접 안부전화를 드리고, 건강을 챙겨 드리며 용돈을 드리는 일, 그리고 손자녀가 조부모를 존경하고 친밀해지게 하는 일 등은 시부모를 위하는 마음을 전달하는 대표적인 방법들이다. 사위도 평소에 처가부모에게 관심을 갖고 감사하는 마음을 아내에게 표현하고, 처가부모를 즐겁게 할 일을 제안하며, 직접 처가부모에게 자주 연락드리고 안부를 물으며 용돈을 드리는 일, 친절한 말과 감사의 말을 하는 일 등은 역시 처가부모를 위하는 마음을 전하는 좋은 방법이다.

참고 23

5080 세상은 변했다… 고부관계 재조명

• 이제는 며느리 전성시대

대전에 사는 강보영(60 · 가명) 씨는 2월 초 생일을 앞두고 요즘 매일 서울에서 올 전화를 기다린다. 2년 전 결혼한 아들 내외가 첫 생일상을 차려주겠다고 내려왔을 때 한 말실수 때문이다. 강씨가 보기에 전날 저녁부터 며느리가 준비한 미역국은 간이 맞지 않았고 잡채도 맛이 없었다. 이 음식을 도저히 먹을 수가 없겠다는 생각에 부엌으로 들어가 직접 음식을 손봤다. 그리고 넌지시 요리학원이라도 다니는 게 어떻겠냐고 말을 꺼낸 게 발단이었다. 얼굴이 굳어버린 며느리는 불만 섞인 표정으로 말없이 있다 상경했다. 다음 주말 혼자 내려온 아들은 "엄마 때문에 이혼하게 생겼다."면서 난리를 쳤다. 충격을 받은 강씨가 친구들에게 이 사실을 털어놓자 대부분 아들과 비슷한 반응을 보였고 딸조차 "엄마 같은 시어머니가 요즘 어디 있느냐."며 며느리 편을 들었다. 강씨가 음식을 싸들고 서울로 올라가 며느리에게 사과했지만 한 번 서먹서먹해진 상황은 2년째 그대로다. 결혼 전에 수시로 내려와 애교를 떨던 며느리는 그후로 명절 때를 제외하고는 전화조차 잘 하지 않는다. 어쩌다 와도 며느리와의 사이에 보이지 않는 장벽이 있는 것 같아 영 불편하다. 강씨는 "다시 기회가 주어진다면 며느리에게 정말 잘할 수 있는데 첫 단추를 잘못 끼운 것이 정말 후회된다."고 말했다.

• 영원한 스테디셀러 '고부갈등'

무슨 일이 생길지 모르고, 자신의 의지와는 상관없는 또 다른 세계라는 의미에서 시댁을 부르는 '시월드'라는 신조어도 등장했다. 그러나 시어머니들은 탈출구가 없다. 인터넷에서 남의 사연을 읽고 공감하고 익명으로 마구 욕을 퍼부을 수 있는 며느리들에 비해 시어머니들은 고작해야 친구들과 며느리 흉을 보는 일이 전부다.

특히 과거처럼 일방적으로 당하는 며느리가 줄어들면서 시어머니가 약자가 되는 경우도 흔하다. 노인의 전화 관계자는 "며느리나 사위가 절대 강자인 집안도 쉽게 찾을 수 있다."면서 "며느리나 사위와의 관계 설정에 실패하는 경우 나이 든 시부모나 장인 장모가 상처를 받고 전화를 거는 경우가 많다."고 밝혔다.

최근 들어서는 '선진국형 가족갈등'으로 평가되는 역 고부갈등(사위와 처가식구 간의 갈등)이나 시아버지와 며느리 간의 갈등도 많아지고 있다. '좋은 가정 만들기', '생명의 전화' 등 상담소들에 따르면 걸려오는 가족갈등 상담 중 역 고부갈등이나 시아버지와 며느리 간의 문제가 절반을 넘을 정도다. 이처럼 갈등이 다양해진 배경에는 며느리들의 사회진출이나 육아로 인한 처가살이 등이 주요 원인으로 분석된다. 실제로 신혼부부들의 결혼 당시 경제 지원을 조사한 결과로는 처가에서의 지원(18%)이 시댁 지원(11%)을 넘어선 것으로 나타나기도 했다.

출처: 서울신문(2009. 1. 17).

참고 24

노부모를 즐겁게 부양하는 방법

항상 당신을 돌보아주시던 부모님이 이제는 당신의 돌봄을 필요로 하는 때가 왔다. 누가 "부모"인지 혼란스러운 이 시기에 부모님을 바꿀 수도 없고 부모님의 나이를 거꾸로 돌릴 수도 없다. 하지만 부모님에 대한 당신의 반응을 변화시킴으로 일상의 많은 갈등을 완화할 수 있다.

첫째, 당신의 새로운 역할에 적응하라. 부모님이 당신의 도움을 필요로 하는 순간에 당신은 새로운 역할에 당황스러울 수 있다. 그러나 옛날 당신이 의지했던 부모님의 모습을 기억하면 지금 당신이 노부모님께 하는 일들이 당연하다고 느껴질 것이다. 당신에게 의존하고 있는 부모님은 예전에도 그리고 지금도 당신을 사랑하고 걱정하는 부모님이시다.

둘째, 옛날의 갈등을 풀어버리라. 무슨 문제였던 간에 오래된 감정의 앙금이 남아있다면 차분하게 그 문제를 밝히고 대화로 해결하도록 하라. 단, 예전과 동일한 방식의 논쟁은 피하고 부모님을 비난하지 말아야 한다. 때로 부모님과 대화를 시작한 것이 문제를 해결하는 데 전혀 도움이 되지 않을 수도 있다. 그러나 적어도 당신 마음에 쌓인 갈등은 감소할 것이다.

셋째, 매일 일상생활 스트레스를 조절하라. 때로 부모님이 당신을 화나게 할 만한 말이나 행동을 하실 수도 있지만, 갈등의 낚싯바늘을 덥석 물기보다는 반응하기 전에 한 번 심호흡하고 그 낚싯바늘을 그냥 지나칠 필요가 있다. 이러한 인내는 정말 힘든 일이므로 당신이 참아내는 순간마다 당신 스스로에게 작은 보상을 해주라. 그리고 과거에 그리고 지금의 일상에서 부모님과 행복하고 아름다운 순간들을 달력에 간단하게라도 기록하라. 당신이 부모님으로 인해 힘들어지는 때에 그 작은 순간들이 당신의 인내심을 그리고 당신의 부모님에 대한 사랑을 다시 일깨울 것이다.

출처: 국민일보(2005. 5. 26).

참고 25

부모님 살아 계실 때 꼭 해드려야 할 45가지

1. 좋아하는 것 챙겨 드리기
2. 목숨 걸고 용돈 드리기
3. 그 가슴에 내가 박은 못 뽑아 드리기
4. 엄마 앞에서 어리광 피우기
5. 전화 자주 걸기, 가능하면 하루 한 번씩
6. 사랑한다고 말로 표현하기
7. 마음이 들어 있는 건강식품 챙겨 드리기
8. 부모님의 일대기 만들어 드리기
9. 부모님의 종교 행사에 참가하기
10. 부모님 손에 내 손을 마주 대보기
11. 내가 축하받는 자리에 부모님 모시기
12. 노화 스트레스 덜어 드리기
13. 체온으로 다가가기
14. 생신은 꼭 챙겨 드리기
15. '나중에'가 아니라 '지금'하기
16. 맛있게 먹고 "더 주세요!" 말하기
17. 부모님과 블루스 추기
18. 인생 9단인 부모님께 여쭈어보기
19. 열심히 모아서 감동 드리기
20. 미장원에 함께 가기
21. 무조건 '잘된다'고 말씀드리기
22. 못 이룬 꿈 이루어 드리기
23. 학교나 회사 구경시켜 드리기
24. 부모님이랑 노래 불러보기
25. 부모님 건강 챙겨 드리기
26. 자식 옷 한 벌 살 때, 부모님 옷도 한 벌 사기
27. 아버지와 포장마차에 함께 가기
28. 감사장 만들어 드리기
29. 부모님도 한때 사랑받던 자식이었음을 기억하기
30. 부모의 유산 이어가기
31. 어릴 적 나에 대한 부모님의 꿈 들어보기

32. 부모님의 젊은 시절 사진을 액자로 만들어 드리기
33. 때로는 착한 거짓말하기
34. 홀로되신 부모님께 친구 만들어 드리기
35. 소문난 맛집에 모시고 가기
36. 아버지 삶의 낙을 찾아 드리기
37. 결정하기 전에 여쭈어보기
38. 실용적인 생활 방편 마련해 드리기
39. 노부모와의 대화법 익히기
40. 하루라도 건강하실 때 모시고 여행 다니기
41. 함께 공연 보러 가기
42. 건강 프로그램 만들어 드리기
43. 곁에 있어 드리기
44. 부모님 댁에 들를 때마다 구석구석 살펴 드리기
45. 부모님 몰래 윤달에 수의 마련하기, 묫자리 준비하기

출처: 고도원(2005).

Chapter 29

독설가 가족원과의 대화법

독설가의 특징

상담실을 찾는 많은 사람이 배우자나 시부모, 처가부모의 단정적 비판과 통제, 강요, 폭언으로 고통당하고 어떻게 대처해야 할지, 또 그 사람을 바꿀 방법이 있는지를 알고자 한다. 대개 그런 거친 언어를 사용하는 사람들은 사고가 경직되어 있고, 강압적 통제와 다툼식 대화 스타일이 습관화되어 있다. 독설가들은 흔히 "그러니까 넌 안 돼.", "멍청하면 가만히 있어.", "잘난 척하지 마.", "너 머리가 돈 거 아냐?", "너 같은 게 뭘 안다고 나서?", "너는 내 말을 안 듣는 게 문제야", "너의 어머니가 이렇게 하라고 가르치던?", "너의 집 사람은 다 문제야.", "넌 늘 네 마음대로 해." 같은 말을 상습적으로 사용한다(Sugimoto, 2010). 가정에서 이런 독설가가 있으면 긴장과 불안이 증가하여 불편한 관계가 지속하고 극단적인 반응을 유발한다. 전부가 아니면 아무것도 아니라는 논리가 작용하여 즉각 반박하는 말을 하는 것이다.

독설가 배우자나 자녀 대처 방법

이처럼 가족 구성원 사이에 관계를 파괴하는 거친 말을 쓰는 가족원의 습관을 고치고 부드럽고 배려하는 말을 쓰기 위해서는 서로 간에 비난과 비판, 폭언, 경멸 같은 다툼식 대화 스타일과 앙심품는 대화 스타일을 사용하지 않는다는 규칙을 정하고, 만일 규칙을 어기는 경우 벌칙을 정하는 것이 필요하다. 다른 사람에 대한 신랄한 비판과 강압적 통제를 삼가지 않는 한 어떤 인간관계도 원만히 유지될 수 없고 가정의 평화가 깨지기 때문이다. 그리고 독설을 퍼붓는 배우자나 자녀의 상처와 소망을 파악하여 상처를 싸매주고, 소망하는 것을 맞춰주는 노력이 필요하다. 왜냐하면, 독설가들 대부분은 성장 과정에서 깊은 상처를 경험하고, 자신의 소망과 욕구를 제대로 인식하거나 표현하지 못하기 때문이다.

독설가 시부모 · 처가부모 대처 방법

만약 독설가가 가족 내 시부모나 처가어른 같이 연장자이면 그로 인해 받는 심적 고통은 심각한 수준에 이르게 된다. 이 경우 실제로 그 사람의 언어습관을 바꾸기는 쉽지 않으므로 자신이 잘 대처하여 비판과 독설에도 자신의 존재감이 휘둘리지 않을 만큼 고통을 덜고 상황이 악화되는 것을 막아야 한다. 이때 다음과 같은 대처방법이 있다.

첫째는 상대가 워낙 성깔이 있는 사람이어서 이런 폭언을 들어도 묵묵히 참는 방법이 있다. 하지만 무조건 참고 견디다 보면 엄청난 스트레스를 받고, 가슴 깊이 큰 상처를 받아 심리적 폭력의 피해자로서 자존심의 저하, 비참함, 무력감, 우울증, 적대감, 제삼자에게 공격성과 분노폭발 같은 후유증을 앓게 된다.

둘째는 참다가 반박하고 할 말을 하는 방법이 있다. 상대의 폭언을 참고 듣다가 정도가 지나치다 싶으면 "말씀이 지나치십니다.", "그렇게까지 심하게 말할 건 없잖아요?", "해도 해도 이건 너무한 것 아냐?", "내가 그 정도로 나쁜 사람인가?", "내가 뭘 그렇게 잘못했다고 야단이야?"처럼 반박하게 되어 같이 충돌하는 결과가 된다. 독설가들은 대개 자신과 다른 의견을 가지고 있거나 자신의 기대에서 벗어나는 행동을 하는 사람은 인격과 삶의 방식이 잘못되었으므로 상대방의 결점과 잘못을 호되게 비판하여 불쾌하게 하면 그 사람이 깨우쳐서 바꿀 것이라는 가정을 가진다. 그런데 이쪽에서도 자신의 기대에 미치지 못하는 상대방의 행동을 반박할 수 없는 처지여서 불쾌한 기분을 꾹 누른 채 엄청난 스트레스를 겪게 된다. 겉으로는 잘못했다고 사과하거나 잘 대해주는 척하면서 속으로는 상대에게 분노의 칼을 갈게 되고, 이를 눈치챈 상대의 독설의 수준은 높아지면서 이쪽도 스트레스에 휩싸여 이성을 잃고 반발이 이어지면 관계는 파괴되고 상황은 더 회복할 수 없을 정도로 악화된다.

셋째는 독설가의 공격과 억지에 자기 존재감이 휘둘려져서 고통을 당하거나 인간관계를 회복하기 어려운 상태로 몰아가지 않도록 차분히 대처하는 것이다. 이 방법이 가장 부작용이 적은 자기표현 방법이고 상대방에게 나를 이해시키는 바람직한 방법이다. 이를 위해서는 다음 여섯 단계를 거치는 것이 좋다.

자신을 자책하거나 피해자로 생각하지 않는다

독설가의 말을 들을 때 자신이 나쁘고 문제가 있어서 그런 말을 듣는 것이 아니라고 생각한다. 그보다는 자신은 최선을 다하였다고 스스로를 인정하고, 다만 아직 인격이 성숙하지 못한 상대가 사소한 일을 침소봉대하고 상황을 필요 이상으로 심각하게 만든 것 뿐이라고 생각한다.

감정적 대응보다는 차분하게 상황정보를 파악한다

마음에 상처를 입었다 해도 절대로 상대와 같은 형태로 맞서지 않고 현명하게 대처하는 방법을 냉정하게 판단하여 상황정보에 초점을 맞춘다. 왜냐하면 같은 형태로 맞서면 자신도 상대처럼 성숙하지 못한 인격의 소유자가 되기 때문이다. 예로 시어머니가 며느리에게 "너는 늘 방을 지저분하게 해 놓고 치우는 법이 없어. 늘 내가 따라다니면서 치우고 청소해야 해."라고 말할 때 며느리가 "제가 방을 치운 적이 많은데 그런 억지소리 하지 마세요."라고 하면 다툼이 생기게 된다. 그러므로 개인에 대한 공격보다는 실제 상황에 근거를 두고 대화를 하기 위해서는 상황에 대한 정확한 정보를 수집하여야 하고, 상황정보에 초점을 맞추는 것이 중요하다. 그래서 '지저분하다'는 시어머니의 비난을 무시하고, 구체적인 정확한 정보를 파악하기 위해 "저의 어떤 행동에 대해 그런 생각을 하시게 되었는지를 알고 싶은데요?"라고 질문을 하거나 "정말 그래요? 정말로 제가 한 번도 치우지 않고 청소도 한 번도 안 한 거예요?"라고 질문하는 것이다.

상대방의 소망을 탐색하고 인정한다

독설가들은 비난과 비판에 능숙하며 깎아내리고 사기를 떨어뜨리는 말과 부정적인 표현을 잘하는 것이 특징이다. 즉, 말하기 기술 중 자신의 말로 표현하기를 쓰지 않고, '너는', '너 때문에'처럼 공격적인 표현을 잘한다. 이럴 때에 상대방에게 자기변명이나 옳고 그름을 가리는 말 대신, 상대방의 소망을 직접 질문하고 인정하는 것이 독설을 더 듣지 않게 되는 데 효과적이다. 예를 들어 "너는 이것도 못하고 저것도 못한다"고 말하는 상대방에게 "제가 구체적으로 어떤 점을 고쳐야 하는지를 알고 싶은데요?"라고 묻거나 "제가 이것도 저것도 잘하기를 바라시는 거군요"라고 상대방의 소망을 인정해준다.

상대방의 장점을 보려는 노력을 기울인다

싫고 미운 사람을 좋아하게 만드는 간단한 방법은 그 사람의 장점을 발견하려고 노력하는 것이기 때문에 상대가 가진 능력과 나쁘지 않은 점, 배울 점, 고마운 점들을 찾아보는 것이다. 그러면 너그러운 마음을 갖게 되고, 상대방의 속마음을 이해하려는 태도를 갖게 된다.

상대방을 이해하려는 태도로 경청 기술을 사용한다

경청 기술 중 특히 인정하기와 요점 되돌리기 기술을 충분히 사용한다. 이 경청 기술들은 상대방을 깊이 이해할 수 있고, 또한 상대방으로 하여금 존중받고 인정받는 느낌이 들게 하여 두 사람의 마음을 연결하고 관계를 개선하는 효과적인 방법이다. 그러나 독설가에게 속으로 미움과 원망, 섭섭함을 가진 채 겉으로만 이 경청 기술을 사용하고 상대방을 인정하는 척하는 것은 더 역효과가 발생할 수 있다. 상대는 이미 나의 표정과 비언어적인 메시지를 통해서 진정성이 없음을 간파하게 되어 그냥 속아 넘어가지 않기 때문이다. 그러므로 경청 기술을 사용하기 이전에 기본적인 대화 태도인 긍정적 태도와 존중하는 마음을 갖추는 것이 중요하다. 그런 후 상대 말의 타당성을 인정해주고 요점 되돌리기를 하는 것이다. 예로 "OO님 말씀을 듣고 보니 저로 인해 많이 걱정하시고 화가 많이 나셨군요."라고 인정해주고, "OO님 말씀은 ~하시다는 것인가요?"라고 요점을 되돌려 준다.

말하기 기술을 사용하여 자신의 긍정적 의도를 표현한다

상대방의 독설적 표현의 긍정적인 의도를 이해한다는 것을 표현하고 자신의 노력 방향이나 상대의 장점과 고마운 점, 부탁하고 싶은 소망들에 대해 말하기 기술을 사용하여 표현한다. 예로 "OO님의 따끔하게 저를 걱정해주시는 마음은 잘 알겠습니다. 저는 나름 한다고 했지만 부족한 점이 많아 OO님의 기대에는 많이 미치지 못했던 것 같습니다. 앞으로 잘 노력하겠습니다. 사실 저는 OO님께 ~점에서 감사한 마음을 갖고 있고 배울 점이 ~등등 아주 많다고 생각하여 열심히 배우려고 합니다. 많이 가르침 주세요. 그리고 덧붙여 한 가지 부탁말씀 드린다면 저의 부족한 점을 지적하고 건설적으로 조언을 주시는 것은 당연히 듣겠습니다만 저에게 고함을 치거나 욕설을 하시면 저도 참기 힘듭니다."라고 말하는 것이다.

이렇게 6단계를 거쳐서 독설가에게 대처하는 사람은 독설가도 함부로 하기 어렵다. 그리고 만약 계속 함부로 한다 해도 이렇게 대처하는 사람은 훨씬 덜 충격을 받게 된다.

그러나 만약 6단계를 거칠 정도로 마음의 여유가 없거나 6단계를 거쳐 의사표현을 했는데도 상대방이 의도적으로 지속해서 독설을 퍼붓는 경우에는 선한 본성에 부드럽게 호소하는 것은 효과가 없다. 간혹 이렇게 극단적인 사람을 상대해야 하는 경우에는 모욕을 받아들이고 혼자 고통을 받기보다는 위험부담을 생각하고 한계선을 분명하게 정한 뒤 필요할 때 단호하게 이렇게 말하는 것이 더 효과적이다. 즉 정면대결하기 전에 '이건 사소한 일이 아니야. 그냥 넘어가면 계속 의도적으로 나를 힘들게 할 거야'라고 생각하고 자신의 소망을 표현한다. 이때 부정적인 표현보다는 긍정적인 표현을 써야 한다. 예로 "아버님, 저에게 그런 거친 말을 하지 마세요. 저도 자존심이 있어요.", "제가 그런 말을 들을 만큼 바보가 아니거든요.", "늦게 오지 마세요."라고 하기보다 "아버님, 말씀하실 때 저를 존중해주시면 저도 더 잘하겠다는 마음이 들것 같습니다.", "저에게 말씀하실 때 듣는 제 입장을 배려해주시면 좋겠어요.", "가능하면 시간 맞춰 오시면 좋겠어요."처럼 말한다.

세상에 무례하고 독설을 퍼붓거나 빈정대는 사람들은 늘 있게 마련이고 가족원 중에도 이런 사람이 있을 수 있다. 그들의 가시 돋친 말에 충격과 상처를 덜 받으려면 '그런 말로 내 기분을 망쳐버리면 안 되지. 내가 강해져서 휘둘리지 않게 할 거야'라고 생각하고 끝없는 친절이 악의를 이긴다는 신념을 가진다. 그리고 대답할 필요도 없이 잠시 입을 다물고 있다가 화제를 다른 곳으로 돌려 새로운 대화를 시작하든지 또는 재치 있는 유머로 유쾌하게 응답하는 방법도 있다. 늘 웃을 일과 감사할 일을 찾고 어떤 상황에도 유머감각을 잃지 않겠다는 결심을 하면 스트레스를 받는 상황에서도 자신의 마음이나 영혼이 휘둘리지 않고 어디 있든, 누구와 있든, 어떤 일이 일어나든 마음의 평화가 유지되고 긍정적인 기운이 확산되어 따뜻한 세상을 만들어가는 것이다. 그리고 그런 과정에서 자신의 인격이 더욱 성숙해지고 마음이 넓어지게 된다.

참고 26

어려움에 대처하는 지혜

신이여, 고칠 수 없는 일은 의연히 받아들이는 여유로움을, 고쳐야 하는 일은 기필코 고치는 용기를, 그리고 그 두 가지 일을 구별하는 지혜를 주소서.

Reinhold Niebuhr

큰 바위가 거센 바람에 끄덕하지 않듯이 지혜로운 사람은 비난에도 칭찬에도 흔들림이 없다.

법구경

모욕에 복수하기보다는 무시하는 편이 좋다.

Seneca

약자는 용서하지 못한다. 용서는 강자만이 할 수 있다.

Mohandas K. Gandhi

마음의 평화는 내면을 조직화하는 능력이다. 혼란과 갈등, 어려움, 반대에 부딪혀도 내면은 고요함을 유지하는 것이다.

Norman Vicent Peale

참고 27

가진 것이 아무 것도 없다고 생각될 때

쉰두 살의 남자가 Norman Vicent Peale 박사를 찾아와 극도로 절망에 사로잡혀 "이제 끝장입니다. 사업에 실패하여 모든 것을 잃었습니다."라고 말하였다.

그 말을 들은 Peale 박사는 "모든 것을요? 그럼 우리 한번 종이에 당신의 남아 있는 것을 적어봅시다. 부인은 계십니까?"라고 질문하였다. 그 남자는 "예, 좋은 아내입니다."라고 답했다.

Peale 박사는 종이에 '좋은 아내'라고 적고 "자녀는 있습니까?"라고 물었다. 그 남자는 "예, 귀여운 세 아이가 있습니다."라고 답했다. 다시 Peale 박사는 "친구는요?"라고 하자 그 남자는 "있습니다."라고 답했고, 이어서 Peale 박사는 "건강은요?"라고 묻자 "좋은 편입니다."라고 그 남자는 답했다.

계속해서 종이에 적어 나가던 남자가 "어쩌면 내 사정이 그리 나쁘지 않을지도 모릅니다. 나는 많은 것을 가지고 있으니까요."라고 말하면서 밝은 표정으로 그 자리에서 나갔다.

출처: http://cafe.daum.net/BusanInlineFamily/5nXE/26

참고문헌

고도원(2005). 부모님 살아계실 때 꼭 해드려야 할 45가지. 서울: 나무생각.

김광수(2011). 순간설득. 서울: 더난출판.

김준기(2008). 남편과 아내 사이. 서울: 메가트렌드.

박성덕(2011). 우리 다시 좋아질 수 있을까. 서울: 지식채널.

신의진(2010). 현명한 부모가 꼭 알아야 할 대화법. 서울: 걷는나무.

엄정희(2010). 17일간의 부부항해 내비게이터. 서울: (주)대성북닷컴.

여성가족부(2010). 제2차 가족실태조사.

여성가족부(2012). 행복을 만나다 spring+ 45.

이순자(2011). 한 몸 이룬 부부. 서울: 두란노.

이혜범(2010). 이럴 때 이런 대화법 67. 서울: 원앤원북스.

정지은 · 김민태(2011). 아이의 자존감. 서울: 지식채널.

최규련(1987). 한국도시부부의 결혼만족도 요인에 관한 연구. 고려대학교 박사학위논문.

최규련(1997). 부부 대화법 프로그램의 한국에서의 적용효과. 한국가족관계학회지, 2, 141-166.

최규련(2001). 행복한 결혼생활을 위한 부부 대화법. 서울: 신정.

최규련(2007). 가족관계론. 고양: 공동체.

최규련(2008). 가족상담 및 치료. 고양: 공동체.

최성애(2005). 부부사이에도 리모델링이 필요하다. 서울: 해냄.

한국교육개발원(2011). 학부모의 자녀교육 실태조사 연구.

함규정(2010). 감정을 다스리는 사람 감정에 휘둘리는 사람. 서울: 청림출판.

휴넷 가정행복발전소(2009). 행복한 아버지학교 자료.

국민일보(2005. 5. 26.)

국민일보(2007. 10. 24.)

국민일보(2012. 1. 31.)

독서신문(2012. 6. 2.)

서울신문(2009. 1. 17.)

조선일보(2007. 10. 25)

중앙일보(2011. 1. 20.)

중앙일보(2012. 6. 2)
중앙일보 선데이(2012). 제212호.
한국경제매거진(2011. 6.)

杉本 良明. (2010). 싸우지 않고 이기는 대화법. 이진주 역. 서울: 좋은 책 만들기. (2008년 원저 발간).

Aronson, S. R., & Huston, A. C. (2004). The mother-infant relationship in single, cohabiting, and married famillies: A case for marriage. *Journal of Family Psychology, 18(1),* 5-18.

Biddulph, S. (2002). 남성심리학자가 남자에게 말하는 남자의 생. 김훈 역. 서울: 북하우스. (1997년 원저 발간).

Chapman, G. (2006). 연인보다 아름다운 부부로 살기위한 부부학교(개정판). 김유태 역. 서울: 황금부엉이. (2002년 원저 발간).

Chapman, G. (2008). 사랑의 부부코칭- 대화의 기술. 김기덕 역. 서울: 두란노서. (2007년 원저 발간).

Colman, R., & Widom, C. S. (2004). Childhood abuse and neglect and adult intimate relationships: A prospective study. *Child Abuse and Neglect, 28,* 1133-51.

Cuber, J. F., & Haroff, P. B. (1965). *The significant Americans.* NY: Random House.

Gibran, K. (1976). *The prophet.* NY: Knopf.

Goleman, D. (1995). *Emotional intelligence.* NY : Batam Books.

Gottman, J. M., & Silver, N. (2002). 행복한 부부 이혼하는 부부. 임주현 역. 서울: 문학사상사. (1999년 원저 발간).

Gray, J. (2008). 화성에서 온 남자, 금성에서 온 여자(개정판). 김경숙 역. 파주: 동녘라이프. (2008년 원저 발간).

Harris, T. A. (1969). *I' m ok-you' re ok: A practical guide to Transactional Analysis.* NY: Harper & Row.

Hawkins, J., Weisberg, C., & Ray, D. (1980). Spouse differences in communication style preference, perception, behavior. Journal of Marriage and the Family 42(3): 585-593.

Horn, S. (2008). 적을 만들지 않는 대화법. 이상원 역. 고양: 갈매나무. (1996년 원저 발간).

Kohei, M. (2010). 행복한 결혼생활을 위한 부부배려. 조동림 역. 서울: 미래북. (2007년 원저 발간).

Leman, K. (2010). **부부심리학에게 길을 묻다**. 박선령 역. 서울: 느낌이 있는 책. (2008년 원저 발간).

Lewis, R. A., & Spanier, G. B. (1979). Theorizing about the quality and stability of marriage. Burr et al., *Contemporaty theories about the family, (1),* 269-271.

Miller, S., Miller, P., Nunnally, E. W., & Wackman, D. B. (1996). **부부 대화법 I : 부부가 함께 말하기와 듣기**. 채규만 · 최규련 · 송정아 · 홍숙자 공역. 강원: 하우출판사. (1979년 원저 발간).

Miller, S., & Miller, P. (2000). *Couple Communication II: Thriving together.* ICP Inc.

Miller, S., Miller, P., Nunnally, E. W., & Wackman, D. B. (2010). **부부 대화 I : 협동적 결혼기술**. 채규만 · 최규련 공역. 서울: 한국심리건강센터. (2007년 원저 발간).

Miller, S., Miller, P., Nunnally, E. W., & Wackman, D. B. (2011). **부부 대화 I : 협동적 결혼기술 지도자 매뉴얼**. 채규만 · 최규련 공역. 서울: 한국심리건강센터. (2009년 원저 발간).

Moffitt, P. F., Spence, N. D., & Boldney, R. D. (1986). Mental health in marriage : The roles of need for affiliation, sensitivity to rejection, and other factors. *Journal of Clinical Psychology, 42,* 68-76.

Olsen, D., & Stephens, D. (2009). **부부, 연인보다 아름답게 사는 법–부부심리 워크북–**. 신희천 · 한소영 · 윤미혜 · 배병훈 · 백혜영 공역. 서울: 학지사. (2001년 원저 발간).

Olson, D. H., Olson-Sigg, A., & Larson, P. J. (2011). **커플 체크업**. 김덕일 · 나희수 공역. 서울: 학지사. (2008년 원저 발간).

Pantalon, M. V. (2011). **순간 설득**. 김광수 역. 서울: 더난출판. (2008년 원저 발간).

Patton, D., & Waring, E. M. (1985). Sex and marital intimacy. *Journal of Sex and Marital Therapy, 11,* 176-184.

Robinson, J. (2006). **닭살 커플은 대화가 다르다**. 서희 역. 서울: 팝콘 북스. (2001년 원저 발간).

Satir, V. (1964). *Conjoint family therapy.* Palo Alto: Science and Behavior Books.

Smith, R. L. (2006). *Lies at altar: The truth about great marriages.* NY: Hyperion.

Sternberg, R. J. A. (1986). Triangular theory of love. *Psychological Review, 93,* 119-135.

Stinnett, N., Hillard, D., & Stinnett, N. (2004). **9만년의 행복한 결혼 이야기**. 윤종석 역. 서울: 도서출판 NCD. (2000년 원저 발간).

Stinnett, N., Stinnett, N., Beam, J., & Beam, A. (2004). **환상적인 가족만들기**. 제석봉 · 박경 공역. 서울: 학지사. (1999년 원저 발간).

Stuart, D. (2011). **어떻게 원하는 것을 얻는가**. 김태훈 역. 서울: 출판사 8.0. (2010년 원저 발간).

Waite, L., & Gallagher, M. (2000). *The case for marriage.* Cambridge, MA: Harvard University Press.

Wright, H. N. (2008). 결혼, 날마다 새로운 헌신. 전현선 역. 서울: 죠이선교회출판부. (2006년 원저 발간).

찾아보기

최규련

서울대학교 가정관리학과 졸업
서울대학교 대학원 가정교육전공 교육학 석사
고려대학교 대학원 가족학전공 이학박사
수원대학교 아동가족복지학과 교수
가족상담 전문수련감독(한국상담학회)
가족상담 수퍼바이저(한국가족관계학회)
ICP 공인 부부 대화법 지도자 및 Trainning Associate
전 한국가족상담사협회장
전 한국상담학회 가족상담분과학회장

저서

가족학(1993, 공저), 맞벌이가족의 가족문제(1995, 공저), 가족치료이론과 기법(1997, 공저), 가족상담과 치료(1999, 공저), 행복한 결혼생활을 위한 부부 대화법(2001), 가족관계론(2007), 가족상담 및 치료(2008)

역서

부부가 함께 말하기와 듣기(1996, 공역), 부부 대화법지도자 지침서(1997, 공역), 부부치료(2005, 공역)

논문

이혼의 심리사회적 원인과 상담적 함의(2005), 결혼 초기 부부적응 위한 치료적 접근(2007), 부부상담 프로그램 개발 및 효과성 연구: 부부갈등해결을 위한 통합적 접근 적용(2009), 가족환경과 학업 및 친구요인이 청소년의 우울에 미치는 영향(2010) 외 다수

가족 대화법

2012년 9월 25일 1판 1쇄 인쇄
2012년 9월 10일 1판 1쇄 발행
2017년 9월 10일 1판 2쇄 발행

지 은 이 최규련
펴 낸 이 최용구
펴 낸 곳 도서출판 신정

주 소 (04316) 서울시 용산구 원효로 89길 19 (원효로1가)
전 화 02)3211-4782 · 0266 (영업부), 3211-4783 (편집부), 3211-4784(팩스)
이 메 일 shinjeong72@naver.com
홈 페 이 지 www.sjbook.co.kr
등 록 2001년 5월 11일 제13-702호

기획마케팅 최용구 장만동 송대용 최충구
편 집 석기은 황가연
본 문 편 집 디자인블루
표 지 SDY

ISBN 978-89-5912-252-3 93590

정가 16,000원